本书由河北科技师范学院学术著作出版基金资助

中国新型城镇化
基础设施融资模式研究

陈世金 著

中国社会科学出版社

图书在版编目（CIP）数据

中国新型城镇化基础设施融资模式研究/陈世金著.—北京：中国社会科学出版社，2017.5

ISBN 978 - 7 - 5203 - 0084 - 1

Ⅰ.①中… Ⅱ.①陈… Ⅲ.①城市化—基础设施建设—融资模式—研究—中国 Ⅳ.①F299.24②F832.21

中国版本图书馆 CIP 数据核字（2017）第 060577 号

出 版 人　赵剑英
选题策划　刘　艳
责任编辑　刘　艳
责任校对　陈　晨
责任印制　戴　宽

出　　　版　中国社会科学出版社
社　　　址　北京鼓楼西大街甲 158 号
邮　　　编　100720
网　　　址　http://www.csspw.cn
发 行 部　010 - 84083685
门 市 部　010 - 84029450
经　　　销　新华书店及其他书店

印　　　刷　北京明恒达印务有限公司
装　　　订　廊坊市广阳区广增装订厂
版　　　次　2017 年 5 月第 1 版
印　　　次　2017 年 5 月第 1 次印刷

开　　　本　710×1000　1/16
印　　　张　16
插　　　页　2
字　　　数　249 千字
定　　　价　76.00 元

目　　录

表 索 引

图 索 引

第一章　导论

2011 年我国城镇常住人口首次超过了农村人口，2012 年城镇化率达到 52.57%，首次高于世界平均水平。截至 2015 年年底，我国城镇常住人口占总人口比重为 56.1%[①]。但是和其他国家相比，我国的城镇化与高收入国家平均 80% 的城镇化水平存在 24 个百分点的差距。相对于其他金砖国家，中国仅高于印度，远低于巴西 85% 以及俄罗斯 74% 的城镇化水平。另外，如果按户籍人口计算，中国的城镇化率目前仅有 39.9%，中国的城镇化之路任重而道远。

城镇化是一个城市建设的过程，需要大量基础设施和公共产品的供应，没有城市基础设施的投入建设，新型城镇化无法顺利实现。而城市基础设施项目具有投资金额大、建设周期长、投资回收期长且利润率较低等特点。私营机构往往不愿意参与投资，传统上主要依赖地方政府进行投资建设和运营。1994 年我国分税制改革后，中央和地方的事权和财权的分配呈现出事权重心下移和财权重心上移的特点。从而导致地方政府事权和财权的严重不对等，再加上中国转移支付制度尚不完善，导致地方政府财政资金缺口不断加大。截至 2013 年 6 月底，地方政府性债务余额达 17.89 万亿元。其中银行贷款达 10.12 万亿元，占总债务余额的 56.57%[②]。从地方政府债务结构来看，存在着过度依赖银行贷款，直接融资比例过低的问题。这种以银行贷款

[①]　国家统计局，2015 年国民经济和社会发展统计公报，http：//www.stats.gov.cn/tjsj/zxfb/201602/t20160229_ 1323991.html。

[②]　审计署，2013 年全国政府性债务审计第 32 号公告，http：//www.audit.gov.cn/n5/n25/c63642/content.html。

为主的地方公共债务性融资结构不仅加大了地方财政风险，还增加了银行的经营风险。根据我国城镇化中长期发展规划，我国 2020 年城镇化率将达到 60% 左右①，未来庞大的农村转移人口将进入城市，需要更多的城市基础设施。而目前我国地方政府融资渠道相对单一，债务规模不断扩大，债务结构安排不合理，债务风险不断积聚。在这种背景下，创新基础设施融资模式，对化解我国新型城镇化融资困境、促进经济平稳增长具有重要的意义。

第一节　研究的背景及意义

一　国内背景

2014 年新型城镇化发展纲要提出，统筹城乡发展，加强基础设施建设，创新新型城镇化的资金保障机制，逐步建立多元化、可持续的城镇化融资体系。近期，"一带一路""京津冀协同发展""长江经济带"等区域发展规划陆续出台，这些规划将催生新一轮的基础设施投资需求。以"一带一路"为例，由于要做到基础设施联通，铁路、港口、电信、管道等基础设施要"互联互通"，这些都将催生新的基础设施建设需求，吸引大量基础设施投资。基础设施是提升一国经济实力、社会可持续发展动力和市场竞争力的基础性产业。是社会发展和经济增长的前提条件，也是提升人民生活质量的基本要求。基础设施具有调控宏观经济、服务微观经济主体活动、改善人民生活的功能。改革开放以来，我国城乡基础设施获得较大的改善，基础设施的质量和服务水平显著提升，不断巩固和增强了我国经济发展的潜力。

2015 年 10 月，我国国民经济发展第十三个五年规划的建议，要求深化投融资体制改革，继续发挥投资对增长的关键作用，创新基础设施融资体制，以基础设施建设为引领，加快城际间的基础设施互联

---

① 2014 年《国家新型城镇化规划（2014—2020 年）》，http：//www.gov.cn/zhengce/2014 - 03/16/content_ 2640075. htm。

互通①。这对我国城市基础设施投资及融资模式改革提出了严峻的挑战。

城市基础设施是一种基础性产业，是工业化和城镇化的重要支撑。我国正处于城镇化加速期，正面临城镇化加速发展与基础设施短缺、城市基础设施投资需求量大与资金短缺、政府长期垄断基础设施的供给且投资效率低、民间资本进入基础设施行业存在行政体制、市场准入、融资等方面的障碍。我国关于城市基础设施融资研究在借鉴国外相关理论的基础上取得了长足的发展，但也存在三个缺陷：一是对单一的投融资模式研究较多，对国外的投融资工具介绍较多，而进行综合性、系统性分析如何构建多元化、多层次基础设施融资体系的较少。二是对实现投融资模式所需要的制度安排研究不足，对于不同类型的基础设施针对性及融资模式创新分析不足。要么强调完全政府主导，要么主张完全市场化，难以应对复杂的各类基础设施项目的实际融资问题。三是各种融资模式选择决策的定性分析较多，而影响融资模式决策的实证分析相对较少。

二　国际背景

纵观国外基础设施融资模式发展史，从 20 世纪 70 年代开始，国际上掀起一股全球民营化的浪潮，这一变革的成果就是基础设施融资模式由原来单一的政府主导模式转变为公私共同参与的民营化主导模式。

西方国家在基础设施及自然垄断行业经历由民营化到国有化再到民营化的历史变迁过程②。在"二战"以前，受自由市场竞争思潮影响，基础设施投资一直以民营化为主导。"二战"后至 20 世纪 70 年代末，受政府干预理论的影响，西方国家经历过一次大规模的国有化运动，发达国家公共基础设施领域，普遍实施强制性国有化。随后现

---

① 中共中央关于制定国民经济和社会发展第十三个五年规划的建议，2015 年 10 月，http://www.gov.cn/xinwen/2015-11/03/content_5004093.htm。

② 毛腾飞：《中国城市基础设施建设投融资问题研究》，中国社会科学出版社 2007 年版，第 35—53 页。

代产权理论、委托代理理论、公共选择理论、现代货币主义等新兴经济理论出现，冲击了凯恩斯的政府干预理论。随着技术进步、经济全球化与专业分工的发展，市场需求的变化使许多基础设施的自然垄断、非营利性逐渐发生变化，这些因素共同构成了基础设施及其融资模式朝着民营化改革的方向推进。

据亚洲开发银行测算，2010—2020 年亚洲基础设施中交通、电信、能源以及水和卫生设备四个领域总建设资金需 8.3 万亿美元，国别投资需求约为 8 万亿美元①。我国"一带一路"沿线多为落后地区和发展中国家，基础设施建设资金需求巨大。2013 年 10 月 2 日，我国提出筹建亚洲基础设施投资银行。亚洲基础设施投资银行初期投资的重点领域主要包括五大方向，即能源、交通、农村发展、城市发展和物流②。通过基础设施互联互通，推动我国与周边国家的区域经济合作和我国东中西部协调发展。我国基础设施融资模式创新对于充分利用国际、国内资本，建设高效的公共基础设施也具有重要意义。

通过对以上国内外背景的分析，研究我国基础设施的融资模式，解决新型城镇化过程中庞大的融资缺口，缓解地方政府的债务压力，降低银行过度集中的信贷风险，提高公共基础设施的建设和管理效率都有积极的意义。

三 研究意义

（一）理论意义

从以往研究的文献看，我国基础设施建设的研究，比较注重基础设施与经济增长的关系研究；基础设施与制造业等相关产业关系研究；基础设施与城市化互动关系的研究；基础设施建设过程中存在的单一问题的研究，比如供给机制、产权问题、管理效率、风险控制问

---

① Haruhiko Kuroda, "Infrastructure for a Seamless Asia", Asian Development, Nov. 2009.
② 华夏经纬网，亚投行初期投资重点领域，2016 年 1 月，http://www.huaxia.com/tslj/lasq/2016/01/4696721.html。

题等。本书主要从融资模式的角度，在我国加速推进新型城镇化背景下，通过基础设施融资体制、机制、工具等方面的创新，解决新型城镇化的融资缺口，化解地方政府债务风险的同时，提高政府的治理能力，促进我国的经济增长。利用现代主流经济学的计量经济学分析手段，考察我国基础设施融资模式创新的经济效应和各种融资方式决策选择机制，以期为我国基础设施的研究提供理论上和方法上的新视角。

（二）现实意义

城市化是人类社会发展的共同规律，改革开放以来，我国城镇化迅猛推进，城镇化率由 1978 年的 17.92% 跃升到 2014 年年底的 54.77%，年均提高约为 1.2 个百分点。根据国务院发展研究中心预测，到 2020 年我国的城镇化率将接近 60%[①]，将有 2 亿多人口进入城市，城镇基础设施和公共产品的供给将面临严峻挑战。一是现有的城市基础设施供给水平较低且不均衡；二是城市人口迅速增加，将对城市基础设施产生巨大的需求；三是随着人民生活水平的提高，将对城市基础设施提出更多新的需求。然而，我国基础设施投融资模式较为单一，导致资金供给不足和资金使用效率低下等问题十分突出，严重制约了城市基础设施的有效供给。如何在我国推进新型城镇化背景下，创新基础设施融资模式，以更好地满足城市基础设施与日俱增的需求，既是理论上亟待研究的重大课题，也是现实中亟须解决的紧迫任务。

首先，在城镇化进程不断加速和地方政府债务风险逐渐积累的背景下，通过基础设施融资模式的创新，可以拓宽基础设施融资渠道，缓解地方政府的债务压力。同时提高地方政府公共治理能力，增加基础设施和公共服务的供给。其次，当前我国正处于全面建设小康社会的关键期，强调经济增长的协调和统筹发展，我国东部地区与中部地区、西部地区的城市化水平存在较大的差异，基础设施投入资金的分

[①]　中国新闻网，国务院发展研究中心，2013 年 7 月，http://www.chinanews.com/house/2013/07-08/5014667.shtml。

配也存在明显的差别。如何在推进新型城镇化的过程中，科学合理地安排基础设施投资的规模和结构；如何统筹东部、中部、西部地区的基础设施投资和提高其城镇化水平；解决地方政府财政支出压力的同时，化解城镇化基础设施的融资缺口，都需要加大基础设施融资模式的创新。最后，通过基础设施融资模式的创新，有利于建立政府与社会资本分工合理的市场化基础设施投融资体制。

第二节　国内外相关文献综述

国内外有关基础设施融资的相关研究主要集中在基础设施投融资相关理论、基础设施投资与经济增长的关系研究、基础设施融资渠道、基础设施融资模式的创新等方面。

一　基础设施投融资相关理论综述

基础设施对于一个国家的经济发展具有重要作用，已成为经济学家的普遍共识。但对于公共基础设施如何进行投资建设，由谁负责融资、建设、经营和维护，国内外学者有不同的观点，形成了不同的理论学派。

（一）基础设施投融资的理论回顾

第一，古典学派的投资理论。古典学派从效率出发，认为追逐利润是决定经济主体投资行为的唯一目的和动力。亚当·斯密（Adam Smith）提出"看不见的手"是指经济运行中市场的自由竞争机制使生产资源得到最优配置，从而使投资者实现利润最大化[①]。反对政府干预，主张国家财政开支应该主要用于国防、司法、行政等军事用途和有利于工商业发展的交通设施、教育等相关公共工程，从而为市场运行提供良好的外部环境。对于交通基础设施可以收费（即使用者付费）的管理措施来建设和维护，同时对于不能获得收入维持自身维护的基础设施应该由地方政府的收入来承担。

---

① 格利高利·曼昆：《宏观经济学》，中国人民大学出版社2001年版，第415页。

第二，凯恩斯主义的公共投资理论。约翰·梅纳德·凯恩斯（John Maynard Keynes）赞成英国通过举办公共工程来解决失业问题。首次把投资作为一个重要的变量引入到决定国民收入的一般均衡模型中，他的投资决定理论是基于资本的边际收益率与市场利率的比较而产生的，两者相比孰大孰小是企业进行投资决策的标准。凯恩斯从政策调节、克服经济危机的角度，论证了公共投资的必要性。在市场失灵的公共基础设施领域，政府应加强干预，增加财政支出，执行赤字财政政策等调节经济的重要手段。

第三，公共选择学派。从根本上反对政府的大规模公共投资。布坎南（James Buchanan）认为，凯恩斯推行的财政赤字和发行公债的行为对资本的形成是不利的。它打破了财政平衡的准则，国家发行债务相当于摧毁资本价值。国债是一种超负荷的义务，是一种没有资产所有权作为补偿的负担。主张政府不应介入以干预经济为目的的公共投资①。新经济自由主义者弗里德里希··哈耶克（Friedrich August von Hayek）反对用公共投资过度干预经济，主张依据公共项目的类型，以市场化为主导选择合适的社会组织方式，提高公共服务的供给效率。

第四，大推进发展理论。发展经济学家保罗·罗森斯坦·罗丹（Paul Rosenstein Rodan）研究东欧等发展中国家的发展问题时，发现发展中国家推进工业化是解决贫困、实现经济发展的唯一路径，而基础设施建设是社会先行资本，必须全面投入大规模的基础设施建设资本，从而实现规模经济效应，使整个社会获得正的外部经济效应②。认为政府应当大力推进基础设施投资，从而摆脱经济停滞。

（二）基础设施公共投资理论的述评

国外关于基础设施投资的相关理论，各个时期的不同学派从当时的经济环境出发，提出不同的理论观点。学者观点都重视基础设施对

---

① 绛金玉、蒋三庚：《中国城镇化建设与投融资研究》，中国经济出版社 2014 年版，第 77—78 页。

② 任艳：《制度创新与中国基础设施建设》，中国社会科学出版社 2013 年版，第 6—9 页。

于经济发展的重要作用；主要围绕公共产品投资是以市场为主还是政府为主；根据公共产品的类型来选择基础设施的投资模式。总体而言，政府在基础设施的投融资建设方面应发挥主要的作用，同时针对基础设施的不同类型，采用不同的社会组织形式进行基础设施的建设，发挥基础设施正的外部经济效应。

二 基础设施投资与经济增长的研究综述

（一）基础设施投资与经济增长关系的国外文献回顾

以罗伯特·M. 索洛（Robert Merton Solow）、弗兰克·P. 拉姆齐（Frank Plumpton Ramsey）、保罗·罗默（Paul Romer）为代表的新古典经济增长理论将基础设施投资引入总生产函数中，研究其对经济增长的影响。肯尼斯·J. 阿罗（Kenneth J. Arrow）和库尔茨（Mordecai Kurz）1970 年最早把公共资本引入生产函数，研究公共资本对于私人资本的影响机制，运用拉姆齐模型进行最优资本存量的数理分析[1]。大卫·A. 阿肖尔（David Alan Aschauer），1989 年较早对基础设施投资的经济效应进行实证研究，他运用美国数据对全要素生产率进行分解和回归分析，实证研究发现核心基础设施如高速公路、机场、供水系统等对经济增长最具有解释力[2]。他将公共资本作为独立的生产要素加入柯布 – 道格拉斯生产函数中加以估计，实证结果发现公共基础设施投资的边际生产率是私人投资的 3 ~ 4 倍，商业部门对核心基础设施投资的产出弹性大约是 0.4，这是私人投资的两倍。并用基础设施投资的下降解释了美国 20 世纪七八十年代生产率的明显下降趋势。艾利西亚·H. 姆奈尔（Alicia H. Munnell）[3] 在 1990 年和霍尔茨·埃金（Holtz-Eakin）在 1988 年用总量的时序数据估计公

---

[1] Kenneth J. Arrow and Mordecai Kurz, "Optimal Growth with Irreversible Investment in a Ramsey Model", *Econometrica*, No. 38, Mar. 1970.

[2] David Alan Aschauer, "Is public expenditure productive?", *Journal of Monetary Economics*, No. 23, Mar. 1989.

[3] Alicia H. Munnell, "Why Has Productive Growth Declined? Productivity and Public Investment", *New England Economic Review*, No. 3, Feb. 1990.

共资本的产出弹性分别为 0.34 和 0.39,得到的结论和 Aschauer (1989) 相似。Demetriades、Mamuneas (2000)[1] 把基础设施作为节约成本的技术引入内生增长模型,并运用 12 个 OECD 国家的面板数据,进行联立方程的估计,发现基础设施资本对于产出和利润有显著的正向影响,平均而言基础设施投资的短期回报率很低,而长期回报率很高。政策制定者往往偏好于短期的效应而忽视公共基础设施投资的跨期效应。实证发现除美国、挪威、澳大利亚外大部分国家的公共资本没有达到最优供给规模,并且很好地解释了 20 世纪七八十年代的基础设施投资不足的缺口,到 90 年代早期时已显著地缩小。

Bougheas 等 (2000)[2] 认为基础设施投资与经济增长之间表现出非单调性特征,实证分析二者呈倒 "U" 形关系,并且绝大部分国家都处于曲线的上升部分。Demurger (2001) 使用中国 24 个省 1985—1998 年的面板数据,在控制了地理位置、改革开放力度的影响之后,实证分析表明交通和电信基础设施的便利程度可以很大程度上解释各省经济发展的差异性[3]。Esfahani 和 Ramirez (2003) 设计了结构模型,通过引入制度和经济因素,对 75 个国家 1965—1995 年的数据进行估计,发现基础设施对 GDP 增长的贡献是显著的,基础设施的收益显著超过其提供服务的成本。并且认为公共机构的治理能力、借贷信用、执行政府政策的有效性对于基础设施投资的增长有重要的影响,提出通过加大制度和组织机构的改革推动基础设施促进经济增长效用的发挥。Fan 等 (2004) 使用中国 1996 年农业普查数据,分析了农村基础设施差异,可以引致各地区经济增长和地区发展得不平

① Panicos O. Demetriades and Theofanis P. Mamuneas, "Intertemporal Output and Employment Effects of Public Infrastructure Capital: Evidence from 12 OECD Economies", *The Economic Journal*, Vol. 110, Jul. 2000.

② Spiros Bougheas, Panicos O. Demetriades & Theofanis P. Mamuneas, "Infrastructure, Specialization, and Economic Growth", *The Canadian Journal of Economics*, No. 33, May. 2000.

③ Sylvie D'emurger, "Infrastructure Development and Economic Growth: An Explanation for Regional Disparities in China?", *Journal of Comparative Economics*, No. 29, Mar. 2001.

衡。Caldero 和 Luis 等（2011）[1] 利用 88 个国家，1960—2000 年的面板数据，构建了基础设施综合指数。实证分析结果表明基础设施综合指数的长期产出弹性为 0.07 ~ 0.1 之间，能显著加速经济增长。Pradhan 等（2014）[2] 使用 20 国集团 1991—2012 年的数据，运用面板向量自回归模型，发现电信基础设施投资与经济增长具有长期的双向因果关系。Farhadi（2015）[3] 使用 18 个 OECD 国家数据，采用系统 GMM 方法分析了公共基础设施投资的影响，结果表明基础设施资本存量对劳动生产率和全要素生产率提高有显著正面影响。

少部分学者研究认为基础设施投资对经济增长的效应并不明显，甚至有负面影响。如 Hulten 和 Schwab（1993）利用美国地区制造业行业的数据，实证分析表明没有明显的证据说明美国南部和西部地区公共投资对于地区工业发展有促进作用。Nadiri 和 Mamuneas（1994）通过对美国产业的实证分析发现，公共投资回报率远小于私人投资的回报率。Holtz-Eakin 等（1995）[4] 使用美国州际面板数据进行实证分析表明，基础设施投资改变了要素价格、降低制造业成本的同时降低了企业的规模报酬和外部收益率，实证结果表明基础设施资本存量对经济增长的影响并不显著。Garcia-Mila 等（1996）利用美国州际面板数据，使用固定效应和随机效应估计方法，构造柯布 – 道格拉斯函数后具体检验了基础设施对经济增长并无显著的正面影响。Leeper 等（2010）[5] 使用新古典增长模型，分析了政府投资的经济效应，结果发现财政刺激的政府基础设施投资容易导致公共建设的迟滞以及公共

---

① César Calderón, Enrique Moral-Benito. & Luis Servén, "Is infrastructure capital productive? a dynamic heterogeneous approach", *Banco De Espana Publications*, No. 7, 2011.

② Rudra P. Pradhan, Mak B. Arvin, Neville R. Norman & Samadhan K. Bele, "Economic growth and the development of telecommunications infrastructure in the G-20countries", *Telecommunications Policy*, Vol. 38, 2014.

③ Minoo Farhadi, "Transport infrastructure and long-run economic growth in OECD countries", *Transportation Research Part A*, No. 74, 2015.

④ Charles R. Hulten & Robert M. Schwab, "Endogenous growth, public capital, and the Convergence of regional manufacturing industries", *NBER Working Paper*, Nov. 1993.

⑤ Eric M. Leeper, Todd B. Walker & Shu-Chun S. Yang, "Government investment and fiscal stimulus", *Journal of Monetary Economics*, No. 57, 2010.

资本配置效率的低下。

（二）基础设施投资与经济增长关系的国内文献回顾

国内的范九利等（2004）[①] 使用 1981—2001 年的数据，应用生产函数法估计出基础设施资本对经济增长的产出弹性为 0.695，并且生产函数表现出显著的规模报酬递增特性。郭庆旺等（2006）[②] 以我国 1981—2004 年的数据为基础，在向量自回归的分析框架下，考察我国基础设施投资对产出的影响。结果表明基础设施投资对产出有显著的正面影响。张军等（2007）[③] 利用我国 1988—2001 年数据，运用 GMM 方法验证了地方政府治理的转型和招商引资的竞争是影响基础设施投资的重要因素。徐智鹏（2013）[④] 分析了交通运输、能源、信息三类基础设施的经济效应，结果发现信息和能源基础设施的正向效应明显，而交通行业有负向经济效应。李妍等（2015）基于 1997—2013 年中国 31 个省份数据，采用系统 GMM 方法研究发现，我国基础设施投资与经济增长率两者处于倒"U"形曲线中的上升阶段。孙早等（2015）[⑤] 以中国 2003—2012 年间的面板数据估计了基础设施投资与东部、中部地区及西部地区经济增长之间的关系。结果显示，基础设施投资与东部、中部地区经济增长之间存在着显著的倒"U"形关系。

（三）基础设施投资与经济增长关系的研究述评

总体而言，基础设施作为公共支出的一部分，在新古典经济学家看来，具有提高利率挤出私人投资的效应。而对于新凯恩斯主义和内

---

① 范九利、白暴力、潘泉：《我国基础设施资本对经济增长的影响》，《人文杂志》2004 年第 4 期。

② 郭庆旺、贾俊雪：《基础设施投资的经济增长效应》，《经济理论与经济管理》2006 年第 3 期。

③ 张军、高远、傅勇、张弘：《中国为什么拥有了良好的基础设施?》，《经济研究》2007 年第 3 期。

④ 徐智鹏：《中国基础设施投资的经济增长效应研究》，《统计与决策》2013 年第 21 期。

⑤ 孙早、杨光、李康：《基础设施投资促进了经济增长吗》，《经济学家》2015 年第 8 期。

生增长理论而言，基础设施对私人部门的产出、生产率及资本形成有显著的正向效应，能够促进经济增长。综合国内外对于基础设施与经济增长的关系的实证分析可知，首先，大部分学者都认为基础设施投资对于一国经济增长具有促进作用，主要通过提高要素生产率、降低企业成本、提高交易效率来促进经济增长。其次，基础设施投资与经济增长关系的研究方法上主要有使用面板数据采用静态的固定效应估计、随机效应估计、GMM 方法；动态面板数据采用系统 GMM 估计和差分 GMM 估计；时间序列数据使用 VAR 和向量误差修正模型进行实证分析。

最后，对于基础设施投资的经济效益进行实证分析主要包括总的产出弹性、对于全要素生产率影响以及影响基础设施投资决策的主要因素如政治因素、地方分权、经济环境等。对于我国基础设施投资与经济增长的关系研究，分行业对交通、信息、电力基础设施的经济效应研究较多，针对 1992 年邓小平南方谈话之后，整体经济基础设施的经济效益研究分析较少，综合采用静态和动态省际面板进行计量经济分析就更少了。

三　传统的基础设施融资渠道研究综述

（一）国外政府主导的基础设施融资渠道研究回顾

第一，政府财政投资的研究。政府投资是基础设施的重要资金来源，也是基础设施重要的投融资模式之一。Barro 等（1992）[1] 利用内生增长模型分析了财政政策对于经济增长的影响。结果发现只要政府投资的回报率高于私人资本的回报率，采用税收手段，扩大公共投资就有利于经济增长和社会效益的提升。并且要根据公共服务的竞争类型来确定适用的税收制度和政策安排，如公共服务是非竞争性和非排他性的公共产品，一次性总赋税优于所得税的征收。Kim（1997）认为在经济全球化、金融自由化、国际分工的背景下，要提升各国居

---

　　[1]　Robert J. Barro and Xavier Sala-I-Martin, "Public finance in model of economic growth", *The Review of Economic Studies*, No. 59, 1992.

民的社会福利、推进城市化基础设施建设，需要加大金融创新和政府的主导作用。Hulten 等（1997）[1] 以美国为例，分析了联邦制国家对于基础设施建设的政策选择问题，认为对于那些纯公共产品和准公共产品的非经营性建设，由于存在市场失灵，国家应提供资金给予建设补助。Cho 等（2003）运用多元选择模型分析了美国西部 5 个州的公共投资、土地开发管理、城市化之间的关系，发现土地开发限制，短期内有益于提高公共支出和财产税收入，但长期效果却相反。

Bardham 等（2006）[2] 分析了发展中国家的地方财政分权对公共服务供给的数量与质量的影响，结果发现地方政府的不同融资安排对于公共服务有直接的影响。中央政府的财政拨款机制由于信息不对称原因，其对公共服务的供给效率较差。而采用使用者付费机制有利于提高公共产品的供给效率。Zheng 等（2013）[3] 采用我国 2001—2008 年 31 个省级面板数据，利用空间计量分析方法，实证分析中央政府基础设施投资地区分配的决定因素。实证结果发现中央政府的投资存在显著的空间交互效应；中央投资体现了持续性效应；中央的投资决策倾向于兼顾公平与效率；政治因素在地区基础设施投资中扮演了重要的角色。Qun 等（2015）[4] 使用中国 31 个省际 1999—2008 年的面板数据，实证分析了地方政府高度依赖土地财政的原因，主要是财政分权的体制和地方政府官员之间考核竞争这两个因素引起的。

第二，发行地方政府债券为基础设施建设融资。O'Donnell（1962）[5] 较早分析了"二战"后由于人口分布的变化、中等收入阶

---

[1]　Charles R. Hulten, Robert M. Schwab, "A fiscal federalism approach to infrastructure policy", *Regional Science and Urban Economics*, No. 27, 1997.

[2]　Pranab Bardhan, Dilip Mookherjee, "Decentralisation and Accountability in Infrastructure Delivery in Developing Countries", *The Economic Journal*, No. 116, Jan. 2006.

[3]　Xinye Zheng, Fanghua Li, Shunfeng Song, Yihua Yu, "Central government's infrastructure investment across Chinese regions: A dynamic spatial panel data approach", *China Economic Review*, No. 27, 2013.

[4]　Wu Qun, Li Yongle, Yan Siqi, "The incentives of China's urban land finance", *Land Use Policy*, No. 42, 2015.

[5]　John L. O'Donnell, "Some Postwar Trends in Municipal Bond Financing.", *The Journal of Finance*, No. 17, May 1962.

层收入提高、战后重建等因素，引起公共基础设施的需求剧增，地方财政支出压力加大的情况下，市政债券作为重要的公共设施的融资工具而迅速发展起来。又因其可享受免税待遇，受到高收入人群、商业银行以及保险公司的欢迎。Kidwell 等（1982）分析了美国纽约市政债券市场出现较高的利率水平的原因，认为纽约财政危机导致的高利率对市政债券的基本面及投资者风险偏好没有长期的效应，只有极小的短期影响。Leigland（1997）[①] 分析了四个新兴市场国家印度尼西亚、菲律宾、波兰、南非加速发展本国市政债券市场的经验，指出市政债券作为城市基础设施建设融资新手段的各项优势及发行的市场条件。Daniels 等（2002）认为市政债券在发展城镇基础设施中具有积极作用，是各国地方政府亟须引入的融资机制，并总结了市政债券发行的成功经验。Wang 等（2005）[②] 对比了市政债券和国债的相对收益率，市政债券的信用评级差异和税盾效应对于其收益率有重要的影响。并重点分析了市政债券的流动性风险及收益，认为长短期市政债券的到期差价主要是流动性贴水引起的。Platz（2009）[③] 借鉴美国市政债券的经验，利用供求分析框架，分析了墨西哥、印度、南非三个发展中国家市政债券市场的发展情况。总结这些国家的经验教训认为：监管环境、多元化金融机构体系、加强信贷支持和管理能力，对于发展市政债券市场最为重要。

（二）国内传统的基础设施融资渠道研究回顾

国内学者贾康等（2002）[④] 较早地指出了我国地方政府融资的制度性障碍，认为应借鉴发达国家市政债券的经验，发展我国的地方公

[①] James Leigland, "Accelerating Municipal Bond Market Development in Emerging Economies: An Assessment of Strategies and Progress", *Public Budgeting & Finance*, No. 17, 1997.

[②] Junbo Wang, Chunchi Wu, Frank Zhang, "Liquidity, Default, Taxes and Yields on Municipal Bonds", working papers in the Finance and Economics Discussion Series (FEDS), 2005, 1 –51.

[③] Daniel Platz, "Infrastructure finance in developing countries-the potential of sub-sovereign bonds", DESA Working Paper, 2009, (76), 1 –34.

[④] 贾康、李炜光、刘军民：《关于发展中国地方政府公债融资的研究》，《经济社会体制比较》2002 年第 5 期。

债，并提出地方公债发展的基本原则和政策建议。乔桂明等（2012）① 从市政债券发行的法律、制度、市场条件和金融环境四个方面研究了我国市政债券发行的可能性。陈峥嵘（2013）② 分析了美国、日本发行市政债券为城市化建设融资的实践经验，并提出我国发展市政债券的对策建议。谢群（2013）③ 在参考借鉴国外地方政府债券发行经验的基础上，提出中国地方政府债券发行改革的思路和发行模式。陈怡西（2014）基于广东省自行发债的经验，分析了地方政府债券的风险，并提出构建风险防范机制的建议。孙海凤（2015）④对我国地方政府的债务研究进行梳理和述评，并指出应建立地方政府债务风险指标预警体系及发行规模的预算管理。王俊（2015）分析了地方政府债务形成的原因与结构，识别了隐藏在债务链背后的潜在风险，并在此基础上运用 KMV 模型以及 VAR 模型对地方政府债务风险进行了预警分析⑤。

（三）传统政府主导基础设施融资模式研究述评

国外学者根据基础设施具有的准公共产品性质，普遍认为应以政府为主导，利用政府的税收手段、土地财政等资金进行基础设施的投资建设。并针对公共投资政府决策的影响因素进行实证分析，认为地方分权、财政拨款机制和政治因素对公共投资的决策影响较大。政府举债的理论经历了新古典经济学自由主义基础的公债有害论、凯恩斯主义经济学政府干预基础上的公债扩张论、新古典宏观经济学和公共选择学派和供给学派的公债中性论这三个阶段。随着城市化发展，为

---

① 乔桂明、郝雨时：《我国发行市政债券的条件与环境研究》，《苏州大学学报》2012 年第 6 期。

② 陈峥嵘：《美日发行市政债券为城市化建设融资的经验及启示》，《全球化》2013 年第 10 期。

③ 谢群：《国外地方政府债券发行模式借鉴及启示》，《地方财政研究》2013 年第 6 期。

④ 孙海凤：《我国地方政府债务研究述评与展望》，《经济研究参考》2015 年第 18 期。

⑤ 王俊：《地方政府债务的风险成因、结构与预警实证》，《中国经济问题》2015 年第 3 期。

缓解地方财政支出压力，各国主要采用市政债券来为基础设施项目融资，并对市政债券的风险、收益、评级和监管开展研究。我国学者主要针对我国目前的地方政府债务和融资平台公司风险，分析发行地方政府债券的必要性、法律、市场条件和发行模式进行研究。而具体如何推进我国市政债券发行的信息披露、信用评级、风险控制、风险预警指标体系的构建研究相对较少。

四　基础设施融资模式创新的文献综述

（一）国外基础设施融资模式创新的研究回顾

第一，基础设施融资模式未来发展趋势。世界银行（1994）研究发现发展中国家基础设施融资过度依靠政府借款和税收，未来基础设施融资应以市场化融资为导向，充分利用民间资本为基础设施建设提供长期可靠的资金保障。世界银行认为，随着本国资本市场的发展和完善，长期目标应以资本市场融资为主。De Wang 等（2011）[1] 介绍了我国城市基础设施建设的巨大变化及融资模式的变迁过程，面对未来持续增长的基础设施需求，我国目前正在进行市场化导向的融资机制改革。改变对传统融资模式的过度依赖，开发新型的融资方式，同时对各级地方政府的财政分权体系进行改革以适应未来巨大的城镇化融资需求。Gemson 等（2012）通过分析 1990—2009 年间 2821 个基础设施项目的私募股权投资的情况，发现私人股权投资有利于大型基础设施融资。目前私人股权投资主要出现在发达国家，随着基础设施建设规模的加大，发展中国家私人股权投资数量也在不断地增加。私人股权投资有利于分散项目风险，降低项目发起人的投资风险，有利于基础设施项目的建设和发展。Clifton 等（2013）[2] 介绍了欧洲投资银行从 1958—2004 年支持欧洲内部基础设施项目信贷融资的情况。

---

① De Wang, Li Zhang, Zhao Zhang, Simon Xiaobin Zhao, "Urban Infrastructure Financing in Reform-era China", *Urban Studies Journal*, No. 48, Nov. 2011.

② Judith Clifton, Daniel Díaz-Fuentes, Julio Revuelta, "Explaining Infrastructure Investment Decisions at the European Investment Bank 1958 – 2004", Working Paper of Milan European Economic Workshop, No. 6, 2013.

首先是投资领域从最初的工业、交通业、能源行业为主转向电信、电力、天然气等行业；投资的区域逐渐倾向于更低经济发展水平的欧洲国家；信贷投放优先发放给已加入欧盟的成员国。并且介绍了德国、意大利等国纷纷建立非营利性政策性银行来支持本国落后地区的基础设施建设。

Ding 等（2014）[①] 认为随着人口和基础设施需求的变化，亚洲国家的金融部门必须加大金融创新和区域内金融一体化的力度。通过已完成工业化的亚洲国家的资金流向发展中的亚洲国家，进行基础设施的投资，加强区域内的融资便利和资源流动、强化与全球金融市场的联结、开发多元化基础设施融资渠道，以降低亚洲发展中国家基础设施建设的融资成本。最后，认为金融深化有利于缓解基础设施的投资不足或投资过热的问题，促进本地区实现更加均衡的经济增长。

Mostafavi 等（2014）[②] 使用美国 50 个州的个人调查数据，分析美国民众对于基础设施金融创新的认知情况。主要考察经济因素、基础设施条件、民众个人特征等的影响，结果发现民众对于金融创新的支持与经济因素并不敏感，主要受基础设施条件的影响。并且发现绝大多数民众对于基础设施的金融创新并不了解，最后认为应该加强宣传，让更多的民众了解、支持、购买基础设施项目的创新金融工具。Ehlers（2014）认为阻碍基础设施投融资发展的主要因素是缺乏设计合理的可投资的项目，以及需要设计多元化的融资工具吸引公众资金参与基础设施投资、分散风险，比如银团贷款、基础设施债券、公私合营等。Estache 等（2015）[③] 构建了公共财政、私人债权、私人股权三者混合的融资决策模型，并认为发展中国家基础设施融资决策必

---

① Ding Ding W., Raphael Lam, Shanaka J. Peiris, "Future of Asia's Finance: How can it Meet Challenges of Demographic Change and Infrastructure Needs?", The IMF Working Paper, No. 7, 2014.

② Ali Mostafavi, Dulcy Abraham, Antonio Vives, "Exploratory analysis of public perceptions of innovative financing for infrastructure systems in the U. S.", Transportation Research Part A, 2014, (70): 10 - 23.

③ Antonio Estache, Tomas Serebrisky, Liam Wren-Lewis, "Financing Infrastructure in Developing Countries", The ECARES working paper, No. 3, 2015: 1 - 34.

须要考虑各国的制度性缺陷的影响。

第二，资产证券化国外文献回顾。Thomas（1999）使用美国证券研究中心 1991—1996 年的 236 个证券化交易数据，实证分析发现资产证券化能够提高股权投资者的收益，并且越低的信用等级的企业通过资产证券化获得的超额股权回报越多。而债权持有人获得的资产证券化收益明显要少于股权投资者。Iacobucci 等（2005）[①] 运用信息不对称理论，分析资产证券化盘活未来现金流的机理，可使投资者获得更加准确的信息，克服内外部投资者之间的信息不对称。Jobst（2006）分析了新兴市场国家公共资产的证券化问题。新兴市场国家开展资产证券化主要面临基础设施服务、法律、监管等方面的挑战，随着投资者的分化和低风险回报的机构投资者对于资产证券化需求加大。资产证券化有较高的信用评级和流动性较强，有利于吸引机构投资者的投资。Liu 等（2007）[②] 分析了美国和新兴市场国家电力基础设施资产证券化的经验，结合中国的实际提出了利用资产证券化提高我国电力基础设施供给的建设性意见，认为资产证券化不仅提供了一种项目融资手段，也有利于加速改革，降低沉没成本。

Zhou 等（2007）讨论了基础设施资产证券化在我国的可行性，认为资产证券化作为一种结构性融资工具具有破产隔离的功能，通过有效的契约设计和分层处理机制，能够提高资产的流动性，实现风险的合理转移。Kaniadakis 等（2014）[③] 介绍了英国信息基础设施抵押贷款的证券化过程。设计了一个考虑管理和政策因素的金融风险模型，利用参数校准的方法进行风险的估算，并指出进行旧资产的整合和标准化处理对于资产证券化的重要性。Mendonca 等（2015）使用巴西 60 个金融机构 2002—2012 年的面板数据，实证分析发现资产证

[①] Edward M. Iacobucd, Ralph A. Winter, "Asset Securitization and AsymmetricInformation", *Journal of Legal Studies*, No. 34, Jan. 2005.

[②] Wei Liu, J. H. Wang, Jun Xie, Chang Song, "Electricity securitization in China", *Energy*, No. 32, 2007.

[③] Antonios Kaniadakis, Panos Constantinides, "Innovating Financial Information Infrastructures: The Transition of Legacy Assets to the Securitization Market", *Journal of the Association for Information Systems*, No. 15, May 2014.

券化交易容易提升信贷风险。而信贷风险对于资产证券化的影响并不明显。Hollander 等（2015）[①] 分析了 2002—2010 年 97 个欧洲资产证券化交易的数据，资产证券化交易与银行资产流动性正相关，全球金融危机后住房抵押贷款证券化对流动性便利的影响显著下降。

第三，国外 PPP 融资模式的相关研究回顾。国外有关 PPP 项目的研究目前主要从以下几个方面展开分析：有关 PPP 项目制度安排的影响因素及效率结果的研究。Leibenstein（1966）[②] 提出 X 效率理论，他认为公共部门和国有企业存在的低效率主要是由于国有组织结构和扭曲的政府干预行为导致的。他认为公私合营有利于降低公共部门存在的低效率问题，并且提出通过发挥市场的作用来克服信息不对称和高的交易成本，提高分配效率。Mansoor 和 Michael（1997）认为政府可以通过两种办法来吸引私有资本参与基础设施建设，其一，政府可以给投资方提供优惠金融政策比如低息贷款和政府担保，以补偿投资方面临的低收益回报和宏观经济的不稳定。其二，通过提高覆盖成本的投资回报价格以及提供良好的宏观经济环境和规制体系，吸引私人参与基础设施建设。Bellier 和 Zhou（2002）分析了私人资本参与中国的电力、道路和水务等基础设施建设的主要障碍在于缺乏完善的法律和规制体系，存在地方政府契约精神不足，信用违约、合同条款设计不合理等问题[③]。Ahadzi 和 Graeme（2004）实证分析了英国在公私合营过程中存在的问题，如超长的合同论证和准备过程导致过高的竞标成本和工程建设超期问题。私人部门在合同协商和条款的制定中除关注技术和融资方案设计外，也很重视项目实施的外部环境比如法律因素、政治因素、组织结构和文化特征等。

① Hilke Hollander, Jörg Prokop, "Stock price effects of asset securitization: The case of liquidity facility providers", *The Quarterly Review of Economics and Finance*, No. 57, 2015.

② Leibenstein, Harvey, "Allocative Efficiency vs. X-efficiency", *The American Economic Review*, No. 6, 1966.

③ Michel Bellier, Yue Maggie Zhou, "Private Participation inInfrastructure in China, Issues and Recommendations for the Road, Water, and Power Sectors", World Bank Working Papers are published, No. 2, Dec. 2002.

Hammami、Ruhashyankiko 和 Yehoue（2006）[①] 使用世界银行 1990—2003 年 PPI 数据，实证分析了 PPP 项目的决定因素，主要包括政府约束、政治环境、市场条件、宏观经济稳定性及制度质量等。实证分析结论认为政府的财政负担高，较大的市场总需求规模、稳定的宏观经济环境，良好的法律和组织机构体系有利于 PPP 融资模式的运用。Mervyn K. Lewis（2008）对 PPP 协议合作框架进行构造，论述了各阶段交易管理及合作关系中变量的引入与控制。Burger 和 Tyson 等（2009）[②] 研究了次贷危机对于 PPP 项目的影响，他们认为金融危机主要通过成本和融资便利性两个渠道影响 PPP 项目的实施。建议通过合同延期、产出补贴、税收增加等方式，保持私人部门效率的同时，控制政府的风险。政府可以实施宽松的财政政策和安排适当的预算用于补偿面临的附加风险。Nisar（2013）[③] 调查了 PPP 基建项目成功的因素，主要有两个：一是政府与私人部门具有均衡设计的商业服务计划。二是公私联盟必须建立恰当的管理结构、管理规范及程序。Liu 等[④]（2014）探讨了大型场地公共设施中使用 PPP 模式成功的五个关键因素是：合理的商业开发方案、合理的融资安排、稳健的招标计划、有效的政府治理结构和可行的风险分配。

有关 PPP 风险配置的研究：Estache 和 Serebrisky（2004）以及 Brenck 等（2005），强调坚实的政治承诺对于 PPP 的重要性，认为频繁的政策变化是 PPP 可持续发展的最大障碍。Guasch（2004）认为

① Mona Hammami, Jean-Francois Ruhashyankiko, Etienne B. Yehoue, "Determinants of Public-Private Partnerships in Infrastructure", International Monetary Fund, Working Papers, No. 6, Apr. 2006.

② Philippe Burger, Justin Tyson, Izabela Karpowicz, Maria Delgado Coelho, "The Effects of the Financial Crisis on Public-Private Partnerships", International Monetary Fund working Paper, No. 7, 2009.

③ Tahir M. Nisar, "Implementation constraints in social enterprise and community Public Private Partnerships", *International Journal of Project Management*, No. 31, 2013.

④ Tingting Liu, Suzanne Wilkinson, "Large-scale public venue development and the application of Public-Private Partnerships", *International Journal of Project Management*, No. 32, 2014.

适当的规制体系和规制机构的建立有助于降低政治风险。Chung 等 (2010)① 研究了澳大利亚的收费公路 PPP 模式的风险配置情况，认为私人机构具有更强的风险感知和风险管理能力，通过 PPP 合约有利于分散政府部门的需求和市场风险，使用物有所值法（VFM）有利于降低项目的商业风险。Hwang 等（2013）调查了新加坡 10 个 PPP 项目的主要风险及风险配置情况，发现 8 项风险应该于公共部门承担；19 项风险应于私人部门承担；还有 11 项风险应两者共同承担。合理的风险分担机制有利于 PPP 项目的成功。Cruz 等（2013）② 认为 PPP 基建项目因期限较长、较高的沉没成本，存在巨大的不确定性，需要设计柔性合同处理潜在风险。并设计复式矩阵模型和实物期权等柔性的合同来支持医院等基础设施和公共服务的提供。

（二）国内基础设施融资模式创新的研究回顾

第一，国内基础设施融资渠道改革与创新的研究回顾。徐丽梅等 (2009)③ 借鉴国际基础设施融资经验，分析了我国现有融资模式的局限，创新性地提出构建基础设施贷款公司、债券银行及城市发展基金为基础设施建设融资。曹凤岐（2013）④ 认为城镇化需要大量资金投入，要充分利用政策性金融、资本市场和社会资本为城镇化服务，开展资产证券化。同时，设立基础设施产业投资基金，发展城市信托、房地产信托，吸引民间资本进入城市基础设施建设。陈雨露 (2013)⑤ 提出金融支持中国新型城镇化的对策建议主要包括：继续发挥政策性金融的导向作用，引导商业银行为公共建设提供信贷支持。加强项目融资的创新包括 ABS、PPP、PFI 等。充分利用多层次的资本市场为基础设施提供直接融资的渠道。

---

① Demi Chung, David A. Hensher, John M. Rose, "Toward the betterment of risk alloca-tion: Investigating risk perceptions of Australian stakeholder groups to public private-partnership toll-road projects", *Research in Transportation Economics*, No. 30, 2010.

② Carlos Oliveira Cruz, Rui Cunha Marques, "Flexible contracts to cope with uncertainty in public-private partnerships", *International Journal of Project Management*, No. 31, 2013.

③ 徐丽梅：《基础设施融资的金融中介模式研究》，《经济体制改革》2010 年第 2 期。

④ 曹凤岐：《新型城镇化与金融创新》，《金融论坛》2013 年第 7 期。

⑤ 陈雨露：《中国新型城镇化建设中的金融支持》，《经济研究》2013 年第 2 期。

黄国平（2013）① 研究了金融支持城镇化发展的体制改革，提出要加大金融创新力度，充分利用私人资本为基础设施融资。鼓励各种形式的股权投资基金直接参与基础设施建设项目；完善地方政府债券发行机制，运用资产证券化等项目融资手段。贾康等（2014）② 认为公私合作伙伴机制是解决基础设施融资难题的有效途径。并对 PPP 的内涵、特征及当前我国开展 PPP 存在的问题进行了分析，最后提出我国采用公私合作伙伴模式的政策建议。

第二，国内有关资产证券化文献回顾。国内学者何小锋等（2002）③ 较早介绍了资产证券化的理论体系以及资产证券化模式选择的三个原则，重点论述了两种突破模式在中国的运用。李琳（2005）参照住房抵押贷款证券化的成功模式，提出了基础设施资产证券化三种模式，包括基础设施贷款证券化、产权证券化、离岸证券化，并且后两者在我国更具操作性的结论。徐东（2010）④ 研究了基础设施资产证券化中的四种定价方法。并指出每种定价方法的适用性及其不足，为今后完善基础设施定价提供了理论支撑。王永刚等（2008）运用国外资产证券化原理，探索城市建设贷款证券化（财政—银行—证券）这样一种新型的投融资方式，发挥金融机构连接资本市场与政府的优势，来解决基础设施融资难题。宋煜凯等（2013）⑤ 从基础设施证券化融资的风险入手，通过模糊互补判断矩阵权重的模糊综合评价法，对基础设施证券化融资的风险进行综合分析，认为最核心的风险是融资运作风险。许余洁（2013）提出以资产证券化三种方式的金融创新为地方城镇化建设融资，并

① 黄国平：《促进城镇化发展的金融支持体系改革和完善》，《经济社会体制比较》2013 年第 7 期。

② 贾康、孙洁：《公私合作伙伴机制：新型城镇化投融资的模式创新》，《中共中央党校学报》2014 年第 2 期。

③ 何小锋：《资产证券化：中国的模式》，北京大学出版社 2002 年版，第 371—379 页。

④ 徐东：《基础设施资产证券化》，中国社会科学出版社 2010 年版，第 220 页。

⑤ 宋煜凯、马倩：《城镇化进程中基础设施证券化融资风险研究》，《辽宁经济》2013 年第 8 期。

提出相应的监管建议。张前荣（2015）认为地方政府在公共基础设施领域内不断增长的融资需求和建设性债务，必将是长期趋势。资产证券化应成为化解地方政府债务风险和拓宽融资渠道的有效途径。

第三，国内 PPP 融资模式的研究回顾。国内 PPP 公私合营的研究综述。首先，国内有关 PPP 项目绩效及影响因素分析，主要有：孙慧等（2012）对 PPP 项目绩效的影响因素进行了分析比较，识别出 PPP 项目绩效的 3 大影响因素和 18 个可测量的子因素，并构建了分析 PPP 项目绩效影响因素的结构方程模型。结果表明，PPP 项目的特征因素对于绩效有直接的关联，而项目环境和参与人因素的影响相对较弱，项目的功能和质量对 PPP 项目绩效最具有解释能力。袁竞峰等（2012）认为公共部门在项目监管中缺少导向和绩效评价的基础与依据，造成了 PPP 项目的绩效评价缺位和产出不能达到预期目标，制约了 PPP 模式的发展[1]。其次，是公私合营（PPP）项目的规制研究。马强等（2011）基于 PPP 项目参与方的利益诉求，通过运用 Nash 谈判模型构建新模型，运用 Lagrange 函数对公私合营的参与双方利益进行定量化分配，以达到合作双方资源的最优配置。张水波等（2014）[2] 采用文本分析方法，对 PPP 项目规制的内涵、目标以及规制体系的研究成果进行了综合分析。结果表明，目前微观层面规制体系研究较多，而宏观层面上的较少。未来 PPP 项目规制发展方向主要是规制的可信性和动态的价格规制等问题。

最后有关公私合营项目风险的研究。胡丽等（2011）[3] 介绍了基础设施融资风险的定义、类型，重点分析了 PPP 模式下融资风险的

---

① 袁竞峰、季闯、李启明：《国际基础设施建设 PPP 项目关键绩效指标研究》，《工业技术经济》2012 年第 6 期。

② 张水波、张晨、高颖：《公私合营（PPP）项目的规制研究》，《天津大学学报（社会科学版）》2014 年第 1 期。

③ 胡丽、张卫国、叶晓甦：《基于 PPP 模式的城市基础设施融资风险识别研究》，《甘肃社会科学》2011 年第 1 期。

识别问题。吴淑莲等（2014）对 PPP 项目市场需求风险的影响因素、分担偏好、参与者的管理能力等问题进行探讨，以实例提出 PPP 项目市场需求风险完全由政府承担、政府与私人投资者共同承担及私人投资者承担的三种模式。周和平等（2014）① 分析了 12 个 PPP 项目的案例，最终识别出 9 种再分配的风险因素，并认为公平的风险分担是 PPP 项目成功的关键。

（三）基础设施融资模式创新的研究述评

国外学者研究认为基础设施融资主要经历从政府财政资金为主，向各类金融机构信贷融资过渡，最终以市场化为主导的资本市场融资的发展趋势。基础设施融资创新渠道主要包括建立政策性金融机构、基础设施投资基金、私募股权投资、公私合营 PPP 模式、基础设施债券等。国内大部分学者认为我国基础设施融资，应以市场化为主导，构建多层次、多元化的融资体系。主要从资产证券化、信托、地方政府债券、PPP 模式、城市发展基金、风险投资基金、政策性金融等方面进行融资渠道的拓展和创新。

有关公私合营的 PPP 融资模式受到政府和学者的推崇，针对各国在基础设施建设中 PPP 项目的制度设计、合同风险配置、项目绩效评价等理论研究也十分丰富。但针对发展中国家基建项目 PPP 模式的决定因素的实证分析相对较少，针对我国基础设施项目 PPP 融资的设计、风险配置、绩效评价及风险控制的研究相对不足。现阶段我国经济发展已进入新常态阶段，新型城镇化建设亟须发展 PPP 模式，发挥市场在资源配置中的决定性作用。PPP 项目融资以市场化手段为主导，充分利用民间资本提高公共产品数量的同时，可提高基础设施的供给质量和效率，缓解我国地方政府日益加大的财政压力和化解地方政府的债务风险。PPP 模式是未来亟须深入研究的领域。

---

① 周和平、陈炳泉、许叶林：《公私合营（PPP）基础设施项目风险再分担研究》，《工程管理学报》2014 年第 6 期。

第三节　主要研究内容及思路

一　研究内容及结构安排

本书研究内容围绕发现问题、分析问题、解决问题三个递进关系的逻辑顺序展开。首先，进行理论分析，准确界定研究对象为城市基础设施融资问题，分析经济类基础设施的特征、分类及经济增长效应。其次，回顾我国基础设施融资的发展变迁，找出我国基础设施融资目前存在的主要问题。然后，梳理国外基础设施融资的典型经验，论证我国基础设施融资模式改革与创新的原则与路径。最后，结合我国新型城镇化发展背景和基础设施融资的主要问题，提出构建多元化、市场化、可持续的城市基础设施融资新体系，从宏观政策层面和微观操作层面提出政策建议，确保基础设施融资模式创新的制度相容性和实践可行性。

在我国新型城镇化进程加速发展的背景下，首先，指出我国基础设施传统融资渠道的弊端，总结了国外城镇化过程中地方政府基础设施的融资经验，包括美国、日本、德国和拉美发展中国家的经验教训。其次，结合我国省际面板数据，实证分析了基础设施建设投资对于我国经济发展和城镇化水平提高的经济效应。再次，分析了中国城镇化以及地方政府融资的发展历程、现状以及存在的主要问题。最后，结合国外经验和我国现状的基础上，提出了对基础设施融资模式进行创新，如基础设施证券化、发行市政债券、推广公私合营（PPP）模式等多渠道的融资方式，并提出相关政策建议。

本书主要的研究内容安排如下。

第一章是导论，首先，阐述文章的选题背景、理论及实践意义。其次，对已有城镇化基础设施融资的文献进行梳理，包括对国外相关文献回顾、国内研究文献的梳理，并提出研究述评。最后，概括了研究的主要内容、结构安排以及研究思路和创新点。

第二章介绍了城市基础设施投融资的理论及效应分析。首先，界定了基础设施的内涵，明确研究对象的特征及分类。其次，总结国外城市基础设施投融资的主要理论。最后，使用我国30个省的面板数据，实证分析基础设施投资的经济效应。

第三章介绍了我国城镇化基础设施传统融资模式的现状、问题及改革路径。首先，介绍了城镇化的基本情况，包括城镇化发展历程和现状，回顾和总结我国基础设施融资的发展历史、现状和前景。其次，重点分析我国基础设施融资实际存在的主要问题，梳理了发达国家融资制度的历史变迁及典型融资模式。再次，总结发展中国家的主要融资渠道和典型经验。最后，提出未来我国进行融资模式改革与创新的主要原则及路径。

第四章提出加快发行地方政府债券。首先，分析了我国地方政府债券发行制度的演变及地方政府融资平台的现状，回顾了我国从试点中央代理发行地方政府债券，到自发自还的试点情况。其次，介绍了美国、日本、西欧国家发行市政债券进行基础设施融资的经验。最后，重点设计了地方政府债务的风险预警指标体系并验证了我国各省债务风险状况。

第五章提出加快发展基础设施资产证券化。首先，对基础设施资产证券化在我国的可行性进行分析。其次，对资产证券化合约设计、操作模式进行分析，结合我国已开展的基础设施收费证券化和银行信贷资产证券化进行案例分析。最后，利用国际面板数据进行资产证券化的经济效应分析，并提出我国发展基础设施资产证券化的对策建议。

第六章提出在基础设施领域推广PPP公私合营融资模式。首先，介绍了PPP模式的含义、特征、运行程序和操作模式。其次，总结了发展中国家运用PPP融资的主要情况，以及我国PPP模式的发展现状及问题。最后，利用发展中国家的面板数据，实证分析PPP模式选择的主要影响因素，为进一步大力推广PPP模式融资提供理论支撑。

第七章介绍了其他基础设施融资模式的创新使用。主要包括产业投资基金、信托融资计划、融资租赁、政策性金融机构等。

第八章结论及展望。总结全书的主要结论，反思不足之处，并提出对未来的研究展望。

二 本书的总体框架

见下图所示。

三 研究的重点与难点

在分析国内外城市基础设施投融资制度历史变迁、把握其基本规律的基础上，从宏观经济效应、中观经济政策和微观操作模式三个层面，探讨适应我国城市基础设施建设融资模式创新的路径。首先，建立健全地方债券发行管理制度和风险预警机制，推进允许地方政府发行市政债券的内外部制度环境的改革。其次，加快基础设施资产证券化等金融服务和产品的创新，提高直接融资比重。最后，放宽准入，完善监管，鼓励社会资本以 PPP 模式参与城市基础设施融资运营。在总结国内外城市基础设施融资模式的理论成果和主流趋势的基础上，结合我国的融资现状与未来发展战略，探索具有中国特色的城市基础设施融资模式及构建多元化、可持续的新型城镇化融资体系。本书研究的重点之一是我国基础设施投资与经济增长的互动关系。重点之二是我国发行地方市政债券的制度改革和风险预警指标体系构建。重点之三是我国开展基础设施资产证券化创新的模式选择和资产证券化的信贷扩张效应分析。重点之四是公私合营的 PPP 融资决策的主要影响因素分析。

本书研究的难点问题是：如何针对众多的投融资工具进行个别分析，把握各类融资模式的优缺点、基本经济特征以及收益风险匹配特性等。提炼出符合我国特殊国情的基础设施融资模式，结合我国的现行制度条件加以改进和推广。如何在国内外时间跨度长、内容丰富的基础设施建设融资活动中，总结出基础设施融资模式变迁的一般规律，并使用国内外数据，运用计量经济学实证分析方法进行分析，以验证理论成果的可靠性。

第四节　研究方法及不足

一　主要研究方法

本书主要综合国际经验分析、案例分析、实证分析等研究方法。以理论定性研究做铺垫，以实证研究为基础，讨论了新型城镇化过程中基础设施融资的各种问题和创新基础设施融资模式的理论框架和操作方法。主要研究方法概括为以下几种。

（一）理论定性研究方法

深入分析和认识城镇化过程中基础设施投融资理论。把握城镇化发展的基本规律和发展趋势，研究各种融资方式的主要特征及适用条件。数理分析基础设施融资决策选择机制。对未来基础设施融资可能的创新模式进行定性的分析。

（二）制度及经济史的分析方法

分析各国基础设施融资的发展史，把握基础设施融资的变化发展趋势以及融资模式选择背后的制度根源。探讨基础设施融资模式制度的经济学背景，研究在现行制度框架下，如何设计最佳的基础设施融资的操作运行程序及制度改进安排。

（三）国际比较研究法

通过大量的文献检索，总结美国、日本、德国、法国、澳大利亚、拉美国家等基础设施融资的渠道和经验，结合我国的实际情况，通过对比分析，发现问题和差异，得出对我国基础设施融资创新有益的借鉴启示。

（四）实证定量分析方法

运用各种计量经济学的分析方法，首先，利用我国省际的面板数据，使用固定效应、系统 GMM 估计等方法进行实证分析基础设施投资对经济增长的影响效应。其次，使用世界银行世界发展指标数据库中有代表性的发达国家和发展中国家的面板数据，分析资产证券化对信贷市场的影响。最后，主要利用发展中国家的数据，使用事件计数的面板泊松回归模型，通过计数的负二项式（NBRE）和零膨胀泊松（ZIP）方法实证分析 PPP 融资模式选择的主要决定因素。

二　研究存在的不足

第一，研究对象方面：基础设施内涵丰富，主要包括经济基础设施和社会基础设施，本书主要针对经济基础设施开展分析和论证，对于社会基础设施未给予深入研究。由于社会基础设施具有更强的纯公共物品属性，因此更需要加以深入研究其融资模式及供给问题。并且未针对我国城乡二元经济的特征，忽略了对农村基础设施融资模式的研究。

第二，研究广度有待拓展：经济基础设施的分类众多，比如主要的交通运输、仓储及邮电通信业基础设施，水电燃气业基础设施，能源基础设施都具有很强的行业特征，本书只是针对加总后的经济基础设施融资进行概述和整体性分析，没有具体细分行业进行针对性的研究和进行分类设计制度安排。

第三，基础设施融资的相关理论及宏观经济影响分析有待加强，特别是针对我国目前基础设施投资的效率和对全要素生产率的影响机制分析是未来研究的重要领域。

第二章　基础设施的融资理论
及效应分析

本章主要从理论上论述基础设施投融资的基础理论及基本规律，包括界定基础设施的内涵、特征、分类及基础设施融资的主要理论机制。首先，界定城市基础设施的内涵、主要特征和类型。其次，梳理国内外有关基础设施投融资的相关理论，主要包括项目区分理论、基础设施投资时机选择理论以及基础设施融资决策机制理论。最后，运用新古典经济学的三部门模型，数理分析基础设施投资影响经济增长的机制，然后使用我国省际面板数据，实证检验我国近年来基础设施投资的经济效应。为下文进一步推进我国基础设施投融资体制改革和创新提供理论支撑。

第一节　城市基础设施的内涵界定、特征及分类

一　城市基础设施的内涵界定

19 世纪中期，发展经济学家罗森斯坦 – 罗丹（Paul Rosenstein-Rodan）在著作《东欧和东南欧国家的工业化问题》中，最早提出了社会管理资本的思想，并将基础设施定义为社会分摊资本，具有间接的生产性，它为国民经济的其他部门提供基础性服务①。主要包括交通、电力、通信在内的所有基础性产业。美国经济学家赫希曼（Al-

---

① 罗森斯坦 – 罗丹：《东欧和东南欧国家的工业化问题》，《经济学杂志》1943 年第 6 期。

bert O. Hirschman）从狭义和广义两个方面拓展了基础设施的含义，广义的社会管理资本不仅包含具有间接生产性的通信、电力、供排水系统等，还包含教育、医疗、法律、秩序等公共服务①。而狭义的社会管理资本则排除了法律、教育、公共卫生及秩序等。美国经济学家舒尔茨（Theodore Schultz）和贝克尔（Gary Becker）延续了赫希曼对于基础设施的广义与狭义区分处理。将基础设施划分为两类，一类是核心基础设施，对其他直接生产要素的作用是增加物质资本和土地的生产力，主要包括交通运输、电力、电信等；另一类是人文基础设施，其主要作用是提高和保障劳动力生产要素的生产力，主要包含教育、文化、卫生保健等。

世界银行在 1995 年发布的《为发展提供基础设施》的报告和普鲁多姆（Prud'homme）2004 年提交给世界银行的政策研究报告中②，总结了基础设施具有的特征并根据其所提供服务种类不同将经济基础设施划分为以下几类：交通、供水、水处理、灌溉、垃圾处理、供热、电信服务、能源。而社会基础设施则通常包括文教、医疗、卫生保健等。

我国经济学家于光远主编的《中国经济大词典》中对基础设施解释为"基础设施是指生产、流通等部门提供服务的各种设施，包括交通、电力、供气、供水、通信、文化、教育、科研以及公共服务设施。《中国统计年鉴》将基础设施分为四大类：交通、能源、通信和城市公共基础设施。本书研究的范畴主要是城镇的经济类基础设施的投融资问题，主要根据国家统计局四大类经济基础设施的统计口径进行实证和统计分析。

二 城市经济类基础设施的主要特征

经济类基础设施的主要特点如下。

---

① 赫希曼：《经济发展战略》，曹征海等译，经济科学出版社 1991 年版。

② Rémy Prud'homme, "Infrastructure and Development", The World Bank and Oxford University Press, No. 4, Apr. 2004.

第一，大规模资产特性。大部分基础设施项目投资金额巨大。因此，这一类大型经济基础设施仅仅靠单一的投资主体，往往很难承担基础设施的全部投资。

第二，公用性或非排他性。增加这类基础设施的供给与服务主要是满足社会公共需要，扩大社会公共产品，为企业生产和居民生活节约社会成本。公共产品性质的基础设施由于消费的非排他性，其投资成本有时无法完全收回，其效应主要体现为长期的社会效益。

第三，渐进性及规模经济特点。基础设施一开始就需要最低限度的大量投资作为初始资本且必须同时建成才能发挥作用；大型基础设施项目建设周期长、回收期长，基础设施项目的沉淀成本高；而其营运的边际成本相对较低，新增投资效益高，具有典型的规模经济特征。因此，城市基础设施投资长期体现出较大的乘数效应。基础设施建设的发展，会向前、向后带动一系列产业的发展是国民经济中的基础性产业部门。

第四，外部性。基础设施具有较大的外部经济性，与其他产业部门相比，其资金收益率较低，投资回报并非完全由供给者所有，部分利润会由社会共享，产生较高的社会经济效益。因此，造成这类公共基础设施的定价困难，容易导致"搭便车"的行为和供给的理性不经济现象①。

三 城市基础设施的分类

基础设施的融资问题，必须要考虑基础设施项目的特征及分类，合理进行融资模式设计和制度安排。根据经济性基础设施项目的投资回报机制可分为三类。

第一，具有纯公共产品性质的非经营性项目。这类基础设施项目具有消费的非排他性，由于缺乏收费机制，未来没有现金流的流入，这类基础设施项目不具有营利性，私人资本不愿意提供项目建设资

---

① 任艳：《制度创新与中国基础设施建设》，中国社会科学出版社 2013 年版，第29—38 页。

金，一般只能依赖政府提供。如敞开式城市道路、排水管道网、灯塔、公共绿地等。第二，经营性项目。这些基础设施项目投资的成本可以由项目未来产生的收益完全覆盖，具有固定的收费安排和稳定的现金流量，可以依靠市场化的投资方式实现公共产品的供给。主要包括：收费高速公路、收费桥梁、自来水、天燃气等。第三，准经营类项目。这类基础设施项目具有一定的竞争性可以实现消费的排他性，它容易随着消费者的增加，产生消费的拥挤效应。因此可以通过制度安排，进行适当收费得到一定的现金流收益。但是此类项目还具有一定的公益性特点，为降低社会成本，不能完全进行市场化供给，项目收入不能完全覆盖成本，因此需要公私多方公共参与建设和融资。这类基础设施项目主要包括城市地铁、轻轨、公共交通等。具体基础设施及相关服务的分类和市场特征可参见表 2 - 1。

表 2 - 1　　　　　　经济性基础设施的分类及市场特征

服务项目	基础设施种类	市场特征
交通	公路、桥梁、铁路、隧道、港口等	准公共产品、正外部性
供水	大坝、蓄水池、水管等	自然垄断、正外部性
水处理	下水管道、污水处理厂等	自然垄断、正外部性
灌溉	大坝、水渠等	准公共产品、公益品
垃圾处理	垃圾场、垃圾焚化炉、堆肥装置等	纯公共产品、外部性
供热	集中加热设备、供热管道等	自然垄断
电信服务	电话交换机、电缆等	自然垄断、公益品
能源	发电厂、输电线、配电线路等	自然垄断

资料来源：Prud'homme（2004）。

第二节　基础设施投融资的相关理论分析

一　基础设施项目区分理论

传统的公共物品理论认为，城镇化中公共基础设施应由财政金投资建设并负责日常经营管理和提供公共服务。随着城市化进程的加快，政府财政投入越加入不敷出，同时政府机构进行管理和运营公共基础设施的效率低下问题越加突出。

项目区分理论认为，公共物品由政府提供，并不意味着完全需要政府直接生产，可以按照管理和经营职能分离的原则，公共基础设施项目的生产经营可交由市场。政府可通过向市场购买或补贴的方式提供公共服务，有助于提高财政资金使用的效率。不同类型的基础设施，具有不同的经济特性，应按照基础设施公共性的差异进行区分对待[①]。根据是否有收费机制及投资价值回报机制，城市基础设施划分为非经营性、经营性和准经营性项目，政府可采用公私合作、提供财政补贴、购买服务、政策优惠等多种方式，提高公共基础设施的供给质量。我国基础设施项目的融资模式选择，应该根据项目的不同类型及其特征，利用多种的投资主体，采用多元化融资方式组合，以提高基础设施的融资效率。

二　基础设施投资的时机选择理论

有关公共基础设施投资在国家经济发展过程中的时机选择，主要有超前论（先行论）、追赶论（滞后论）及协调论（同步论）三种不同的模式。"超前论"是学者罗森斯坦 – 罗丹提出的引导发展中国家发展经济和实现工业化的投资理论。认为公共设施项目规模巨大，因而一次建设好比事后一点点建设节省费用；基础设施投资必须达到一定的规模，才能实现规模经济效应；进行全面大规模的初始投入，才能推动经济形成良性发展循环。"追赶论"则从投资效益出发，认为发展中国家应将有限的资本首先用于发展具有生产性的工业生产部门，然后进行基础设施建设。如果公共设施建设过于超前，可能产生资源浪费，并且由于不能充分利用而导致负的外部性。"协调论"最具代表性的是美国的城市化基础设施投资。学者纳克斯认为，应按照各国国民经济不同部门的不同比例同时大规模地投资，使基础设施和

---

① 中国金融四十人论坛课题组：《城镇化转型融资创新与改革》，中信出版集团出版社 2015 年版，第 53—55 页。

生产性投资同步发展，最终实现平衡增长的战略。目前，我国基础设施投资是否过度？我国基础设施资本存量是否达到最优规模，这个议题是本章第三部分要重点解决的问题。

三　基础设施融资方式选择的决策机制分析

（一）基准模型假定

基准模型分析以代表性公共基础设施项目为例，分析两个时期，政府部门和企业部门两部门的融资决策选择问题。

时期 1：政府和企业进行投资决策。初始投资为 I，考虑三种融资方式：私人股权投资 I_E、政府投资 I_G、项目贷款 I_D，总投资方程为：

$$I = I_G + I_D + I_E \qquad\qquad (2-1)$$

公共投资来源于政府的一般预算收入，在 t 时期存在机会成本：$1 + \lambda_t$；私人信贷投资来自于外部的融资人，它的期望回报为：$1 + i_D$；同样私人股权投资者要求的回报率为：$1 + i_E$。假设政府和投资者都是风险中性的，政府以社会福利最大化为目标，政府考虑税收转移，公共基础设施的投资，假定能顺利获得全部转移收入和有公共设施的定价权。

时期 2：股权投资人与企业管理人有合约的激励机制安排，同时股权投资者加强对企业的监管与管理人签订合约都有交易成本，这种能力有相应的溢价回报。企业利润为 $\prod$，C 为企业的成本，p 为价格，消费数量是价格的函数：$q = q(p)$，企业的利润函数如下：

$$\prod = pq - C + t \qquad\qquad (2-2)$$

t 是政府的转移支付，政府决定价格高低和转移支付的规模。同时，q 由消费剩余函数 $S(q)$ 决定，$p = S'(q)$，$S''(q) < 0$，需求的预测可以用于评估企业的潜在收入。企业有债务约束，当净利润为负时，企业将停止生产。

为简化模型，假设公司成本 C 满足二元分布，且为可观测变量主要由政府和私人股权投资者决定。其取下限值 c_d 的概率为 e，取上

限值 c_u 概率为 $1-e$ ，e 努力程度由企业管理者决定，不可直接观测。公司的效用函数 $k(e)$ ，满足 $k'(e)>0$ ，$k''(e)>0$ ，$e>e_0$ ，$e_0>0$ 且 $k(e_0)=0$ ，管理者的成本函数 k 在 $[e,1)$ 区间内。

第一期：政府决定未来的价格和转移支付量 I_G ，企业决策的投资剩余总量为：$I-I_G$ ，私人融资决策分离为信贷融资 I_D 和股权融资 I_E ，债权持有人期望的回报为 π_D ，股权投资人保留的利润为：$\pi_E = \pi - \pi_D$ ，假设前期的期望回报率由债务持有人即投资人的机会成本：$I_D(1+i_D)$ ，和股权投资者的机会成本：$I_E(1+i_E)$ 共同决定。信贷投资人的期望利润函数为：

$$\prod{}_D = \pi_D \mathrm{P}[\prod \geqslant \pi_D] + \mathrm{E}[\prod \mid \prod < \pi_D]\mathrm{P}[\prod < \pi_D] - (1+i_D)I_D \tag{2-3}$$

股权投资人的期望利润函数为：

$$\prod{}_E = \mathrm{E}[\prod - \pi_D \mid \prod \geqslant \pi_D]\mathrm{P}[\prod \geqslant \pi_D] - (1+i_E)I_E \tag{2-4}$$

则总的社会福利函数为：

$$W = \prod{}_D + \prod{}_E - (1+\lambda_1)I_G + \delta[S(q) - pq + \sigma(e) - t(1+\lambda_2)] \tag{2-5}$$

其中 $\sigma(e)$ 代表企业的努力程度函数，社会福利函数在第一期后的贴现率为 δ 。考虑到任何私人投资者利润的提高，都会影响社会福利函数的机会成本[1]。政府的有效回报率（利率）为：

$$1 + i_G = \frac{1+\lambda_1}{\delta(1+\lambda_2)} \tag{2-6}$$

假设条件一：政府通过税收可无障碍地获得企业的转移收入。在以上理想化的模型假设基础上，社会最优的产出可以简化为企业获得最低的融资成本。

如果 $i_G < i_D < i_E$ ，则可采用政府公共投资能实现社会福利最大

---

① Antonio Estache, Tomas Serebrisky and Liam Wren-Lewis, "Financing Infrastructure in Developing Countries", The ECARES working paper, 2015: 1 – 34.

化。但考虑到政府一般预算的约束，公共基础设施如果完全由政府投资，将导致公共产品的供给不足。如果政府预算收入无法满足公共投资需求，可以优先考虑发行私人债务融资。最后选择使用高成本的股权融资来满足公共基础设施的融资缺口。此时符合标准的公共产品的拉姆齐定价方程，即需求的价格弹性越高的公共项目，其政府定价应越接近项目的边际运营成本；需求的价格弹性越低的公共项目，其政府定价应可以远离边际成本。价格弹性的决定公式为：

$$\eta(p) = \frac{\lambda_2}{1 + \lambda_2} \tag{2-7}$$

其中 $\eta(p)$ 为需求在价格 p 时的价格弹性。简化的两部门公共项目融资决策过程如下图所示。

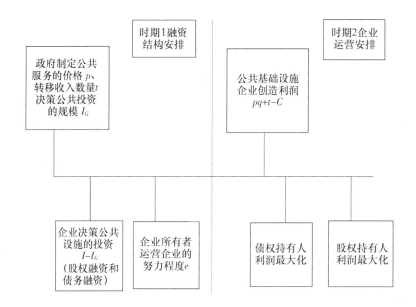

（二）债权持有人的投资决策过程

如果假设条件 1 不成立时：政府不能无障碍地获得企业的转移收入。政府频繁地改变制度结构会增加基础设施企业和政府之间的成本。比如私有化改革和增加公共基础设施政府补贴的游说活动等。

第一，如果公共基础设施没有私人投资加入，则政府必须合理地制定价格以覆盖运营成本。运行过程中企业和政府没有转移支付和成本传递，此时 $pq = c$，政府无法补贴企业，也无法得到企业的转移收入。由于公共物品的属性，公共设施的定价将低于最优的价格水平，此时政府从公共产品的使用者付费制度中得到的收入无法覆盖运营成本。

第二，如果公共基础设施项目得到了私人投资，政府将能够制定价格来覆盖项目的运营成本。政府制定的价格必须能够覆盖运营成本和支付企业发行债务的融资成本。即使此时公共债务成本低于私人债务成本即（$i_G < i_D$），政府仍然偏好使用私人债务进行融资，以确保公共产品使用者支付相应的投资成本，以增加公共设施的供给。此时最优的融资结构取决于公共基金的机会成本。如果公共基金的机会成本低于私人资本的收益率溢价即：$\lambda_1 < (i_D - i_G)/(1 + i_G)$，则公共项目将主要由政府投资建设更加有效；相反，如果 $\lambda_1 > (i_D - i_G)/(1 + i_G)$，即公共基金的机会成本大于私人资本投资收益溢价。此时公共基础设施项目可以使用私人债务进行融资建设，从而减少运行成本。

公共基础设施项目的运营成本越低，越有利于吸引私人投资的参与。此时政府承诺的价格可以由下式决定：

$$\eta(p^*) = \frac{\lambda_1}{1 + \lambda_1} - \frac{i_D - i_G}{(1 + \lambda_1)(1 + i_G)} \qquad (2-8)$$

此时，由于没有私人投资的介入，政府的定价在于平衡消费者剩余和政府预算收入的数量。越高的公共产品服务价格将降低消费者剩余，提高政府的预算收入。由于公共基础设施企业有债务融资约束，不可能负利润运营。此时最大化的价格为：$pq = c$，私人债务投资在 $p^* q^* \geq c_d$ 时，可以参与公共设施的融资，如果公共设施项目的价格高于运营成本，则私人投资的数量为：

$$I_D = \frac{1}{1 + i_D}[p^* q^* - ec_d - (1 - e)c_u] \qquad (2-9)$$

此时 q^* 为满足最优定价 $p = p^*$ 时的公共产品供给量。从上式可知：越高的债务成本 i_D，将抑制私人资本投资公共项目。越高的公

共设施运营成本 c_u, c_d 将使私人资本的潜在利润下降，从而降低私人资金投资于公共基础设施的数量。

（三）私人股权投资的决策过程

股权投资人与债权持有人的主要区别体现在：股权投资者可以与公共基础设施管理者通过合同建立激励机制，而债务持有人无法实现。同时政府部门也可与公共设施的管理者建立激励的合同契约关系。

假设条件二：政府部门能观测到成本，但无法直接制定公共服务的价格和确定与管理者的合约成本。有一些运行成本政府无法通过合约来进行约束，而私人股权投资者可以利用专业知识、更好的监督方式、更高的薪资标准来与公共设施的管理者建立激励机制。

如果公共设施不引入私人股权投资，则政府无法引导公共设施管理者努力降低运营的成本，为了降低公共服务的供给成本，政府希望公共设施领域引入私人股权资本投资，从而激励公共设施的管理者降低运营成本。如果私人股权投资引入公共服务领域，将引起如下的激励机制变化：

$$k^{'}(e) = c_u - c_d - \frac{i_E - i_D}{1 + i_E} ek^{''}(e) \qquad (2-10)$$

此时，如果股权投资人没有超过债务持有人的价格溢价回报，即企业激励管理者机制的边际努力成本 $k^{'}(e)$，将与边际收益（$c_u - c_d$）相等。在政府制定的价格水平为 p 时，股权投资人的投资额为：

$$I_E = \frac{1}{1 + i_E} [ek^{'}(e) - k(e)] \qquad (2-11)$$

债务投资者的投资额为：

$$I_D = \frac{1}{1 + i_D} \Big[pq - c_u + e^2 k^{''}(e) \frac{i_E - i_D}{1 + i_E} \Big] \qquad (2-12)$$

此时，最低的均衡价格水平由 $pq = c_u$ 决定，企业期望获得的最低利润为 $e(c_u - c_d) - k(e)$，企业的利润主要归股权投资人拥有，债务投资人也可分享到少部分激励机制所产生的利润。社会福利的提高取决于私人股权投资引入后，对于公共设施企业运营成本的降低，所产生的正外部经济性的大小。

此外，发展中国家普遍存在的制度缺陷比如政府对公共服务的有限定价权、外生性风险、信息不对称、政府的交叉补贴和财政效率都会影响公共产品的定价和私人资本参与基础设施投融资的积极性。

第三节　基础设施投资的经济效应分析

不同的学者研究基础设施投资对宏观经济增长的效应结论不一致：Barro（1990）利用内生经济增长模型研究发现，政府通过提供基础设施投资，可以降低其他生产要素的生产成本，提升私人资本的生产率使私人资本的边际报酬不随人均资本的积累而显著下降，具有显著的溢出效应。Caldero 和 Luis 等（2011）[1]、Pradhan 等（2014）[2]、Farhadi（2015）[3] 使用不同国家数据，采用不同的方法分析公共基础设施投资的宏观效应，结果表明基础设施资本存量对劳动生产率和全要素生产率提高都有显著正向影响。Holtz-Eakin 等（1995）、Garcia-Mila 等（1996）、Leeper 等（2010）[4] 使用新古典增长模型，分析了政府投资的经济效应，结果发现财政刺激的政府基础设施投资容易导致公共建设的迟滞以及公共资本配置效率的低下。政府的过度干预基础设施供给容易造成拥挤成本，对私人资本投资具有挤出效应。

国内学者也有相关的研究认为我国基础设施投资已超过最优存量规模：丁建勋（2007）使用内生增长模型研究发现 1999—2004 年我

---

① César Calderón, Enrique Moral-Benito, Luis Servén, "Is infrastructure capital productive? a dynamic heterogeneous approach", Banco De Espana Publications, 2011, 7 – 34.

② Rudra P. Pradhan, Mak B. Arvin, Neville R. Norman., Samadhan K. Bele, "Economic growth and the development of telecommunications infrastructure in the G-20countries", *Telecommunications Policy*, No. 38, 2014: 634 – 649.

③ Minoo Farhadi, "Transport infrastructure and long-run economic growth in OECD countries", Transportation Research Part A, No. 74, 2015: 73 – 90.

④ Eric M. Leeper, Todd B. Walker, Shu-Chun S. Yang, "Government investment and fiscal stimulus", Journal of Monetary Economics, No. 57, 2010: 1000 – 1012.

国基础设施投资已超过最优规模①。张学文（2012）②利用巴罗模型，也认为2007—2009年我国基础设施已超过最优规模。但张光南等（2011）③分不同类型基础设施，基于基础设施的边际产出分析其是否超过最优规模，研究表明我国各类基础设施尚未达到最优规模。

根据前文基础设施投资时机选择理论可知，基础设施投资存在超前论、滞后论及协调论三种不同的模式，我国基础设施投资是否存在投资过度是本书关注的重要议题。为考察我国基础设施投资对经济增长的影响效果如何，下文拟利用新古典的经济增长模型进行数理分析，以探索公共基础设施投资影响经济增长的机制。使用我国1994—2012年的省际面板数据，分析分税制后，我国加快改革进程，大量基础设施建设的实际经济效应到底如何？为未来我国基础设施的融资决策提供理论支撑。

一 基础设施投资影响经济增长的机制分析

（一）数理模型分析

数理模型主要考虑代表性家庭、厂商、政府三部门。代表性家庭，以追求自身无限寿命期内总消费（C）的效用最大化为目标，劳动力数量每年的增长率为n，总劳动力人数是外生变量；代表性厂商以企业的利润最大化为目标，每年私人资本的折旧率为δ。政府的公共支出（G）来源于固定税率τ_t的税收收入，不考虑其他遗漏且政府全部收入用于公共基础设施投资。根据新古典经济增长的索洛模型设计三要素的总生产函数④：

$$Y_t = A_t \times F(K_t, KG_t, L_t) \qquad (2-13)$$

① 丁建勋：《基础设施投资与经济增长——我国基础设施投资最优规模估计》，《山西财经大学学报》2007年第2期。

② 张学文：《我国公共投资固定资本存量最优规模实证分析》，《城市问题》2012年第9期。

③ 张光南、周华仙、陈广汉：《中国基础设施投资的最优规模与最优次序》，《经济评论》2011年第4期。

④ 戴维·罗默：《高级宏观经济学》，王根蓓译，上海财经大学出版社2009年版，第6—12页。

其中，Y_t 代表实际产出，K_t 代表私人资本存量，KG_t 代表政府资本支出，L_t 代表劳动力，A_t 代表技术水平。假设 F 是二阶连续可微的生产函数，$F_x = \dfrac{\partial F}{\partial X_t} > 0$，$F_{xx} = \dfrac{\partial^2 F}{\partial X_t^2} < 0$，$(X = K,KG,L)$，并且具有齐次性。人均资本的产出函数如下所示。

$$y_t = L_t^{z-1} A_t f(k_t, kg_t) \qquad (2-14)$$

z 代表各生产要素的产出弹性之和，$x = X/L$ 代表各要素的人均数量。$f_x = \dfrac{\partial f}{\partial x_t} > 0$，并且 $f_{xx} = \dfrac{\partial^2 f}{\partial x_t^2} < 0$，$(x = k, kg)$。私人资本存量变化公式为：

$$K_{t+1} = I_t + (1 - \delta - n)K_t \qquad (2-15)$$

其中 I_t 为私人资本投资额，具有如下的预算约束：

$$I_t = Y_t - C_t - G_t \qquad (2-16)$$

分别对式（2-15）和式（2-16），取时间 t 的微分计算，根据索洛模型的动态均衡分析和链式法则可得：

$$\dot{k} = L_t^{z-1} A_t f(k_t, kg_t) - c_t - (\delta + n)k_t - \tau_t \qquad (2-17)$$

$\dot{k} = dk_t/dt$，c 为单位资本消费，τ 为单位资本税。同理可得政府的边际资本增量：

$$\dot{kg} = \tau_t - (\delta + n)kg_t \qquad (2-18)$$

$\dot{kg} = \dfrac{dkg_t}{d_t}$，$u_c = \dfrac{du}{dc_t} > 0$，时间贴现率为 ρ，$k_0, kg_0 > 0$。代表性家庭的消费效用函数为：

$$U = \int_0^\infty u(c_t)\,e^{-\rho t}dt \qquad (2-19)$$

家庭部门生命周期内消费的总效应最大化问题，可使用下面的汉密尔顿方程来解。

$$H_t = u(c_t)e^{-\rho t} + \lambda_1 \big[L_t^{z-1} A_t f(k_t, kg_t) - c_t - (\delta + n)k_t - \tau_t\big] + \lambda_2$$
$$\big[\tau_t - (\delta + n)kg_t\big] \qquad (2-20)$$

对汉密尔顿方程取一阶导数，得到各变量方程的一阶条件式：

$$\frac{\partial H_t}{\partial c_t} = e^{-\rho t} u_c - \lambda_1 = 0 \qquad (2-21)$$

$$\frac{\partial H_t}{\partial \tau_t} = -\lambda_1 + \lambda_2 = 0 \qquad (2-22)$$

$$\frac{\partial H_t}{\partial k_t} = \lambda_1 L_t^{z-1} A f_k - \lambda_1(\delta + n) = -\dot{\lambda}_1 \qquad (2-23)$$

$$\frac{\partial H_t}{\partial k g_t} = \lambda_1 L_t^{z-1} A f_{kg} - \lambda_2(\delta + n) = -\dot{\lambda}_2 \qquad (2-24)$$

对方程式（2-21）进行整理，方程两边分别取对数，并对时间 t 取微分可得到欧拉方程式：

$$-\frac{\dot{u}_c}{u_c} = [L_t^{z-1} A f_k - (\delta + n)] - \rho \qquad (2-25)$$

$$L_t^{z-1} A f_k = L_t^{z-1} A f_{kg} \qquad (2-26)$$

$L_t^{z-1} A f_k$ 和 $L_t^{z-1} A f_{kg}$ 分别为私人资本和公共资本的边际产出。

（二）数理模型的分析结论

从欧拉方程式（2-25）可知，越高的私人资本边际产出，将抑制代表性家户的当期消费，从而选择更高效用的未来消费。时间贴现率、人口增长速度和资本折现率对劳动者边际消费效用都有显著影响。另外，从欧拉方程式（2-26）可知，私人资本与公共资本存量的最优条件为，公共资本的边际产出与私人资本的边际产出相等。如果公共资本的边际产出大于私人资本的边际产出，则政府应提高公共基础设施投资，从而实现社会经济效应的最大化。相反，如果公共基础设施资本投资的边际产出低于私人资本的边际产出，则意味着对于公共基础设施建设应主要依靠私人资本进行投资，从而实现经济效应趋向帕累托最优。

二 实证模型设计及数据说明

（一）实证模型设计

经济产出主要由劳动力、资本等有形生产要素和技术水平、制度、经济结构等影响经济效率的因素决定，本书参照 Barro（1990）[①]内生经济增长理论，以及 Oscar 等[②]（2002）、Roache（2007）[③] 提出的三要素扩展的柯布－道格拉斯生产函数模型，以考察基础设施投资对经济增长的影响。生产函数模型式（2－27）如下：

$$Y_t = A_t \times F(K_t, G_t, L_t) \tag{2-27}$$

其中 Y 表示总产出水平，A 代表全要素生产率，K 代表私人资本，G 代表基础设施投资资本，L 代表劳动力。为了实证考察基础设施投资的经济效应，本书控制影响全要素生产率（A_t）的其他要素主要包含对外开放程度、产业结构、人口增长因素、金融发展水平、教育状况等，具体实证分析静态模型式（2－28）设计如下：

$$g_{i,t} = \alpha_0 + \beta_1 \ln cap_{i,t} + \beta_2 X_{i,t} + \beta_3 urb_{i,t} + \beta_4 scap_{i,t} + u_i + \varepsilon_{i,t} \tag{2-28}$$

其中 g 代表实际人均 GDP 增长率，cap 代表基础设施投资规模，urb 代表城镇化水平，$scap$ 代表基础设施投资取自然对数后的平方项用以考察基础设施投资与经济增长是否存在倒"U"形的关系，X 代表各类控制变量包括上述的各省的经济发展水平，对外开放度、产业结构、金融发展水平、教育状况等变量，u_i 代表各省不可观测的个体效应，$\varepsilon_{i,t}$ 代表随机误差项。

考虑到实际经济增长短期内具有很强的关联性具有跨期的累积动态效应，引入实际人均 GDP 增长率的滞后一期项，即前期的人均 GDP 对于下一期有很大的影响。故考虑动态面板数据模型进一步进行实证分析，设计计量经济模型式（2－29）：

$$g_{i,t} = \alpha_0 + \gamma g_{i,t-1} + \beta_1 \ln cap_{i,t} + \beta_2 X_{i,t} + \beta_3 urb_{i,t} + u_i + \varepsilon_{i,t} \tag{2-29}$$

① Robert J. Barro and Xavier Sala-I-Martin, "Public finance in model of economic growth", The Review of Economic Studies, 1992, (59), 645－661.

② Oscar B. Rubio, Carmen D. Roldan, M. Dolores M. Garces, "Optimal endowments of public investment : an empirical analysis for the spanish regions", Instituto de Estudios Fiscales, 2002, (14), 1－18.

③ Shaun K. Roache, "Public Investment and Growth in the Eastern Caribbean", The IMF Working Paper, May 2007, (07), 1－22.

（二）数据说明

本书数据的样本区间选择为1993—2012年，主要是考虑到，一般认为1992年邓小平南方谈话之后，我国经济改革进入全面发展阶段，财政体制也开始实行分税制改革，是比较理想的研究区间。核心解释变量为基础设施投资存量（cap），参照金戈（2012）永续盘存估算方法以《中国统计年鉴》中以电力、燃气及水生产供应业，交通运输、仓储和邮政业，水利、环境和公共设施管理业，以及信息传输计算机服务业四个科目的固定资产投资进行汇总，并以1993年为基年进行估算所得。

被解释变量为实际人均GDP增长率（g），城镇化率（urb）指标以各省市统计年鉴中城镇常住人口数量除以总人口数（pop）计算所得。控制变量原始数据主要来源于国泰安区域经济数据库，主要控制变量包括各省份的经济发展水平指标（L. lngdp）以上一年的实际GDP数量取对数来表示；产业结构指标（chan）以第二产业增加值占第三产业增加值的比例来表示；对外开放度指标（open）以进出口贸易总额的自然对数值表示；金融发展水平指标（fin）以金融机构贷款总额占存款总额的比重表示；公共教育水平指标（edu）以各省教育支出额取自然对数值表示；物价水平指标（cpi）以各省居民消费价格指数以1993年为基年换算所得。考虑到重庆市在1997年以后从四川省独立出来，我们对重庆市数据进行合并计算到四川省，合计30个省际面板数据。各变量的描述性统计如表2-2所示。

表2-2　　　　　经济效应分析变量的描述性统计

变量名称及单位	观测值	平均值	标准差	最小值	最大值
地区生产总值/亿元	600	6602.552	8472.427	37.28	57067.92
人均生产总值/元	600	16240.45	16310.86	1234	93173
基础设施资本存量/亿元	600	2542.694	3311.088	41	21179.82
城镇化率/%	600	40.5	17.3	12.7	89.3
贷款余额/亿元	600	6417.854	8933.351	33.007	58540.62

变量名称及单位	观测值	平均值	标准差	最小值	最大值
存款余额/亿元	600	9340.977	13779.61	32.675	97463.2
居民消费价格指数	600	1.692	0.288	1	2.644
固定资产投资总额/亿元	598	3344.983	4727.82	18.15	31255.98
各省总人口数/万人	600	4151.022	2688.804	232	11430
政府消费支出占最终消费比例	540	0.281	0.076	0.135	0.64
教育支出额/亿元	450	207.74	234.27	5.19	1500
进出口总额/亿美元	600	434.386	1100	0.929	98400
资本形成总额/亿元	600	3368.832	4359.03	16.15	27551.5
对外开放度	600	13.497	1.931	9.137	18.405
实际人均GDP增长率	570	0.105	0.06	-0.089	0.41
金融发展水平	600	0.827	0.246	0.063	1.89
产业结构指标	600	1.233	0.324	0.297	2.023

资料来源：国泰安数据库及各省统计年鉴数据整理所得。

三　经验分析

(一) 静态面板实证分析

首先，进行静态面板实证分析主要采用固定效应估计（FE）、随机效应估计（RE）、最小二乘法（OLS）估计和工具变量的 GMM 估计方法对模型式（2－27）进行实证对比分析。结果如表 2－3 所示。

表 2－3　　　　　　经济效应静态面板实证分析

变量	(1) OLS	(2) FE	(3) GMM	(4) RE
经济发展水平	-0.064***	-0.079*	-0.064*	-0.078***
	(-5.385)	(-1.893)	(-1.931)	(-4.68)
基础设施投资存量	0.141***	0.195***	0.103**	0.162**
	(4.7)	(3.912)	(2.248)	(2.496)

变 量	(1) OLS	(2) FE	(3) GMM	(4) RE
城镇化率	0.048 *	0.162 ***	0.133 **	0.059
	(1.778)	(3.203)	(2.211)	(1.354)
物价水平	-0.081 ***	-0.127 ***	-0.147 ***	-0.109 ***
	(-3.039)	(-3.545)	(-3.653)	(-3.821)
基础设施投资平方项	-0.006 ***	-0.008 **	-0.003 *	-0.006 *
	(-3.459)	(-2.676)	(-1.789)	(-1.767)
产业结构指标	0.035 ***	0.044 **	0.047 ***	0.041 ***
	(3.714)	(2.596)	(2.848)	(3.248)
对外开放度	0.001	0.024 ***	0.025 **	0.003
	(0.306)	(2.981)	(2.569)	(0.397)
人口发展指标	-0.502 ***	-0.373	-0.369 *	-0.456 ***
	(-3.535)	(-1.43)	(-1.845)	(-3.265)
教育水平	0.016	-0.023	-0.005	0.015
	(1.252)	(-1.001)	(-0.207)	(0.978)
金融发展	-0.012	-0.02	-0.038	-0.015
	(-0.638)	(-0.681)	(-0.972)	(-1.229)
常数项	-0.254 **	-0.212		-0.251
	(-2.094)	(-1.48)		(-1.091)

注：表中括号内为 t 值，＊＊＊、＊＊、＊分别表示1%、5%、10%的显著性水平。

　　考虑到最小二乘法 OLS 估计（1）存在联立方程偏差是不一致估计量，而固定效应估计（2）和随机效应（4）选择分析的豪斯曼检验拒绝原假设，意味着个体效应 u_i 与解释变量 X_{it} 不相关，固定效应估计可信。但考虑到基础设施投资存量存在内生性问题，拟使用资本存量的滞后一期项为工具变量进行 GMM 估计更加可靠。从表 2 - 3 的实证结果看，GMM 估计（3）由于同时考虑了国家异质性，又利用工具变量解决了解释变量的内生性问题，综合估计结果最有效。

　　首先，从基础设施投资资本存量系数看，在5%的置信水平上都高度显著，GMM 估计下其系数值为 0.103，说明随着基础设施投资

1%的增长，实际人均GDP将增长0.103%，两者之间存在很强的正相关性。同时考虑到基础设施投资的平方项系数为－0.003，说明我国基础设施投资对于经济增长的影响呈现倒"U"形的关系。GMM估计下基础设施资本存量方程的一阶条件极值点为28535705亿元，我国2012年核算基础设施资本存量约27.13万亿元，2013年和2014年统计局公布的四项经济类基础设施投资增量合计分别为9.71万亿元和12.63万亿元，总计2014年年底基础设施全国资本存量约48.48万亿元，目前远未达到极值点。这说明我国基础设施投资仍将长期处于倒"U"形曲线的上升阶段，基础设施投资对于经济增长的拉动作用显著。

其次，从城镇化率（urb）的系数来看，固定效应和GMM估计结果较为一致，在5%的置信水平上统计上显示为0.133，说明城镇化的推进有促进经济增长的显著效果。

再次，从经济发展水平、消费物价指数和人口发展水平指标的影响系数来看，统计上都显示为负。说明上一年的GDP水平与本期的人均GDP增长负相关符合理论预期，而物价水平越高将导致实际人均GDP经济增长越低。人口增长越快也不利于实际人均GDP的增长。

最后，从其他控制变量来看，对外开放指标和产业结构指标的估计系数都显示为正，说明各省的对外开放度越高越有利于经济增长，产业结构越偏向工业对于固定资产投资需求越多从而带动经济增长越大。但从教育支出和金融发展水平指标的估计系数看，其对于地区经济增长没有显著性关联。这可能与选取指标的代表性不合理有关联，有待于以后研究加以改进。

（二）动态面板的实证分析

考虑到实际经济增长短期内具有很强的关联性具有跨期的累积效应，引入实际人均GDP增长率的滞后一期项，使用动态面板数据模型的系统GMM估计进一步统计分析。模型式（2-29）的实证分析结果如表2-4所示。

将因变量的滞后项作为解释变量，所以估计模型的经济计量模型式（2-29）为动态面板数据模型。对该类计量模型而言随机效应估计、混合 OLS 估计（1）、固定效应估计（2）都是有偏的。无法满足滞后因变量作为解释变量与误差项之间无关的假设前提，为解决动态面板中的上述内生性问题，使用 Blundell 和 Bond（1998）、Baum（2006）提出的系统 GMM（3）估计方法把差分 GMM（4）与水平GMM 结合作为一个系统进行估计[①]。由于模型中包含因变量的滞后一期项，故选择动态面板进行系统 GMM 估计（3）最为准确，并与其他的估计方法如混合 OLS、动态固定效应模型和差分 GMM 估计（4）进行对比分析。从模型式（2-29）的实证结果来看，表 2-4 的因变量实际人均 GDP 的增长率 g 的滞后一期的解释变量 L. g 系数（如表2-4 第 2 行所示）可知，系统 GMM（3）估计下的 L. g 的系数为-0.086，并且统计上在 5% 的置信水平下显著，说明人均 GDP 的增长率存在短期内的修正效应。关键性解释变量基础设施投资资本存量（lncap）统计上在 1% 的置信度下显著为 0.135，说明基础设施投资能够促进实际人均 GDP 增长的经济效应依然明显。

表 2-4　　　　　　　　影响经济增长的动态面板模型分析

变量	（1）混合 OLS	（2）动态 FE	（3）系统 GMM	（4）差分 GMM
L. g	0.11	-0.009	-0.086 **	-0.178 ***
	(1.298)	(-0.12)	(-2.233)	(-4.21)
lncap	0.04 ***	0.077 ***	0.135 ***	0.126 ***
	(2.941)	(3.539)	(9.079)	(6.392)
L. lngdp	-0.054 ***	-0.08 **	-0.156 ***	-0.16 ***
	(-3.549)	(-2.23)	(-5.044)	(-5.078)
chan	0.035 ***	0.053 **	0.13 ***	0.064 ***
	(2.857)	(2.41)	(7.197)	(3.051)
cpi	-0.089 ***	-0.179 ***	-0.264 ***	-0.221 ***
	(-3.123)	(-3.247)	(-5.203)	(-4.946)

① 陈强：《高级计量经济学及 Stata 应用》，高等教育出版社 2013 年版，第 149 页。

变量	（1）混合 OLS	（2）动态 FE	（3）系统 GMM	（4）差分 GMM
open	- 0.001	0.021 **	0.025 ***	0.066 ***
	(- 0.195)	(2.091)	(2.992)	(6.14)
pop	- 0.513 ***	- 0.4 ***	- 0.345 **	- 0.331 ***
	(- 3.632)	(- 2.756)	(- 2.283)	(- 2.69)
edu	0.02	- 0.002	0.007	- 0.024
	(1.493)	(- 0.06)	(0.426)	(- 0.941)
fin	- 0.021	- 0.051 *	- 0.056 *	- 0.061 **
	(- 1.099)	(- 1.78)	(- 1.799)	(- 2.362)
常数项	0.064	0.148	0.214 *	0.209
	(0.737)	(0.908)	(1.954)	(1.503)

注：表中括号内为 t 值，＊＊＊、＊＊、＊分别表示 1%、5%、10% 的显著性水平。

系统 GMM 估计的扰动项二阶自相关检验 P 值为 0.5401，接受原假设扰动项差分不存在二阶自相关，Sargan 检验卡方值为 28.1，说明所有工具变量均有效。可以得出初步结论，基础设施投资每提高 1 个百分点将引起人均 GDP 增长率提高 0.135 个百分点的正向效果。

（三）稳健性检验

为考察实证结果的稳健性，开展稳健性检验。第一，划分时间段考察 2008 年次贷危机以前我国基础设施投资与经济增长的关系，以及 2008 年之后我国启动四万亿经济刺激投资计划后，各省基础设施投资的经济增长效应变化。第二，采用更窄的投资指标即电信业务总量替代原来的基础设施资本存量，考察其对于地方人均 GDP 增长率的影响。第三，更换被解释变量，以实际人均 GDP 的水平值代替人均 GDP 增长率指标作为新的被解释变量进行动态面板的系统 GMM 估计。具体稳健性分析的结果如表 2 - 5 所示。

表 2 - 5 动态面板数据稳健性分析

变　量	(1) 2008 年以后	(2) 2008 年之前	(3) 电信业务总量	(4) 实际人均 GDP
实际人均 GDP 增长率滞后项	0.095 **	- 0.15 ***	0.038	
	(2.04)	(- 2.698)	(0.454)	
基础设施资本存量	0.196 ***	0.158 ***		0.118 ***
	(14.284)	(5.852)		(7.589)
居民消费物价指数	- 0.29 ***	- 0.123 **	- 0.081 **	- 0.182 ***
	(- 4.52)	(- 2.071)	(- 2.334)	(- 4.496)
产业结构	0.138 ***	0.074 ***	0.083 ***	0.104 ***
	(7.388)	(3.392)	(5.144)	(3.606)
人口发展指标	- 0.578 ***	0.071	- 0.509 ***	- 0.318 ***
	(- 4.21)	(0.589)	(- 5.466)	(- 3.325)
地区生产总值的滞后一期项	- 0.197 ***	- 0.116 ***	- 0.082 *	- 0.104
	(- 6.479)	(- 5.073)	(- 1.702)	(- 1.463)
对外开放度	0.047 ***	0.006	0.016	0.019
	(5.12)	(0.373)	(1.624)	(1.193)
金融发展指标	0.087	- 0.033 *	- 0.016	- 0.064 **
	(1.066)	(- 1.742)	(- 0.41)	(- 2.002)
教育水平	- 0.064 ***	- 0.028	0.032	0.006
	(- 2.748)	(- 1.255)	(1.327)	(0.347)
电信业务总量			0.035 ***	
			(9.518)	
实际人均 GDP 滞后一期项				0.943 ***
				(14.81)
常数项	0.812 ***	0.277 ***	- 0.033	0.403 **
	(5.941)	(2.62)	(- 0.268)	(1.969)
样本观察值	120	330	411	450

续表

变量	（1）2008 年以后	（2）2008 年之前	（3）电信业务总量	（4）实际人均GDP
AR（1）P 值	0.0033	0.0017	0.0032	0.0004
AR（2）P 值	0.7268	0.5294	0.851	0.9159
Sargan test（卡方值）	27.7569	27.6106	28.6359	27.8781

注：表中括号内为估计变量的 t 值，＊＊＊、＊＊、＊分别表示 1%、5%、10% 的显著性水平。

首先，从表 2-5 第（2）（3）列来看，1993—2007 年数据的估计结果（2）表明，基础设施资本存量因素对实际人均 GDP 增长率的影响系数为 0.158 低于 2008 年以后的估计系数 0.196，分时间段的（1）（2）统计上都高度显著。这说明 2008 年美国次贷危机后，我国采取的经济刺激计划对于当时的经济增长发挥了重要的支撑作用。当时加大基础设施投资的政策导向也显著提高了各省份人均 GDP 的增长率。其次，从采用电信业务总量替代基础设施资本存量作为核心解释变量进行分析结果（3）来看，如表 2-5 第（3）列电信业务总量的估计系数为 0.035，对当地人均 GDP 增长率的影响依然显著，但低于表 2-4 系统 GMM 估计中基础设施资本存量的系数 0.135，这说明采用更窄的基础设施投资指标对于经济增长的贡献率要低，这符合理论预期的结果。最后，使用实际人均 GDP 指标来替代原来的人均 GDP 增长率指标进行稳健性检验来看，估计（4）中基础设施投资系数为 0.118，在 1% 的置信度下高度显著，这说明基础设施投资对于人均 GDP 有显著的增加效应，实证检验结论与理论预期吻合。

系统 GMM 估计的二阶自相关 AR（2）检验 P 值均大于 0.1，说明扰动项差分不存在二阶自相关，过度识别的 Sargan 检验 P 值为 1，所以接受工具变量均有效的原假设，以核心解释变量的相应滞后期为工具变量选择得比较合理。从以上稳健性检验分析的结果来看，我国各省基础设施资本存量对于当地经济增长有显著的促进作用。

四　基础设施投资经济效应分析的结论

通过使用 1993—2012 年我国省际面板数据，运用系统 GMM 和固定效应等估计方法，实证分析基础设施投资对于经济增长的影响，结果表明，基础设施投资与经济增长呈现倒"U"形曲线关系，随着基础设施投资力度的加大，促进经济增长的效应会先提高后下降。实证分析表明我国基础设施投资对于经济增长的影响正处于倒"U"形曲线的上升阶段。当前基础设施投资对于经济增长的促进作用依然显著。从控制变量的回归结果看，各省对外开放度指标对于经济增长具有显著的促进作用，未来政府机构应该进一步简政放权，减少地方保护的壁垒，加大开放力度创造良好的经济环境和政策环境吸引社会资金投资基础设施。从城镇化率的回归结果看，新型城镇化的加速推进，有力地扩大了内需、增加了就业，促进了经济平稳增长。

为应对金融危机和经济下行压力，近年来，我国政府多次采用基础设施投资刺激计划以促进经济增长。为应对美国次贷危机，我国 2009 年推出了四万亿经济刺激投资计划，以及 2014 年陆续出台的支持棚户区改造、铁路、信息消费、节能环保等调结构、稳增长的微刺激政策都主要针对铁路、水利、港口、机场等基础设施建设。

目前我国经济发展已进入新常态，经济下行压力巨大，影响经济平稳发展的不确定性因素增多。针对当前严峻的经济形势，2015 年 9 月 14 日，国务院常务会议发布十大举措打出稳投资"组合拳"，通过迅速投放专项建设基金、促进重大工程开工建设、大力推行政府和社会资本合作、调整和完善固定资产项目资本金制度等十条新举措[1]。新一波扩投资、稳增长的刺激经济政策备受关注。理论模型和实证分析表明我国的基础设施投资能显著促进经济增长，未来继续发挥基础设施投资稳增长的作用十分必要。目前，我国实施的精准调控

---

① 冯蕾:《国家发改委：十大举措打出投资"组合拳"》,《光明日报》2015 年 9 月 15 日。

以及国家发改委出台的十项促投资、稳增长的宏观经济政策，是完全正确的。其目的就是通过有扶有控的政策引导，促进形成更加合理的投资结构，继续发挥基础设施稳增长、调结构的基础性作用。

第三章　我国基础设施传统融资模式的现状、问题及改革路径

本章主要论述我国新型城镇化建设中基础设施融资存在的主要问题及改革路径。首先，总结我国城镇化发展的历程，针对新型城镇化加速发展的政策背景，使用诺瑟姆曲线测算未来我国新型城镇化中基础设施的融资需求。其次，回顾了我国基础设施融资体制的变迁，针对传统基础设施融资渠道的特点和现状进行总结。然后，重点分析我国新型城镇化融资目前存在的主要问题。再次，从国际的视角，总结发达国家和发展中国家基础设施融资的主要渠道和典型模式。最后，总结基础设施融资国际经验的共同特征和发展趋势，提出我国新型城镇化基础设施融资未来改革的原则和创新的路径。

第一节　我国新型城镇化发展现状及融资需求

一　我国城镇化现状及发展趋势

城镇化是指第二、第三产业在城镇集聚，农村剩余劳动力不断向第二、第三产业和城镇转移，使城市人口在总人口中的比重上升、城市数量不断增加的过程。具体表现为农村居民的市民化和农民工的市民化，同时伴随着基础设施投资的扩大、工业化的升级、公共服务的完善和城乡的统筹发展[①]。城镇化是一个自然历史过程，是国家现代化的重要标志。它与工业化一样，是任何国家由贫穷落后走向繁荣富

[①]　简新华、何志扬、黄锟：《中国城镇化与特色城镇化道路》，山东人民出版社 2010 年版，第 1—3 页。

强的必由之路。党的十八届三中全会提出坚持走中国特色的新型城镇化道路，新型城镇化是经济增长的巨大动力，有利于扩大内需、破解城乡二元经济结构；是解决农业、农村、农民问题的重要途径；也是促进中国区域经济协调发展的重要抓手。

（一）我国的城镇化进程

新中国城镇化的发展历程，以 1978 年为界，改革开放以前是计划经济体制中的城镇化发展时期，改革开放以后是市场化改革的城镇化发展时期。这两个时期，由于经济发展阶段不同体制和政策迥异，城镇化经历了不同的历程，呈现出不同的进展。"1949—1978 年，我国城镇化的发展呈现出曲折、反复和缓慢上升的态势。以常住人口城镇化率指标来衡量我国的城镇化水平，城镇化率从 1949 年的 10.64% 到 1978 年的 17.92% 只上升了不足 8 个百分点，增长缓慢"[1]。改革开放以后，随着经济社会的发展，中国的城镇化水平有了较快的提高（如图 3 - 1 所示），到 2012 年年底我国城镇化率已赶上世界平均城镇化率水平（52.52%）。截至 2014 年年底我国城镇化率已达 54.77%，年均提高约为 0.996%，相当于同期世界平均速度的 2.5 倍（如表 3 - 1 所示）。

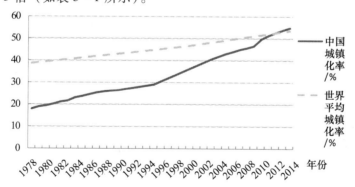

图 3 - 1　1978—2014 年中国与世界平均城镇化率对比

资料来源：世界银行（WDI）数据库和中国国家统计局统计年鉴及统计公报。

---

[1]　胡海峰、陈世金：《创新融资模式化解新型城镇化融资困境》，《经济学动态》2014 年第 7 期。

表 3 - 1 　　　　　　　　中国与世界城镇化发展速度对比

年　份	1978	2009	2010	2011	2012	2013	2014	年均提高/%
中国城镇化率/%	17.92	46.59	49.68	51.3	52.6	53.73	54.77	0.996
世界平均城镇化率/%	38.7	51.12	51.55	52.04	52.52	53	53.47	0.399

资料来源：中国统计年鉴及世界银行（WDI）数据库。

（二）我国新型城镇化发展趋势及预测

美国学者诺瑟姆（Ray M. Northam）总结各国城市化的发展历程，发现城镇化具有阶段性的发展规律并非始终呈直线上升。并将其概括为生长理论曲线即诺瑟姆的倒"S"形逻辑斯蒂曲线（见图 3 - 2）：随着工业化的发展，发达国家的城市化一般经历了三个发展阶段：（1）初期阶段（城镇化率增长比较缓慢直至 20%～30% 水平）。这一阶段城市发展比较缓慢，城镇发展还不充分，城乡差别比较小，农村人口占绝对多数，工农业生产力水平较低，城乡矛盾不太突出。（2）中期加速阶段（城镇化率在 30%～70% 之间）。"这个阶段工业化加速发展，而农业因技术进步滞后而发展缓慢，城镇与农村之间的差距扩大，城市工业已具备吸收大量农村剩余劳动力的能力，城镇化率在较短期限内从 50% 上升到 70% 左右"[1]。（3）后期阶段（城镇化率在 70%～90% 之间）。这个阶段城市人口已经占总人口的绝大部分，农业在国民经济的就业比重和产值比重都下降到较低水平，除了保持社会发展必需的农业规模，农村向城镇转移人口的趋势几乎停止，农村人口最终稳定在 10% 左右，城镇居住的人口比重稳定在 90% 左右的峰值状态，城市人口主要在第二和第三产业内部进行调整和转移[2]。后期城市具备强大的自我积累和发展能力，可以反哺农业，支持农村经济发展，因而此阶段城乡差距逐渐缩小，并最终实现农业现代化和城乡一体化。

---

① 胡海峰、陈世金：《创新融资模式化解新型城镇化融资困境》，《经济学动态》2014 年第 7 期。

② 中国金融四十人论坛课题组：《城镇化转型融资创新与改革》，中信出版集团 2015 年版，第 26—27 页。

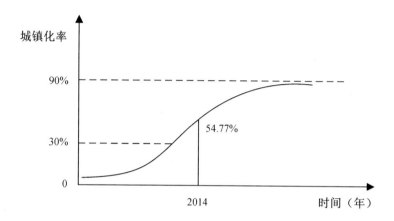

图3－2　世界城市化发展规律（倒"S"形曲线）

资料来源：中国金融四十人论坛课题组（2015）。

改革开放后，我国城镇化发展取得长足的进步，2011 年城镇常住人口首次超过农村人口，城镇化率达到51.27%。2014 年年底我国城镇化率已达54.77%，但距离70%的城镇化水平仍有一段距离。根据诺瑟姆的倒"S"形曲线，我国正处于城镇化加速发展的中间阶段（如图3－2 所示）。未来中国城镇化发展水平和速度可使用逻辑斯蒂（Logistic）曲线来预测。利用 Logistic 模型进行统计回归，其中 t 以1978 年为初始值（1），其他年份依次类推（2，3，4，…，n），U 为城镇化率。可得到中国城镇化水平的 Logistic 曲线方程式为：

$$U = 1/(1 + 4.9414 \times e^{-0.0467t}) \tag{3-1}$$

根据式（3－1），可以测算 2016—2020 年我国的城镇化率，具体见表3－2。城镇化率预测值与国家新型城镇化规划 2020 年常住人口城镇化率达到 60% 左右的发展目标基本吻合。

表3－2　　　　　　　　　　我国未来五年城镇化率预测

年　份	2016	2017	2018	2019	2020
城镇化率/%	55.48	56.63	57.77	58.91	60.03

资料来源：经作者计算所得。

二 新型城镇化基础设施投资增长趋势

我国现阶段城镇化的资金需求主要体现在三个方面：一是公用设施的投资；二是社会公共服务的投资；三是保障性住房的投资。按照世界银行和我国统计局的统计分类，经济类基础设施主要包括电力、热力、燃气、水供应业，交通运输、仓储、邮政业，信息传输、软件、信息技术，水利、环境及公共设施业等。这四类经济性基础设施的建设往往耗资巨大，建设周期较长，覆盖范围较广。我国基础设施建设投资逐年增长，特别是2003年之后，我国在基础设施建设方面的投入增长较快，2003—2014年平均每年经济类基础设施投资额为5.58万亿元（具体数据如表3-3所示）。2009年，为了应对美国次贷危机带来的负面冲击，我国政府实施了四万亿经济刺激投资计划以拉动内需，致使2009年我国经济类基础设施投资额达6.2万亿元左右，较2008年增长了41.53%。2010年起，投资增速有所回落，但依然保持了较高水平。经济类基础设施投资占GDP的比重2003—2014年平均约为15.13%；全社会固定资产投资完成额年均为23.18万亿元，其中城市市政公用设施投资额年均为1万亿元。基础设施的增长速度和投资总量都上升得较快，具体数据如表3-3及图3-3所示。

表3-3　　　　我国近年基础设施建设投资额变化情况

年份	经济类基础设施投资额/亿元	市政公用设施投资额/亿元	全社会固定资产投资额/亿元	GDP/亿元	经济类基础设施投资占GDP比重/%
2003	16278.3	4462.4	55566.6	135822.8	11.985
2004	20170.7	4762.2	70477.4	159878.3	12.616
2005	25024.5	5602.2	88773.6	184937.4	13.531
2006	30752.4	5765.1	109998.2	216314.4	14.217
2007	35624.0	6418.9	137323.9	265810.3	13.402
2008	43718.5	7368.2	172828.4	314045.4	13.921

续表

年份	经济类基础设施投资额/亿元	市政公用设施投资额/亿元	全社会固定资产投资额/亿元	GDP/亿元	经济类基础设施投资占 GDP 比重/%
2009	61872.7	10641.5	224598.8	340902.8	18.149
2010	73036.3	13363.9	278121.9	401512.8	18.190
2011	69648.9	13934.2	311485.1	473104.0	14.722
2012	80431.2	15296.4	374694.7	519470.1	15.483
2013	97173.6	16349.8	446294.1	568845.2	17.083
2014	116380.4	16245.0	512020.7	636138.7	18.295
均值	55842.6	10017.5	231848.6	351398.5	15.133

资料来源：国家统计局统计年鉴及城市建设统计年鉴。

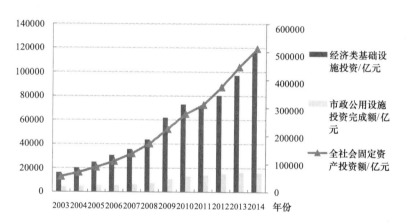

图 3-3　2003—2014 年我国基础设施建设投资额增长趋势

资料来源：国家统计局统计年鉴。

以城市市政公用设施建设为例，从 1991 年至今，我国在市政公用基础设施方面的投资显著提高，2009—2013 年每年的公共设施投资额超过 1 万亿元，占全社会固定资产投资的比重也基本稳定在 3%～5%，如图 3-4 所示。左边纵坐标轴为城市市政公用设施建设固定资产投资完成额，右边纵坐标轴为市政公用设施投资额占同期全社会固定资产投资比重。2014年市政设施固定资产投资总额为16245.03亿元，占同期固定资产总额的3.17%。1991—2014年我国城市市政设施投资额占同期固定资产投资额的比例平均为4.88%（具体数据见表3-4），远未达到世界银行推荐的发展中国家城市基础设施资金投入占全部固定资产投资的15%～20%的目标区间。

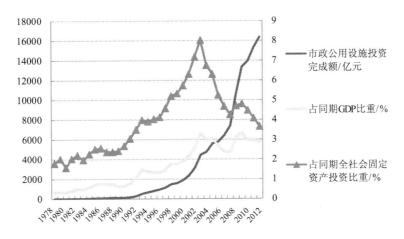

图3-4　我国市政设施投资额及占固定资产投资比重的变化趋势

资料来源：2013年中国城市建设统计年鉴。

另外，从城市市政公共设施投资占GDP的比例指标看，联合国开发计划署认为发展中国家该指标为3%～5%，如果考虑到处于城市化加速发展阶段该指标还应适度提高。而我国市政基础设施投资占GDP的比重长期低于3%的下限值（如图3-4右边纵坐标轴所示），经过逐年累积我国基础设施领域已形成巨额投资欠账。考虑到我国正处于城市化加速发展阶段，未来我国基础设施投资的资金缺口将更大。

表 3 - 4　　我国市政设施及全社会固定资产投资变化情况

年份	市政公用设施投资 完成额/亿元	占同期 GDP 比重/%	占同期固定资产 投资比重/%
1993	521.8	1.48	3.99
1994	666.0	1.38	3.91
1995	807.6	1.33	4.03
1996	948.6	1.33	4.13
1997	1142.7	1.45	4.58
1998	1477.6	1.75	5.20
1999	1590.8	1.77	5.33
2000	1890.7	1.91	5.74
2001	2351.9	2.14	6.32
2002	3123.2	2.60	7.18
2003	4462.4	3.29	8.03
2004	4762.2	2.98	6.76
2005	5602.2	3.03	6.31
2006	5765.1	2.67	5.25
2007	6418.9	2.41	4.68
2008	7368.2	2.35	4.26
2009	10641.5	3.12	4.70
2010	13363.9	3.33	4.81
2011	13934.2	2.95	4.48
2012	15296.4	2.95	4.08
2013	16349.8	2.87	3.66
2014	16245.03	2.55	3.17

资料来源：2014 年中国城市建设统计年鉴。

从我国基础设施投资的行业分布看，2014 年经济类基础设施中道路桥梁、轨道交通、供排水、供热、燃气合计占城市市政公用设施固定资产投资的 80% 以上。如图 3 - 5 所示。

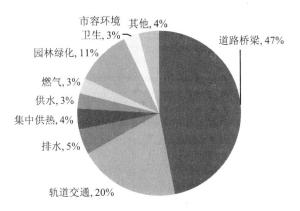

图 3 - 5　2014 年城市市政公用设施固定资产投资分布

资料来源：2014 年住房和城乡建设部城乡建设统计公报。

三　新型城镇化基础设施融资需求预测

从国际比较的视角来看，无论是从数量角度，还是从质量角度，中国的城镇化和其他国家均存在不小的差距。中国 2014 年 54.77% 的城镇化水平略高于世界平均水平，但是，2014 年美国城镇化率为 81.45%，英国为 82.35%，法国为 79.29%，德国为 75.09%，日本为 93.02%，韩国为 82.36%。目前我国的城镇化与高收入国家平均 80% 的城镇化水平至少存在 25 个百分点的差距。相对于其他金砖国家，中国也仅高于印度，低于南非 64.3% 的城镇化率，远低于巴西的 85% 以及俄罗斯 74% 的城镇化水平。具体变化趋势如图 3-6 及城镇化率数量变化如表 3-5 所示。

表 3 - 5　　　2000—2014 年金砖国家城镇化率的发展变化

年份	中国城镇化率/%	巴西城镇化率/%	俄罗斯城镇化率/%	南非城镇化率/%	印度城镇化率/%
2000	36.22	81.192	73.350	56.891	27.667
2001	37.66	81.553	73.346	57.368	27.918
2002	39.09	81.880	73.341	57.898	28.244
2003	40.53	82.203	73.373	58.446	28.572

续表

年份	中国 城镇化率/%	巴西 城镇化率/%	俄罗斯 城镇化率/%	南非 城镇化率/%	印度 城镇化率/%
2004	41.76	82.521	73.418	58.993	28.903
2005	42.99	82.834	73.463	59.536	29.235
2006	43.90	83.143	73.508	60.077	29.569
2007	44.94	83.448	73.553	60.616	29.906
2008	45.68	83.749	73.598	61.154	30.246
2009	46.59	84.044	73.642	61.687	30.587
2010	49.68	84.335	73.687	62.218	30.930
2011	51.30	84.623	73.732	62.746	31.276
2012	52.60	84.901	73.786	63.272	31.631
2013	53.73	85.171	73.851	63.788	31.994
2014	54.77	85.433	73.924	64.298	32.366

资料来源：中国统计年鉴及世界银行 WDI 数据库。

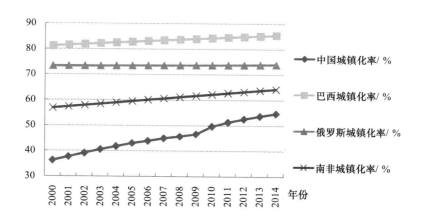

图 3-6　2000—2014 年我国与主要金砖国家城镇化率变化趋势

资料来源：中国统计年鉴及世界银行 WDI 数据库。

从城镇化质量方面，我国的城镇化水平虽然突破了 50%，但是从城乡协调标准看，我国城镇化质量并未与城镇化水平同步提高。城镇化主要表现为空间的扩张，而基础设施、公共卫生服务、医疗、文化、教育、娱乐等发展相对滞后。如果按户籍人口计算，中国的城镇化率2015年仅有39.9%，中国的城镇化之路任重而道远。

在我国城镇化发展进程中，大量人口从农村向城市转移，各地的道路、管网、自来水、电力、燃气、垃圾处理、污水排放等公用基础设施建设的任务和投资需求一直保持旺盛。城镇化是一个城市建设的过程，没有城市基础设施的投入建设，城镇化只是空谈。按照中国社会科学院《中国农业转移人口市民化进程报告》（2012年）、国务院发展研究中心（2012年），以及高盛全球投资、高华证券（2013年）研究结果：至2020年新增城镇人口人均财政支出估测结果分别为13万元、8万元、8.8万元。仅按官方城镇化率保守计算就需新增财政支出（主要包括社会保障、保障房、教育、医疗及部分基建投资）11.2万亿～18.2万亿元①。

世界银行认为发展中国家每年基建投资占GDP的比例约为4%。而我国城市市政基础设施建设投资占GDP的比例长期不足3%，自从2003年以来我国市政基建投资占固定资产投资比例也处于下降的趋势，基础设施投资存在大量的历史欠账（如图3-7所示）。

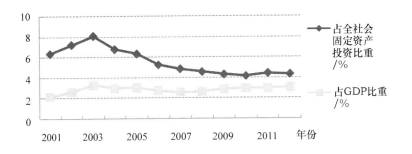

图3-7　我国城市市政基础设施投资占比

资料来源：2013年统计年鉴及我国城市建设统计年报。

---

① 刘陈杰、孙贤兵：《新型城镇化——成本、融资渠道和行业影响》，北京高华证券有限公司，2013（9），第12—32页。

按照我国 2014 年年底 GDP 总量 63.61 万亿元人民币，到 2020 年实现 GDP 比 2000 年翻两番的国家发展目标，未来我国年均 GDP 增长速度至少为 6.5%，考虑我国消费物价指数近年的变化和世界平均水平看，我国 CPI 在"十三五"期间假设均值为 2%。根据世界银行发展中国家城市经济性基础设施投资占 GDP 比例 3%~5% 的水平，可以测算出我国至 2020 年的城市经济性基础设施投资资金需求如表 3-6 所示。按 3% 的下限值保守估计 2016—2020 年需要经济类基础设施投资至少 13.4 万亿元，若按 5% 的比例则需要经济类基础设施投资合计 23 万亿元左右。"十三五"期间经济类基础设施投资每年需 4 万亿元左右。

表 3-6　　　我国未来城市经济性基础设施投资规模测算

年份	GDP 增长/%	CPI/%	GDP 规模/万亿元	城市基础设施投资/万亿元
2015	6.5	2	69.099	2.07~3.45
2016	6.5	2	75.063	2.25~3.75
2017	6.5	2	81.541	2.45~4.08
2018	6.5	2	88.578	2.66~4.43
2019	6.5	2	96.222	2.89~4.81
2020	6.5	2	104.526	3.14~5.23

资料来源：经作者计算整理所得。

第二节　我国基础设施传统的融资模式

一　我国基础设施投融资体制的变迁

我国的基础设施投融资体制演变，主要经历了三个发展阶段。

第一阶段，新中国成立后至 20 世纪 80 年代中期，供给主导型的投融资制度。新中国成立初期，我国按计划经济的体制实施投融资制度，主要采用财政无偿拨款的形式投资基础设施建设。1979 年以后，国家把部分财政预算内基础设施投资拨款改为贷款。1985 年，国家预算安排的基础设施建设资金全部由财政拨款改为银行贷款，发挥银行的信贷支撑作用，提倡企业自筹资金即所谓的"拨改贷"。这一阶段，政府是主要的投资主体，中央政府根据计划拨付资金，地方掌握有一部分自有资金。但是，简单的放权让利并未解决投资经营者的自负盈亏问题，因此，导致投资规模过大，重复建设严重，企业投资行为普遍短期化，没有解决财政包干体制下风险承担主体缺位的根本性缺陷①。

第二阶段，20世纪80年代中期到90年代中期，中间扩散型的投融资制度，基础设施投融资体制由财政主导型转为金融主导型，投资体制中引入了多元化投资主体。随着放权让利和财政包干体制的实施，地方政府拥有了较大份额的地方财政收入，成为重要的基建项目投资主体。

第一，随着地方财权的扩大，支持地方基础设施建设投资的专项基金逐渐形成。1987年，国务院提出城市市政基础设施要逐步实行有偿使用。使用贷款投资的桥梁、高速公路等，允许征收过路费的办法来偿还。1994年实行分税制改革，将税收收入划分为中央税、地方税和中央与地方共享税三个来源。随着分税制改革，地方承担的公共建设任务加大，各省市相继成立了地方投资公司，服务于地方的基础设施建设。

第二，金融机构进入了基础设施投资领域。1994年，国务院决定组建国家开发银行、中国农业发展银行和中国进出口银行三家政策性金融机构，实现政策性贷款和商业性贷款的分离。其中，国家开发银行主要负责基础设施项目政策性贷款的发放，并且成为我国城建贷款供应的主力军。

第三，非国有投资主体形成和发展。以引入外商投资为切入点，在我国的沿海城市及经济特区的电力、供水、道路建设等基础设施领域进行中外合作、中外合资和外商独资的试点。

第三阶段，20世纪90年代中期至今，我国基础设施投资主体逐

---

① 丁芸：《城市基础设施资金来源研究》，中国人民大学出版社2007年版，第16—17页。

渐多元化。第一，根据基础设施项目的不同类型使用不同的融资方式。对于纯公益性的基础设施项目主要由地方政府财政资金投入建设。对于关系国计民生的大型基础设施项目，主要由地方融资平台公司进行投资，并通过商业银行进行间接融资。第二，进行土地出让权及财政体制的改革。财政上，实行经常性预算和建设性预算分离，建立政府性基金收入，通过土地使用权出让为城市建设融资。2001年，国务院出台地方政府试行土地收购储备制度，通过土地使用权的招、拍、挂制度，地方政府获得土地的级差收入，用于基础设施项目的滚动开发。第三，发行建设国债，加大城市基础设施建设的投资力度。2004年颁布的《关于投资体制改革的决定》为我国基础设施投融资领域的改革和发展指明了方向，逐步建立市场化运作、投资主体多元化、融资方式多样化的基础设施融资格局。

二 我国传统的基础设施融资模式

目前，我国城镇化基础设施建设资金来源主要有7个筹集渠道：财政筹集、信贷筹集（地方融资平台向银行贷款）、资源补偿性筹集（土地出让收入）、政策性筹集、利用外资、市场筹集（地方融资平台发行债券）和自筹资金。七种融资渠道中，资源补偿、信贷筹集和市场筹集逐渐成为城镇化建设的主要资金来源[①]。

从2001—2013年中国城市市政基础设施建设资金来源和资金构成情况看（如图3-8所示），国家预算内财政资金已不再是城市基础设施建设的主要资金来源，中央财政和地方财政拨款合计占基础设施融资总额的比重为20%～35%。国内贷款（金融机构贷款融资）和自筹资金（主要包括城投债、各种方式引入的民营资本、基建行业自有净利润再投资、股票融资等）占基础设施建设投资的比重呈现上升的趋势，已成为我国基础设施的主要资金来源。两者合计占基础设施融资总额的55%～68%。具体资金来源数据变化

---

① 巴曙松、杨现领：《新型城镇化融资与金融改革》，中国工人出版社2014年版，第59—61页。

如表3－7所示。

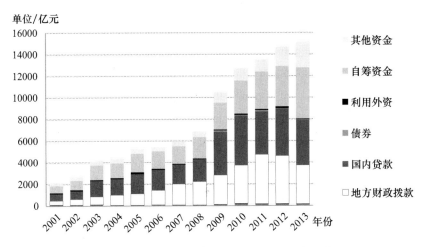

图 3－8 我国 2001—2013 年市政基础设施资金来源

资料来源：2013 年中国城市建设统计年鉴。

表 3－7 我国市政公共基础设施资金来源分布情况 单位：亿元

年份	中央财政拨款	地方财政拨款	国内贷款	债券	利用外资	自筹资金	其他资金
2001	104.9	379.1	603.4	16.8	97.8	636.4	274.5
2002	96.3	516.9	743.80	7.3	109.6	866.3	365.7
2003	118.9	733.4	1435.4	17.4	90	1350.2	398
2004	63	938.4	1468	8.5	87.2	1372.9	445
2005	63.9	1050.6	1805.9	5.2	170	1728	453
2006	89.2	1339	1880.5	16.4	92.9	1638.1	379.2
2007	77.3	1925.7	1763.7	29.5	73.1	1635.7	409
2008	72.7	2143.9	2037	27.8	91.2	1980.1	537.6
2009	112.9	2705.1	4034.8	120.8	66.1	2487.1	950.7
2010	206	3523.6	4615.6	49.1	113.8	3058.9	1125.3
2011	166.3	4555.6	3992.8	111.6	100.3	3478.6	1103.9
2012	171.1	4446.6	4366.7	26.8	150.8	3740.5	1766.4
2013	147.5	3573.2	4218	41.5	62.2	4714.1	2377.7
2014	102.22	4135.22	4383.11	96.03	42.03	4294.66	2046.75

资料来源：2014 年中国城市建设统计年鉴。

具体的我国传统基础设施融资模式有以下几种。

（一）国内信贷筹集模式

信贷筹集主要包括向国内银行借入用于城市基础设施建设和更新改造的各种投资性贷款。国内银行贷款属于间接融资，银行金融机构主要是通过地方融资平台发放贷款来支持我国各地的新型城镇化建设。贷款类型包括国内银行贷款、银团贷款、信托贷款、委托贷款等各种形式从金融机构借入的资金。此外国内贷款还包括国家专项贷款、地方财政专项资金安排的贷款、国内储备贷款、周转贷款等。

银行贷款具有贷款数额较大、手续便利、资金到位快的特点，成为地方政府基础设施融资的主要手段。但由于我国《贷款通则》和《担保法》法律的限制，地方政府不能直接向商业银行借款，国家机关也不能作为保证人，主要采用融资平台向银行贷款的形式，同时利用政府隐性担保或出具财政承诺的方式支持借贷。

银行信贷在支持新型城镇化发展过程中具有重要作用，但是诸多公益性和准公益性基础设施项目投资规模大、期限长、营利性有限，从银行自身利益考虑，信贷资金使用期限与项目投资周期严重不匹配，加大了银行的信贷风险。国内贷款占基础设施资金来源的比重不断下降，由 2009 年的 38.5% 下降到 2013 年的 27.8%。从图 3 - 9 来看国内贷款占全社会固定资产投资的比重也有逐渐下降的趋势。到 2014 年年底，国内贷款占全社会固定资产投资资金来源比重已下降到了 12%（具体数据如表 3 - 8 所示）。

表 3 - 8　　　　　　我国全社会固定资产投资资金来源分布　　　　单位：亿元

年份	实际到位资金小计	国家预算资金	国内贷款	利用外资	自筹资金	其他资金
1995	20524.9	621.1	4198.7	2295.9	10647.9	2761.3
1996	23419.0	629.7	4576.5	2747.4	11197.4	4388.4
1997	25259.7	696.7	4782.6	2683.9	12556.1	4540.4
1998	28716.9	1197.4	5542.9	2617	14015.6	5344.2
1999	29754.6	1852.1	5725.9	2006.8	14638.1	5531.6
2000	33110.3	2109.5	6727.3	1696.3	16317.3	6260.1
2001	37987.0	2546.4	7239.8	1730.7	18914	7556.1

续表

年份	实际到位资金小计	国家预算资金	国内贷款	利用外资	自筹资金	其他资金
2002	45046.9	3161.0	8859.1	2085.0	22816.7	8125.2
2003	58616.3	2687.8	12044.4	2599.4	31449.8	9834.9
2004	74564.9	3254.9	13788.0	3285.7	41272.6	12963.7
2005	94590.8	4154.3	16319.0	3978.8	55105.8	15033.0
2006	118957.0	4672.0	19590.5	4334.3	71076.5	192837.0
2007	150803.6	5857.1	23044.2	5132.7	91373.2	25396.4
2008	182915.3	7954.8	26443.7	5311.9	118510.4	24694.4
2009	250229.7	12685.7	39302.8	4623.7	153514.8	40102.6
2010	310964.2	14677.8	47258.0	4986.8	197099.2	46942.4
2011	345984.2	14843.3	46344.5	5062.0	229346.8	50387.5
2012	409675.6	18958.7	51593.5	4468.8	277792.4	56862.4
2013	491612.5	22305.3	59442.0	4319.4	334280.0	71265.8
2014	543480.6	26745.4	65221.0	4052.9	379737.8	67723.4

资料来源：中国统计局 2014 年及 2015 年统计年鉴。

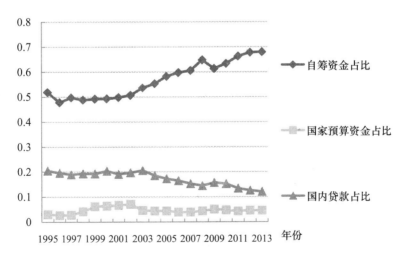

图 3-9　我国全社会固定资产投资资金来源占比

资料来源：中国统计局 2014 年统计年鉴。

（二）政府财政筹集模式

政府投资基础设施的资金来源主要包括中央和地方财政拨款、预算内收入、预算外收入和其他转移收入。预算内收入主要来源于本级财政的各种税收收入、国有企业收入以及部分纳入预算管理的非税收入。预算外收入主要包括行政事业性收费、基金和附加收入、主管部门所属单位集中上缴资金等。转移支付主要是中央对地方政府的各类专项拨款、税收返还等。从图 3-9 我国全社会固定资产投资资金来源中，预算内资金占总资金比重长期低于 10%。

从财政资金的供应来看，在 1998—2014 年间，我国财政收入的平均增长率为 17.96%，远高于同期的 GDP 年均 9.48% 的增长率。但远低于城镇固定资产投资 21.36% 的平均增速，具体数据如表 3-9 所示，2002 年后的增长率趋势如图 3-10 所示。2014 年，中国财政收入总额为 140370.03 亿元，增长率已下降到近二十年较低的水平（8.6%）；其中城镇固定资产投资 501264.9 亿元，其增长率 15.04% 也是十年来最低的水平。尤其是进入 2014 年后，随着中国经济转型的调整，经济增长速度逐步放缓。未来，财政收入的增速也将随之放缓，我国庞大的农村转移人口所需公共开支和基础设施建设的资金缺口将日益扩大。我国新型城镇化建设需要如此庞大的公共支出和基础设施建设投资，单靠政府财政的投入显然难以满足日益扩张的城镇人口对基础设施、公用事业和公共服务的需求。

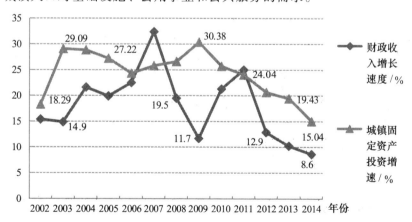

图 3-10　中国财政收入和城镇固定资产投资的增速变化

资料来源：国家统计局统计年鉴（2015）数据整理所得。

表 3 - 9   我国 GDP、财政收入及固定资产投资额增长变化

年份	公共财政收入增长速度/%	GDP 同比增速/%	城镇固定资产投资增速/%	城镇固定资产投资/亿元
1998	14.2	7.8	17.18	22491.4
1999	15.9	7.6	5.52	23732
2000	17	8.4	10.49	26221.8
2001	22.3	8.3	14.41	30001.2
2002	15.4	9.1	18.29	35488.8
2003	14.9	10	29.09	45811.7
2004	21.6	10.1	28.85	59028.2
2005	19.9	11.3	27.22	75095.1
2006	22.5	12.7	24.33	93368.7
2007	32.4	14.2	25.81	117464.5
2008	19.5	9.6	26.62	148738.3
2009	11.7	9.2	30.38	193920.4
2010	21.3	10.6	25.72	243797.8
2011	25	9.5	24.04	302396.1
2012	12.9	7.7	20.65	364854.1
2013	10.2	7.7	19.43	435747.4
2014	8.6	7.3	15.04	501264.9
均值	17.96	9.48	21.36	159966

资料来源：国家统计局统计年鉴（2015）数据整理所得。

（三）发行债券筹集模式

发行债券一直是我国进行大型基础设施建设的重要融资手段，比如三峡建设国债、铁路债券、国家电力债券等。分税制改革后，地方政府的财权与事权不对等加剧，为了缓解地方政府巨大的财政支出压力，地方政府纷纷设立地方政府融资平台比如城市建设投资公司，通过融资平台发行企业债券（城投债）来缓解庞大的财政支出缺口。地方融资平台是以地方政府作为主要的发起人和出资人，并在组建的公司拥有控股地位。依据债券发行主体和资金用途的不同，我国地方

政府进行的债券融资可分为二类：一是由地方政府组建的城投公司发行的债券，主要用于高速公路、港口、机场、开发区和公用事业等建设；二是由中央代地方政府发行的债券，但仍由地方政府偿还，由中央作为最后担保人，资金用途由中央确定，主要用于中央项目配套及民生领域基础设施。

城投公司是目前地方政府部门的全部预算外资金以及自筹资金部分的经济主体。城投债总发行量从 2008 年的 992 亿元，截至 2014 年年底发行量增加到 16517.14 亿元，6 年间城投债的发行规模几乎增加了 15.7 倍。具体我国城投债发行量变化情况如图 3 - 11 及表 3 - 10 所示。城投债具有自身独特的优势。第一，发行品种已多元化。从最初的企业债券，已拓展到中期票据和短期融资券等，多种期限的品种可满足各种项目资金融通的需求。第二，发行主体覆盖面大。从起初的省级政府、计划单列市，迅速拓展到地级市、县级政府设立的融资平台公司。第三，资本市场直接融资，信用级别高。城投债大都有地方政府土地转让收入作担保，信用级别高于企业债券。与银行贷款等其他融资方式相比，城投债具有市场化融资规模大、成本较低，使用期限较长等优点。

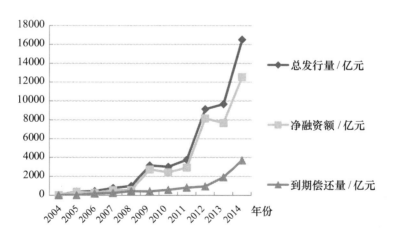

图 3 - 11　城投债发行量和净融资额变化趋势

资料来源：Wind 和华泰证券研究所。

表 3 – 10 我国城投债发行量情况

年份	总发行量 /亿元	净融资额 /亿元	到期偿还量 /亿元	发行支数 /只	平均发行 期限/年	发行票面 利率/%
2004	44	33	11	3	9	5.6
2005	386	365	21	28	6.5	4.1
2006	446	259	187	37	6.2	3.9
2007	781.2	537.2	244	68	6.4	4.8
2008	992	546.3	445.7	66	3.5	5.5
2009	3158	2739.3	418	187	5.5	5.1
2010	3014	2432.5	579	223	5.1	5
2011	3753.4	2929	815	294	4.9	6.4
2012	9138.9	8157.77	948.1	743	5.2	6.4
2013	9661.1	7677.09	1915.6	803	4.6	6.2
2014	16517.14	12539.38	3692.5	1395	4.5	6.7

资料来源：Wind 和华泰证券研究所。

（四）资源补偿筹集模式

资源补偿筹集主要包括城市土地使用权出让、转让收益，市政公用设施补偿费、地下水资源费等。1988 年、1998 年、2004 年我国三次对《土地管理法》进行修订，为我国土地使用制度市场化提供了法律基础。随着分税制改革和房地产市场商品化改革的推进，地方政府纷纷通过土地的招、拍、挂制度，获得了大量的土地出让金和土地增值税费。从 2003 年开始至今（除 2008 年外），我国的土地出让收入占地方财政收入的比例一直处于 40% 以上，特别是 2010 年和 2011 年，土地出让收入占比更是高达 60% 以上（如图 3 – 12 所示）；近 5 年来，土地出让收入占总财政收入的比重也持续在 20% 以上（见表 3 – 11）；土地出让收入到 2014 年已达 4.3 万亿元，占当年 GDP 总值的 6.8%。土地出让收入俨然已成为许多地方政府基础设施建设资金的主要来源。

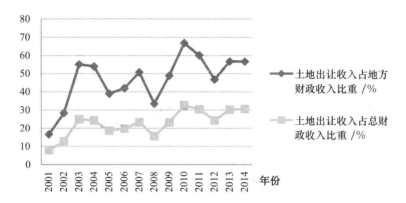

图 3 - 12　我国土地出让收入占财政收入比重的变化

表 3 - 11　　　　　　我国土地出让收入占财政收入比例的变化

年份	土地出让收入 占总财政收入比/%	土地出让收入 占地方财政收入比/%	全国土地出让 收入增速/%
2002	12.8	32.6	86.5
2003	24.8	64	122.8
2004	22.3	58.9	9.5
2005	17.4	43.3	- 6.6
2006	19.8	50.4	39.4
2007	23.3	62.1	55.6
2008	15.7	41.3	- 19.7
2009	23.2	60.8	65.7
2010	35.4	89.9	84.8
2011	32.2	81.4	13.9
2012	24.6	47.3	- 13.7
2013	31.9	59.8	44.6

资料来源：国家统计局、财政部、国土资源部数据整理所得。

（五）利用外资及其他资金筹集模式

利用外资主要包括对外借款（外国政府贷款、国际金融组织贷款、出口信贷、外国银行商业贷款、对外发行债券和股票）、外商直接投资、外商其他投资的资金。国际金融机构贷款是多国政府投资组建并共同管理，旨在通过向成员国提供优惠和中长期贷款，以帮助成员国发展基础产业、发展经济和平衡国际收支。国际金融机构的贷款一般仅限于成员国，具有贷款条件优惠、审查严格、专款专用等特点。但国际金融机构的贷款利率较低，期限较长，最长期限可达40~50年，只收少量手续费，尤其适用于投资期限长、取得经济收益较慢的公共基础设施建设。世界银行、亚洲开发银行、国际金融公司也是我国重要的基础设施资金来源渠道。2004—2013年我国利用外资规模一直维持在400亿~500亿元，占比由2004年的2.6%下降到0.5%。

其他资金包括基础设施领域组建的股份制企业进行上市发行股票融资和利用各种形式的项目融资、信托和融资租赁等。项目融资包括多种方式，比如 BOT 模式（建设—经营—转让）、BOO（建设—经营—拥有）、BT（建设—转让）、TOT（转让—经营—转让）等。项目融资能够吸引民间资本并引进其先进的技术和管理方法，提高基础设施建设和运营的效率，日益受到政府的重视。

第三节　我国基础设施融资存在的主要问题

我国现行的基础设施投融资体制，呈现出以间接融资方式为主，以地方政府行政为主导的特点。第一，以间接融资为主。我国基础设施融资，主要依赖开发性和商业性银行贷款的间接融资渠道。由于资本市场不够发达，利用股票和国债进行直接融资规模有限，而地方政府规范的发行债券融资更是刚刚起步。第二，投融资体制以政府行政为主导，市场化机制不够。地方财政收入依然是基础设施项目资金的重要来源，但受地方财力约束已无法满足基础设施资金需求的状况，并且基建项目审批制导致了上级政府以行政主导直接干预了市场化机制在基础设施建设融资中的运用。第三，地方政府融资方式不规范，负债严重。当地方预算内资金无法满足地方建设资金时，地方政府往往在预算外资金方面采取建立基金、乱收费等方式筹集资金，利用融资平台公司发行公司债券融资，由于公司治理和经营管理制度不健全，缺乏偿债意识，容易引起地方融资平台债务风险加剧。

一 地方政府筹集基础设施资金越加困难

（一）地方财政收支缺口加剧

地方税收和中央转移支付不能满足新型城镇化中基础设施融资需求，地方财政赤字加剧。1994 年分税制改革之后，我国地方政府事权和财权的不对等加剧。从图 3－13 看，从 2000—2014 年地方政府的财政收支缺口在不断地加大（具体数据如表 3－12 所示）。以 2014 年为例，地方财政收入为 75876.58 亿元，而地方财政支出额为 129215.49 亿元，地方财政收支严重失衡缺口达 70.3%。地方政府只能通过其他途径比如借款、土地融资以及通过设立城投公司等方式筹集资金，导致了地方政府债务风险的集聚。

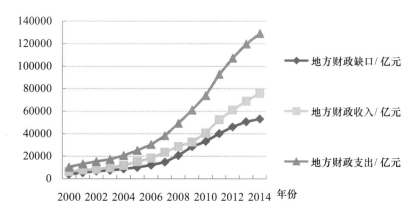

图 3－13 我国 2000 年以后地方政府财政收入、支出及缺口变化趋势

资料来源：2014 年中国统计年鉴及国民经济统计公报。

表 3 – 12   地方政府财政收支与缺口

年份	地方财政收入/亿元	地方财政支出/亿元	地方财政缺口/亿元
2000	6406.06	10366.65	3960.59
2001	7803.3	13134.56	5331.26
2002	8515	15281.45	6766.45
2003	9849.98	17229.85	7379.87
2004	11893.37	20592.81	8699.44
2005	15100.76	25154.31	10053.55
2006	18303.58	30431.33	12127.75
2007	23572.62	38339.29	14766.67
2008	28649.79	49248.49	20598.7
2009	32602.59	61044.14	28441.55
2010	40613.04	73884.43	33271.39
2011	52547.11	92733.68	40186.57
2012	61078.29	107188.34	46110.05
2013	69011.16	119740.34	50729.18
2014	75860	129092	53232

资料来源：2014 年中国统计年鉴及国民经济统计公报。

（二）土地财政融资模式不可持续

土地财政是指地方政府依靠出让土地使用权（即土地出让金）来维持地方财政支出。地方政府利用土地转让收益为基础设施项目融资的弊端日益突出：其一，土地资源具有明显的稀缺性，随着耕地保护和土地开发监管的加强，未来实际可开发土地有限，开发成本将上升，土地转让收入具有暂时性。其二，土地财政有明显的负面影响，推高地价致使房价高涨，造成普通居民购房困难、高收入群体投机炒房、寻租等现象发生。其三，地方融资平台以土地作为抵押，获得银行信贷开发基金以及房地产信贷，容易间接导致银行信用风险的集中和累积。

目前地方政府存在过度依赖土地财政的问题。从图 3 – 12 可知

2002—2013 年间土地出让收入占地方财政收入的比重在 30% ~ 70% 间波动，均值为 46.76% ；土地出让收入占总财政收入的比重均值为 22.76% ；全国土地出让收入增速年均达 40.2% 。土地出让金已成为地方财政收入的主要来源。我国正处于经济转型期、房地产市场也已过黄金发展阶段，正步入加速整合调整期。随着国家经济结构的转型调整，经济增长速度放缓，土地财政融资渠道增长越加困难。2015 年 12 月，财政部发布《关于规范土地储备和资金管理等相关问题的通知》，要求土地储备机构从 2016 年 1 月 1 日起，新增土地储备项目所需资金应纳入政府性预算，不得再向银行贷款，不足部分通过发行地方政府债券解决①。因此，土地财政融资模式已不可持续，不能作为未来新型城镇化建设资金的主导力量。

（三）地方政府发行债券规模有限

2009 年和 2010 年，中央分别代发地方债 2000 亿元；2011 年，上海、浙江等四省市开展地方自行发债试点额度 2000 亿元；2012 年该额度增加至 2500 亿元；2013 年又提高到 3500 亿元。2014 年 8 月全国人大常委会通过《预算法》修正案，允许省级地方政府发行政府债券，新《预算法》明确规定对地方政府债务实行限额管理。2016 年财政部发布《关于做好 2016 年地方政府债券发行工作的通知》，要求发行新增债券的规模不得超过财政部下达的当年本地区新增债券限额；发行置换债券的规模不得超过财政部下达的当年本地区置换债券发行规模上限②。因此，目前地方政府发行债券融资规模有限，难以弥补城镇化基础设施的融资缺口。

二 地方政府融资平台债务风险加剧

地方政府融资平台是由地方政府及其部门通过财政拨款或注入土地、股权等资产设立的具有政府公益性项目投融资功能的企业法人实

---

① 财政部：关于对地方政府债务实行限额管理的实施意见，http：//yss. mof. gov. cn/zhengwuxinxi/zhengceguizhang/201512/t20151223_ 1627720. html。

② 财政部：关于做好 2016 年地方政府债券发行工作的通知，http：//gks. mof. gov. cn/redianzhuanti/guozaiguanli/difangzhengfuzhaiquan/201601/t20160128_ 1658365. html。

体。在新型城镇化的发展背景下，地方政府需要扩大基础设施投资，刺激经济，拉动经济增长。在原有《预算法》第28条规定的约束下，地方政府不得发行地方政府债券。地方政府通过成立具有独立法人资格的企业实体进行曲线举债。2008年金融危机以后，政府出台4万亿投资刺激计划，使融资平台公司获得迅速发展，融资规模不断扩大，导致地方财政偿付风险累积。

据银监会统计2012年地方政府融资平台已有10622家，地方政府融资平台主要资金来源：一是银行贷款，目前已成为平台资金的主要来源，银监会数据显示，"截至2013年6月末，银行对地方融资平台贷款余额9.7万亿元，占同年银行业贷款余额的13.8%"[①]；二是发行城投债，据Wind资讯统计，2004—2014年年底，城投债发行共3847只，发行总规模达4.79万亿元。2013年6月底地方融资平台举借债务占地方政府性债务余额的38.9%，地方融资平台已成为地方政府举借债务的第一主体，具体数据如图3-14所示。为防范金融风险，银监会2010—2013年连续四年发布地方融资平台风险监管文件，对贷款投放实施名单制管理和总量控制，可见地方政府债务风险已不可小觑。

（一）偿债的流动性风险加剧

随着上一轮经济刺激计划的实施，地方政府融资平台债务已进入偿还高峰期，而地方财政收入没有明显改观甚至增速下滑，财政收支和投资却在大幅增加，因此地方财政偿债压力加大、债务风险逐渐积累。据2013年10月国家审计署统计，全国有78个市级和99个县级政府负有偿还责任债务的债务率高于100%（警戒线），分别占两级政府总数的19.9%和3.56%，从地方政府债务的期限结构看，而最近几年是地方政府性债务还款的高峰期。从2013年地方政府债务审计资金投入领域看，地方政府举债大多投入市政建设（32.4%）、交通运输建设（22.9%）、保障性住房（6.1%）、生态建设和环境保护

---

① 胡海峰、陈世金：《创新融资模式化解新型城镇化融资困境》，《经济学动态》2014年第7期。

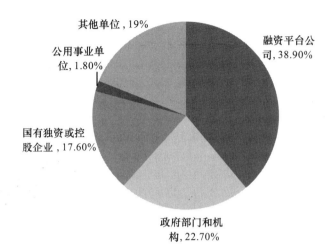

图 3 - 14　地方政府性债务余额举借主体情况

资料来源：2013 年 12 月 30 日审计署全国政府性债务审
计公告。

（2.5%）等领域，这些项目往往很少现金流，甚至没有短期收益。
而且平台公司再融资遇到了瓶颈，受阻于资产负债率 80% 的红线。
因此，对于地方融资平台来说，还本付息是一大难题，在货币政策偏
紧的情况下，银行贷款的持续收紧致使地方融资平台的融资成本进一
步上升，融资平台的流动性风险加剧。2015 年到期的债务约为 2.8
万亿元，2016 年地方政府负有偿还责任的债务约为 1.26 万亿元，具
体各年地方政府债务偿还压力如表 3 - 13 所示。

表 3 - 13　　　　近年地方政府性债务偿还余额分布情况表

年　份	2013	2014	2015	2016	2017	2018 以后
地方债务偿还金额占比	22.92%	21.89%	17.76%	11.58%	7.79%	18.76%

资料来源：审计署 2013 年年底全国政府性债务审计结果公告。

（二）"影子银行"的金融风险增加

由于土地财政的增长放缓，以及从正规商业银行贷款受到负债率

红线的限制，使得地方融资平台更多依赖"影子银行"体系如信托公司、对冲基金，利用融资租赁、票据、企业债、银行表外的理财产品购买融资平台信托计划的受益权等方式，向融资平台公司发放贷款。2013年10月，中国社会科学院发布《中国金融监管报告2013》称，如果采用最窄口径（只包括银行理财业务与信托公司），2012年年底中国影子银行体系也已达到14.6万亿元（基于官方数据）或20.5万亿元（基于市场数据）。前者占GDP的29%与银行业总资产的11%，后者占GDP的40%与银行业总资产的16%。由于"影子银行"缺乏有效监管、信息不透明且融资成本较高，加上其背后隐含地方政府担保，极易造成财政与金融风险的累积。

（三）融资平台经营风险加剧

投融资平台项目很多缺乏科学的论证和总体规划，容易造成资金的浪费和效率的低下。融资平台公司是第一大举债主体，占全部债务总额的38.9%，且内部管理问题较多。地方政府投资平台一般由地方政府设立，在平台公司内部，公司管理层一般由政府指派，法人制度不健全、政府干预严重。因此，平台公司运营不规范、信息披露不实，存在许多非市场运作行为。多数平台公司没有建立还款约束机制和还款保障机制，管理人员缺乏企业管理经验容易造成决策失误，造成企业资产质量下降，更难以形成造血功能。如在平台运行当中，一些地方政府出于"政绩"需要，盲目扩大基础设施建设规模，根本不考虑融资平台的债务偿还能力，导致平台公司负债率居高不下，超过地方政府实际承受能力。一些地方政府出资不实，将政府办公楼、学校、医院等公益性资产作为资本注资；因缺乏约束机制、监督不够、管理不规范；甚至出现违规向非金融机构和个人借款，导致经营风险加剧。

三　银行信贷支持基础设施融资不足

（一）金融机构支持基础设施项目力度不足

城镇化基础设施项目存在周期长、资金占用额大、成本回收期长的特点。金融机构主要依靠吸收居民的短期储蓄存款，进行贷款发放，而基础设施项目投资期限都较长，容易加剧与金融机构资金期限的不匹配。金融机构是商业性逐利的，大企业和优质客户是各大商业银行争相竞追的对象，但金融危机后政府出台的四万亿经济刺激投资计划和大规模信贷投放，已加剧了部分行业的产能过剩，造成大量僵尸型企业无法偿还银行贷款，形成银行业多次出现流动性紧张的局面。而投资于城建和公共服务基础设施项目回收期长、项目本身现金流收益少、投资回报率低，因此金融机构对基础设施项目信贷投入的积极性不高，没有专项信贷政策支持，导致金融机构对基础设施建设存在资金供给不足。

（二）国内外政策性机构信贷融资后劲不足

从实践经验来看，城市基础设施运用国内政策性银行贷款和国际金融机构贷款规模有限。国内政策性银行主要是国家开发银行进行基础设施的贷款发放，2008 年改组成国家开发银行股份有限公司，成为第一家由政策性银行转型而来的商业银行。随着转型和调整，国家开发银行的融资成本不断上升，最近依赖大量发行债券以解决信贷资金不足的问题，由于以前的政策性贷款面临着"长借短贷"的期限矛盾、未来基础设施建设信贷规模增长有限。中国农业发展银行的主要业务是办理粮、棉、油相关的企业贷款，支持范围限于农村地区，由于资金来源和实力规模限制其资金支持空间不大。基础设施建设项目可以向世界银行、亚洲开发银行等国际金融机构贷款以及向外国政府贷款，但是这种融资方式受限于审批手续和程序复杂、论证周期长、申请资金一次性规模大、贷款回收期长的制约，甚至还可能附加苛刻的政治条件等，此种融资模式缺乏稳定性和可靠性，其发展后劲也不足。

第四节　国外基础设施融资的典型模式、经验及启示

一　发达国家基础设施融资体制的变迁

20 世纪 40 年代以来，西方发达国家在公共服务和基础设施投融

资体制上不断变迁，大致经历了以下三个发展阶段。

第一，20世纪40年代至70年代末期的国有化阶段。"二战"期间为集中物力、财力应对战争，西方国家把大部分公共产品的生产运营收归国有。大多数发达国家都认为城市基础设施是自然垄断的公益性产品，纷纷把交通运输、电力、邮政、自来水供应等公共服务和基础设施进行国有化经营管理。比如法国在20世纪50年代末期经济复兴阶段，戴高乐政府通过实行国有化运动，把基础产业如电力、交通运输、煤炭等作为优先发展的部门，由国家进行建设管理和控制。1953年，日本通过"财政投融资制度"利用公共金融为公用事业和需要扶持的基础设施产业进行直接投资。意大利、西班牙、荷兰等欧洲国家在电力、交通、通信、铁路等行业也形成了大量的国有公共企业。

第二，20世纪70年代末期至90年代中期的私有化阶段。随着全球经济的发展，到20世纪70年代末期，发达国家单一政府进行公共基础设施的投融资体制暴露出诸多问题。单一政府垄断的投资模式，缺乏有效的激励机制容易导致投资不足、效率低下，造成严重的财政负担以及公共服务价格攀升等问题。从英国开始，在基础设施领域开始了以私有化、引入竞争为特征的自由化运动。撒切尔政府对国有企业进行私有化改革，出售航空、电信、港口、煤气等公司的国有股票。法国从1986年开始，对政府部门进行股份制改造，对基础设施领域的国有企业进行私有化改造并出售股权。在西欧采取私有化后，美国、日本、加拿大等国也加快私有化进程。美国在1984年、1992年、1996年分别通过电信业、燃气、电力行业的自由化法令。开始进行基础设施投资运营模式的改革，鼓励私营企业参与购买、承包、管理、租赁原来由政府管理的基础设施及公共服务项目。如美国在1988—1992年，出售联邦资产如全国铁路客运系统、电力销售机构、海军石油储备区等。

第三，从20世纪90年代后期市场化、多元化改革阶段。各国在私有化改革基础上，打破垄断，充分利用市场竞争机制在公共项目的各个环节，引入私人资本参与基础设施的投融资和经营管理，最终实现基础设施融资运作主体的多元化。根据经济合作与发展组织

（OECD）2011 年的报告，自 1990 年到 2011 年，OECD 国家约有 9000 亿美元的国有资产被出售给私人，其中 63% 属于基础设施[1]。美国主要发挥市场的主导作用，大量发行市政债券、公司债券、成立股份制公司和专门的基础设施投资基金来筹集基础设施建设资金。日本注重发挥政府的主导作用，对基础设施投资提供许多优惠和扶持政策，向基础设施提供长期低息贷款和担保，同时发行市政债券、推进 PFI 等项目融资。法国、德国对公共项目融资也形成了多元化的混合经济模式，利用特许经营、融资租赁、政府采购等多元化手段解决基础设施的投融资问题。

从发达国家最近 20 多年基础设施融资实践看，公共基础设施融资渠道逐渐多元化，总体发展趋势是私人资本在城市基础设施和公用事业投融资中发挥越来越大的影响力。发达经济体基础设施的融资渠道主要有：第一，建立专业的信贷融资渠道，利用开发银行、抵押银行、政策性金融机构、市政建设基金的资金。第二，建立以债券、股票为基础的资本市场融资渠道。通过发行市政债券、城市建设投资公司发行公司债券、股份制改造上市融资、资产证券化等。第三，建立以项目融资和使用者付费制为基础的多元化融资渠道。利用特许经营、BOT、BT、融资租赁或者私有化等各种形式引入社会资本。发达国家不断创新基础设施的投融资方式，最终形成了不同国家各有特点的典型基础设施融资模式[2]。

二　发达国家基础设施融资典型模式

（一）美国市场主导型融资模式

美国公共基础设施项目融资的主要特点：第一，大量发行市政债券，充分利用发达的资本市场直接筹集基础设施建设资金。美国是市政债券的起源国，其市场规模位居世界首位，2014 年美国市政债券

---

[1]　国务院发展研究中心课题组：《中国新型城镇化道路、模式和政策》，中国发展出版社 2014 年版，第 198—203 页。

[2]　毛腾飞：《中国城市基础设施建设投融模式创新研究》，中国社会科学出版社 2006 年版，第 73—75 页。

发行规模为 3375 亿美元，占美国全部债券品种发行总量的 5.65%；余额为 3.63 万亿美元，占美国各类债券存续总量的 9.3%①。美国市政债券成为州及州以下地方政府筹集公共资金的主要金融工具。市政债券为包括机场、供水系统、电力、公路等基础设施筹集了大量资金，并利用政府财政资金和项目使用者税费来保障市政债券的本息支付。市政债券以地方政府信用作为担保，具有信用好、融资成本低、期限长（15~20 年）、流动性好、利息免税等优点，因此，受到个人、保险公司、银行、共同基金、对冲基金、信托基金以及其他投资者的欢迎。

第二，构建完善的金融机构的贷款发放体系。美国将全国划分为若干个信贷区，在每个信贷区设立功能性银行，如联邦中期信用系统、联邦土地银行系统、合作银行系统，将资金优先配置给符合国家发展战略的基础设施项目，发挥政策性资金引导市场资金的功能。通过制定优惠政策及管制法律、完善投资法规、优化投资环境。比如建立连续性的联邦资助计划，为未来基础设施项目建设及后续发展提供资金支持。

第三，鼓励私人投资。美国在基础设施建设领域广泛引入私人部门，对于具有营利性的公共服务政府不再提供，主要通过更具市场效率的私营机构来提供，政府侧重于提供一些优惠条件和制定规则来提高公共服务的质量。美国公共基础设施项目的运营管理普遍引入社会资本，主要利用股份制、管理合同与长期租赁等方式实现民营化管理。此外，利用资本市场和成立股份制公司，负责城市的基础设施融资运营，通过发行股票和公司债券筹集资金，大力发展资产证券化产品等为公共项目融资。

（二）日本政府主导型多元化模式

日本非常重视政府在基础设施融资中的作用，运用独特的财政投融资制度支持基础设施项目的建设，形成了政府主导下的多元化融资

---

① 宋伟健、霍志辉：《2014 年美国市政债券市场发展及对中国地方债的借鉴意义》，《中债资信研究报告》，http://bond.hexun.com/2015-06-29/177130286.html。

模式。第一，财政融资为主导。由于公共基础设施项目资金密集度高、投资量大、周期长、个人和企业很难进入，主要由政府组织投资或财政直接投资。地方政府主要依赖财政税收和发行市政债券进行城镇化建设融资。以财政投融资支持城镇化建设，可以实现一定的产业政策和其他政策目标，通过财政信用方式筹集资金，由财政统一掌握管理，将资金投向亟须发展的部门和企业。对于特殊的基础设施项目采用"分担制"，由中央政府、地方政府、地方公团、私营公司和受益者根据分担主体的受益程度按比例分摊。

第二，日本政府利用"联合投资"公私合作的融资模式，成立开发银行。向基础设施如交通、海运、电力、煤炭等提供长期低息贷款，并诱导民间资本投向基础设施，充分利用政府公共部门与民营资本合作有效保障区域大型基础设施项目的融资需求。完善法规体系，1999 年修订《PFI 推进法》鼓励私人部门积极参与公共基础设施建设与运营。同时，日本政策投资银行向 PFI 项目提供低息贷款。

第三，政府出台优惠政策支持基础设施的发展。实行租税特别措施，对于电力、交通、水务等基础设施企业制定各种租税特别措施，来降低法人税，加速基础设施企业的资本积累，提升企业的投融资能力[1]。优惠的贷款政策，政府向基础设施领域提供期限较长的低息贷款，长期信用银行对基础设施公团组织发行债券或借款提供政策性金融担保。

（三）德法两国混合基础设施投融资模式

德法两国政府在城市基础设施建设投融资中起主导作用。德国和法国作为大陆法系国家，都十分注重城镇化融资中的法制化管理。为确保各种融资方式有效促进城市化建设，两国对相关的地方政府、企业和个人在投融资活动中的权利和义务进行了明确的法律规定。"高度重视对城镇发展进行长期规划，设立统一的综合规划机构，同时充分利用行业协会的专业化优势，提出具体的项目规划和融资规模、方式和工期等建议。政府一旦批准规划则严格按规划进行建设和融资，

---

① 杨慧：《新型城镇化与金融支持》，广东经济出版社 2014 年版，第 155—161 页。

不得轻易更改"①。

政府对基础设施项目进行分类处理：第一，对于非经营性项目，具有广泛的社会经济效益，却不会带来任何直接的现金流收入，则完全由政府出资投资建设。德国联邦政府采取国家持股的直接投资方式支持重大基础设施项目建设，州政府则对区域内其他市政公共设施负有主要的融资责任，同时还可获得中央政府的补贴。第二，对于准经营性项目，按照谁定价，谁补贴的原则，政府严格执行保本微利的原则引导私人资本进行投资，对于收益不足以弥补成本的政府给予相应的补贴。第三，对于经营性基础设施项目，政府鼓励企业通过市场进行融资，政府给予一定的优惠政策。使投资项目能获得收益并能收回成本，并按照一定比例对企业提供少量财政补助，以吸引私人企业的参与。第四，对于自然垄断行业利用特许经营权转让。地方政府对于自来水供应、热力、燃气、污水处理和垃圾处理等基础设施项目通过公开招标竞价的方式，按照商业化原则经营，利用项目融资、BOT（建设—经营—转让）、融资租赁等多种方式建设城市基础设施。

（四）加拿大区域金融协调模式

加拿大政府通过在省一级设立区域财政委员会，该委员会代表区域内几个城市区域利益来管理、控制和协调区域内各城市多样化融资的担保和资金使用。委员会对区域内地方政府的资信能力进行评估，同时融资项目也必须得到区域财政委员会的表决通过。区域内城市必须向财政委员会缴纳一定数额的抵押金，融资项目一旦通过，财政委员会要对其负责，如果区域内城市不能按期偿还到期资金，区域内城市必须共同分担损失。因此区域财政委员会拥有很高的信用，商业银行一般给予其特殊优惠的贷款利率，有利于基础设施的建设和开发。区域金融协调模式降低了银行的信贷风险，保证了资金来源的广泛性，促进资金使用的公开化和市场化，提高了资金使用效率，减少了财政支出的腐败。

---

① 胡海峰、陈世金：《创新融资模式化解新型城镇化融资困境》，《经济学动态》2014年第7期。

（五）澳大利亚城市建设基金模式

澳大利亚在城市基础设施项目融资上，主要依靠各种类型的基础设施产业基金来完成。澳大利亚的地方政府投入部分项目资金作为种子基金，引导银行、社会保险机构、大企业参与投资设立基金，同时向社会发行公共投资基金券，按照市场化来解决城镇化建设资金问题。澳大利亚的麦格理银行设立基础设施产业基金，政府具有控股地位；同时引导基础设施产业基金，长期投资于各类公共基础设施项目；利用基金公司进行专业化管理，建立收益共享和风险共担的运营机制。麦格理银行以中长期投资和控股为主，来控制信息不对称和利益分配、政策性风险，按照自己的管理策略进行科学管理，通过长期持有获得资产增值和租金的收益。目前基础设施投资基金和房地产基金占据产业基金份额最大；其他种类的产业基金还有公私合营基金，此类基金是在政府机构私营化过程中发展起来的产业基金；此外，政府还选择将一些公共机构如医院、学校、监狱等委托给产业基金管理，也收到了很好的成效。

（六）各种项目融资方式

项目融资是一种以工程项目的未来收益和资产作为偿还贷款的资金来源和安全保障的贷款融资方式，其模式多种多样。鉴于项目融资在资金获取、风险承担、会计处理和税收优惠等方面的优势，近年来项目融资作为基础设施和公共服务融资的新模式在世界范围内迅速发展，主要有 BOT（建设—经营—转让）、TOT（移交—运营—移交）、ABS（资产证券化）、PPP（公私合伙制）、PFI（私人主动融资）等形式，具体特点见表 3-14。

表 3-14　　　　　　　　　项目融资模式比较

类型	BOT	TOT	ABS	PFI	PPP
项目所有权/（政府）	拥有	部分拥有或不拥有	不完全拥有	部分拥有	拥有
项目经营权	失去（转交前）	部分拥有或不拥有	拥有	部分拥有	可能拥有

续表

类型	BOT	TOT	ABS	PFI	PPP
融资成本	最高	中等	最低	中等	较低
融资期限	最长	最短	较长	较短	中等
政府风险	最大	一般（投资者风险大）	最小	一般	一般
宏观经济影响	利弊兼具	有利	有利	有利	有利

资料来源：作者自己整理所得。

项目融资方式的发展对于引导私人资本、外资等各类资金进入基础设施和公共服务领域，提高基础设施供给效率起到了积极作用。比如英国政府积极鼓励的公私合营模式，对于公共投资计划私人融资享有优先权，允许私募基金、外资基金等资本参与公共产品和服务。采用合伙制的操作方式，在项目的初期引入社会资本参与项目建设共同出资共担风险，降低基础设施的建设和经营成本，减少政府财政投入压力的同时共享项目收益①。避免了公共产品供应存在的市场失灵，又防止了政府过多投入的挤出效应。此外，美欧等发达国家大量发行资产证券化产品，对流动性差、有稳定收益的基础设施资产进行重组；设立特别目的机构（SPV）进行破产隔离、采用分层技术进行主动管理；借助信用增级机制，公开发行各种证券化产品如抵押贷款支持证券（MBS）、资产支持证券（ABS）、担保债券凭证（CDO），实现了盘活存量基础设施资产的目的。

三　发展中国家基础设施融资渠道及经验

（一）发展中国家基础设施的主要融资渠道

基础设施建设是促进发展中国家经济增长、减少贫困、增加就业、提高生产力的主要手段。2014 年世界银行成立全球基础设施基金，以调动各方资金投资于发展中国家的基础设施。世界银行测算，

---

① 胡海峰、陈世金：《创新融资模式化解新型城镇化融资困境》，《经济学动态》2014 年第 7 期。

基础设施投资每增加 1 个百分点，发展中国家经济增长率将提高 0.1 个百分点①。但是发展中国家因资本积累不足，基础设施融资缺口巨大。发展中国家传统的基础设施融资渠道主要有：

第一，依赖多边国际援助机构资金。发展中国家由于经济基础薄弱、技术水平低、资本累积不足，目前主要通过联合国开发计划署、国际复兴开发银行、国际开发协会、国际货币基金组织等机构的贷款支持当地基础设施的建设。此外，自 2008 年全球金融危机以来，发达国家由于自身面临经济复苏的压力，大部分国家采取财政紧缩措施，削减援助预算，2010—2013 年发展中国家接受的援助资金规模几乎持平，未呈现任何增长。

第二，外商直接投资基础设施项目。外商直接投资是发展中国家基础设施建设的重要资金来源之一。据世界银行 2014 年私人参与基础设施项目（PPI）数据库显示，2014 年中低收入的发展中国家私人参与能源、交通、水务、公共卫生四类基础设施投资总额为 1075 亿美元，比 2013 年增长了 6%。然而外商投资规模波动性较大，易受到经济周期和金融危机的影响。

第三，各国政府仍然是城市基础设施的主要投资者。发展中国家利用部分财政收入资金，成立基础设施开发机构为公共基础设施融资。由于发展中国家当地资本市场不发达，纷纷通过国际债券市场发行政府债券为本国基础设施项目融资。根据国际清算银行统计数据，截至 2013 年 3 月，非洲、亚洲地区通过发行国际债券获得的融资额分别为 44.39 亿美元和 6095 亿美元。此外，一些发展中国家如马来西亚、阿根廷、墨西哥以及一些拉丁美洲国家以股份化形式，对原有公共基础设施企业改造为上市公司，出售国有城市基础设施公司的部分股票，利用混合所有制形式获得部分基础设施建设资金。

（二）发展中国家基础设施融资的典型经验

1. 印度基础设施融资的经验。印度的基础设施建设长期滞后于

---

① 鹿小楠、廖慧、戴琪：《发展中国家基础设施融资国际经验介绍》，《上海证券交易所研究报告》2015 年第 1 期，第 1—27 页。

工业的发展需要，造成电力供应短缺严重、港口拥塞、铁路运力严重不足、民生基础设施建设薄弱，这严重制约了印度经济社会的发展。印度计划委员会在 2012—2017 年的五年计划中提出，提高基础设施投资的比重使基础设施投资占 GDP 的比重达到 7% ~ 9% 的水平，预计未来五年将有 1 万亿美元用于公共基础设施项目。目前，印度的基础设施主要依靠政府的财政资金，第十一个五年（2007—2012 年）计划中，财政资金占基础设施总投资的比重平均约为 60%[①]。印度政府在第十二个五年（2012—2017 年）计划中，提出主要利用 PPP 模式来加快基础设施的投资力度，使 PPP 模式投资占总基础设施投资的比重达到 50% 的目标。截至 2014 年印度在公共基础设施项目建设中共实施了 1361 个 PPP 项目，PPP 模式融资取得了初步的效果[②]。印度基础设施融资的主要特点有：

第一，政府财政及银行信贷是基础设施资金的主要来源。从印度第十一五计划期间公共基础设施的资金来源分布情况看，政府财政预算资金占基础设施总投资的 45%，商业银行信贷资金占基础设施总投资的 21%，外国直接投资和股权投资占基础设施投资的 14%，其他各类社会机构和保险公司资金占总投资的比例都不足 10%。政府财政及商业银行信贷资金合计占基础设施总投资的比例为 66%，是印度基础设施项目的主要资金来源。

第二，组建各类金融公司为城市基础设施项目融资。比如组建印度基础设施金融有限公司（IIFCL）、能源融资公司（PFC）、农村电力公司（REC）、印度工业融资公司（IFCI）等。2006 年，印度政府出资 90 亿卢比组建总资本 150 亿卢比的印度基础设施金融有限公司（IIFCL）。该公司主要负责向能源、港口、铁路、电信等 PPP 项目，提供长期性的信贷支持。2007 年印度财政部又组建基础设施项目发展基金（IIPDF），该基金的主要目标是向潜在的 PPP 项目提供前期

---

① Geethanjali Nataraj, "Infrastructure challenges in India: the role of public - private partnerships" [J]. *Observer Research Foundation*, No. 20, 2014, 1 - 38.

② 李慧杰、高慧珂：《印度："两基金 + 一公司"为 PPP 提供金融支持》，《中国经济导报》，http://www.ceh.com.cn/cjpd/2015/08/868114.shtml。

开发费用支持，减少部分 PPP 项目的交易成本，从而提高 PPP 项目的成功数量。

第三，设立适应性缺口补偿基金。由于 PPP 项目建设周期长且财务回报率低，2005 年印度财政部批准了一项适应性缺口补偿基金（VGF）计划。政府拨款 200 亿卢比作为运营资金，补助 PPP 项目的总成本，以提高 PPP 项目的财务可行性。VGF 计划通过设立授权机构进行管理，选择 PPP 项目后，授权机构与牵头金融机构和私人部门签订三方协议，将补助基金发放给牵头金融机构。此外，由于印度土地收购制度不健全、行政腐败严重、法制化水平不高、资本市场改革滞后等因素导致 PPP 项目经常延期、投资效率并不高。

2. 菲律宾基础设施融资经验。由于菲律宾基础设施建设远落后于其他邻国，菲律宾政府选择市场化和吸引非公有资本来进行基础设施的投资。2010 年 7 月，菲律宾总统发表的首个国情咨文中，明确表示政府优先发展 PPP 项目，鼓励以公私合作等方式加大对本国基础设施建设的力度，并于当年 9 月批准成立了公私合作中心。修订了BOT 法律进一步放宽对 PPP 项目的限制，并出台一系列配套政策措施。

第一，组建菲律宾基础设施投资联盟。菲律宾基础设施投资联盟（Pinai）由菲政府服务保险系统（GSIS）出资 4 亿美元、亚洲开发银行出资 2500 万美元、麦格理集团和 APG 资产管理公司各出资 1 亿美元组成。该联盟主要为菲律宾核心基础设施项目提供股本和准股本，同时吸引大量外国私募股权投资基金进入 PPP 项目。

第二，建立当地政府担保公司。地方政府担保公司（LGUGC）是由地方政府和私营会员银行组建的公私合营的商业化实体，是发行债券和获取贷款的保证人[①]。主要帮助地方政府发行市政债券，提高市政债券市场的流动性。

---

① 徐丽梅：《基础设施融资的金融中介模式研究》，《经济体制改革》2010 年第 2 期。

第三，设立菲律宾基础设施发展基金[①]。由工贸部发行 1 亿美元债券设立，主要为部分 PPP 项目融资。此外，菲政府为引导内外资向指定行业投资，设立了"投资优先计划"。该计划对列入该表的基础设施项目投资可享受各种财政和非财政优惠政策，主要包括免所得税、免除出口税费和简化海关手续等。

3. 拉美及加勒比地区基础设施融资经验。根据世界银行世界发展指标数据显示，2014 年拉丁美洲和加勒比地区国家的平均人口城镇化率为 77.68%，已十分接近发达国家的城市化率。拉美和加勒比地区国家在私有化改革后，多次经历债务危机和货币金融危机，造成政府公共支出大幅下降，许多国家的基础设施发展滞后、设备老化，造成十分严重的城市病。

基础设施融资模式上，拉美和加勒比地区国家主要依赖商业银行和国有银行的贷款，2004—2014 年商业银行和国有银行信贷占基础设施贷款总额的比例为平均分别为 50.55% 和 13.65%。拉美地区国家金融市场发展相对滞后，证券市场规模较小，企业直接融资困难。据拉丁美洲开发银行研究报告，基建领域投资占拉美和加勒比地区国家 GDP 比例平均为 2.5%，为保持地区竞争力需加大基建投资使基础设施项目投资占 GDP 比例达到 5% 的目标，投资缺口每年市场价值高达 1700 亿美元[②]。目前，拉美和加勒比地区国家基础设施融资特点主要有：

第一，商业银行和国有银行信贷仍占主导地位。由于基础设施项目投资金额大、回收期长、资金收益率低、信贷风险大，拉美及加勒比地区国家的商业银行对于基础设施的贷款投放越加紧缩。

第二，拉美国家对基础设施建设的市场化融资越加重视，大力发展 PPP 和 BOT 等模式。哥伦比亚、洪都拉斯和巴西等国都建立了专

---

① 吕秋红、王晓东：《论 PPP 模式在菲律宾基础设施建设中的应用与启示》，《东南亚研究》2011 年第 4 期。

② Tomas Serebrisky, Ancor S. Aleman, Diego Margot, Maria C. Ramirez, "Financing Infrastructure in Latin America and the Caribbean: how, how much and by whom?". Inter – American Development Bank, Nov. 2015, 3 – 30.

门的 PPP 监管及执行机构，完善 PPP 相关的法律制度。目前，巴西地方政府层面的 PPP 项目已占到 PPP 项目总金额的 85% 左右。

第三，拉美和加勒比国家加大利用跨国金融机构资金。目前美洲开发银行贷款一半以上的资金投资于基础设施项目；同时，加大与跨国开发银行合作，比如与中国合作成立中拉合作基金、中拉产能合作基金；通过股权和债权等方式投资于拉美地区能源、交通、水利和信息技术等基础设施项目。最后，拉美国家纷纷放宽投资管制、扩大养老基金、社会保障基金投资于基础设施项目。

四　国外基础设施融资经验的启示

根据国际发展的一般经验，城市基础设施投资占 GDP 的比例均值为 4%[①]，而我国市政公用设施投资总额占 GDP 比例长期低于联合国推荐的下限值 3%。未来新型城镇化加速发展，我国基础设施的融资需求更加旺盛，应该借鉴国外基础设施融资的成功经验，加快基础设施融资模式创新，逐渐形成多元化、可持续的新型城镇化融资体系。国外基础设施融资的共同特点表现为：

第一，引入市场竞争机制、完善产权制度。在公共基础设施项目的投资、建设、运营和维护的各个阶段充分引入竞争机制，打破垄断、减少政府管制，有利于培育市场经营主体，最终提高基础设施的供给效率。

第二，投资主体多元化、引导民间资本。政府通过允许民间资本进入基础设施领域，吸引社会资本的同时，利用其专业技术及管理优势，提高运营效率，减少对政府财政资金的依赖。通过融资模式创新将基础设施的非经营性部分和经营性部分进行分解；将项目的投资、建设、运营管理进行分解；将项目的所有权和经营权进行分解。采用公私合作、合同出租、特许经营、合资、参股、发行债券等多种方式，提高公共基础设施的融资效率。

---

① 张占斌、刘瑞、黄锟：《中国新型城镇化健康发展报告》，社会科学文献出版社 2014 年版，第 254—256 页。

第三，加强政府引导、制定健全的法律法规。不管是发达国家还是发展中国家，不管是政府主导型还是市场主导型的基础设施融资模式，成功的关键一环就是完善法律。法制先行，通过规范基础设施的投融资行为，保护投资者利益。同时，加强政府的引导作用，强化政府的宏观调控职能和行业的监管能力，为社会资本创造良好的投融资环境。

第五节　未来我国基础设施融资改革的原则与创新的路径

一　我国未来基础设施融资模式改革的原则

第一，多元化原则。城镇化基础设施项目在竞争性、排他性上有一定差异，这些差异决定了城镇化基础设施融资方式和资金来源的多样性。对基础设施项目融资必须分类处理，按照基础设施类型的不同特征设计合理的融资模式。对公共产品特征明显的基础设施项目，由于没有固定的现金流收入，主要依赖地方政府的财政资金或发行一般责任债券来筹集建设。对公共产品特征不明显，有稳定的收入来源的经营性基础设施项目，以市场为主展开经营和投资，主要靠非政府资本参与投资。对具有一定的准公共产品特征的基础设施项目，可以采取政府投资和市场投资相结合的方式。通过进一步放开市场准入，吸引社会资金参与投资，发挥政府的引导作用，以市场为主导，激活民间资本介入城镇化建设，形成投资主体和资金来源的多元化格局。

第二，市场化原则。从经济原理看，要发挥城镇化的空间集聚效应，提高各类要素的资源配置效率，必须完善要素定价的市场化机制，创造有利于资源向高效率地区流动的竞争机制。基础设施融资模式的市场化就是要按照"谁投资、谁决策，谁受益、谁承担风险的原则"形成多元融资主体的责权利统一机制。各类资金来源和融资方式都需要讲究经济效率，在符合多元化原则的基础上，根据基础设施类型，决定相应的融资方式和资金来源。政府在新型城镇化融资中的作用，主要是弥补市场失灵，提供一些根据市场原则无法提供的基本公共服务，并且发挥引导作用，实现基础设施投资社会效益的最大化①。

第三，可持续原则。新型城镇化的可持续发展要求融资机制也要具有可持续性。城镇化基础设施投资不能过度超前，历史经验表明，单独依靠政府内部行政体系的监管，地方政府投资冲动和债务膨胀难以得到有效遏制。只有充分发挥市场在信息处理、价格发现、风险管理上的优势，才能保障基础设施融资的可持续性。另外，未来城镇化基础设施融资的改革与创新是一个系统性工程，需要财政税收体制、金融体制、土地管理制度协调推进。因此，未来基础设施融资模式创新要分阶段、分重点推进，创新融资模式必须要具有现实可操作性，着眼于我国现行的法律框架，减少与现行法规的抵触。

二　我国基础设施融资模式创新的路径分析

（一）加快发展债券市场为主的直接融资渠道

我国新型城镇化加速发展，大量农村人口向城市转移，催生了大量的城市基础设施投资需求。而我国现阶段，城镇基础设施建设落后，城镇道路交通、供排水设施、污水处理设施、热力管网和垃圾处理等基础设施配套设施已无法满足日益增加的城市人口的需要。城镇基础设施建设资金缺乏、投资总量不足已成为现阶段中国城镇化建设中存在的普遍问题。

目前，我国主要通过"融资平台＋土地财政＋银行贷款"的形式来筹集基础设施建设资金。从2013年12月底审计署发布的全国政府性债务审计结果看，截至2013年6月底，全国地方政府债务性余额达17.89万亿元，其中银行贷款10.12万亿元，占比56.57%，远远高于其他融资渠道。而基建项目周期的长期性与银行贷款的短期性之间错配严重，这种以银行贷款为主的间接融资模式不仅加大了地方财政风险，还增加了商业银行的经营风险。要解决错配问题，亟须加

---

① 中国金融四十人论坛课题组：《城镇化转型融资创新与改革》，中信出版集团2015年版，第65—67页。

快发展债券市场为主的直接融资模式。

第一，加快地方政府发行市政债券力度。在完善法律法规，明确举债主体、用途、偿债资金规模等前提下，完善地方债券发行管理、信息披露、信用评级制度和债务风险预警体系，通过发行地方政府债券融资逐步替代地方政府平台的融资功能。第二，推进资产证券化，以盘活存量资金。以扩大银行信贷资产证券化为契机，充分利用资产证券化手段盘活庞大的基础设施存量资金、用金融创新激活社会各类经济主体沉淀的闲置资产，提高基础设施资金的流动性，优化金融资源配置效率。第三，推进股票、债券市场的开放与统一。建立统一的准入条件、统一的信息披露标准、统一的投资者保护制度，促进场内和场外、银行间及证券交易所市场的互联互通。对于经营性基础设施项目，鼓励进行股份制改造，通过组建股份有限公司发行股票上市融资，完善委托—代理机制和公司治理结构，提高基础设施项目的市场化融资和运营的程度。

（二）推动政策性金融与市场化金融的协调发展

我国的政策性银行与商业银行之间存在部分业务重叠、权责划分不清的问题。我国原来的政策性银行如国家开发银行已进行股份制改造，转化为开发性金融机构，其部分贷款转向新兴产业和国际项目，从而削弱了对国内基础设施项目的融资支持。

第一，明确政策性开发性金融的定位。政策性银行应发挥开发性金融的"种子"资金作用，加大对公共基础设施的金融支持，通过创新引导商业性金融和社会资本的投入；大型商业银行应发挥资金优势，加大对大型基础设施如铁路、公路、水利等的信贷支持。

第二，鼓励各类商业银行通过多种方式支持新型城镇化建设。根据基础设施项目的建设情况提供多种形式的贷款，加大银团贷款、企业打包贷款、企业应收账款担保信贷、基础设施设备按揭贷款的投放力度。

第三，建立基础设施专项金融支持机制。开发性、政策性金融机构应建立专项贷款、专项基金、专项债券，重点支持城市群的基础设施建设，支持城际间交通网、公路网、信息网、综合枢纽等重大基础设施项目建设。商业银行应适当放宽对城镇基础设施贷款的限制，根据各地城镇化发展的状况，下放一定的贷款审批权限保证中小城镇基础设施建设的资金供给。

（三）放宽准入限制、吸引社会资本进入基础设施领域

发达国家基础设施投融资走过从国有化到私有化，最后形成以市场化为主导，引入竞争机制，充分利用资本市场和金融创新最终实现投资运营主体多元化的过程。必须充分借鉴发达国家的成功经验，发挥市场的决定性作用，提高新型城镇化融资的效率。未来我国新型城镇化基础设施融资体制改革应充分利用各类社会资本，比如基础设施开发基金、产业投资基金、私募股权投资基金、信托基金、金融租赁等。

第一，以推广公私合营（PPP）为突破口，加快各类基础设施项目融资的发展。在地方政府政策的引导下，鼓励民间资本、外国资本通过直接投资、参股特许经营、融资租赁等形式，参与城市公共服务、市政公用事业等领域的投资和运营。

第二，以政府投入为种子，通过发起设立城市发展基金和产业投资基金，引导银行、保险资本以及其他社会资本参与创办和管理高新技术产业、现代服务、公共设施等经营性领域的产业投资基金，吸纳社会闲置资金。

第三，完善政策法律体系、优化金融生态环境。应发挥政府的引导作用，完善政策制度环境，调整优化金融支持基础设施建设的信贷政策体系，构建分工合理的政银企合作关系，加强财政与政策性融资的作用。放宽垄断行业准入门槛、支持具备条件的民间资本依法发起设立中小型银行等金融机构，保障小城镇建设的资金需求。加快立法，完善统一的监管体系建设。改变目前监管权力分散、监管分工不明确、政策法规不统一的局面，为我国新型城镇化建设营造良好的金融生态环境。

第四章　地方政府发行债券的现状、
问题及风险预警分析

　　本书第二章主要从理论上分析了城市基础设施的融资理论及对宏观经济增长的影响。明确了我国基础设施资本存量并未达到最优规模，未来应继续发挥基础设施投资促增长功能。第三章着重从我国新型城镇化发展的实践出发，分析我国城市基础设施融资的需求及现状，发现传统的依赖地方政府融资平台和银行信贷资金的融资模式已无法满足新型城镇化的融资需求，并且存在诸多问题和潜在风险，必须开拓新的融资渠道。然后，从国际的视角，总结和梳理国外基础设施融资的经验和教训，分别对发达国家和发展中国家基础设施的典型融资模式进行总结，得出相应的启示。未来我国新型城镇化加速发展的背景下，加快基础设施融资改革和创新的路径就是从市场化、多元化、可持续三原则入手，针对基础设施的不同类别，创新使用多种融资方式解决新型城镇化建设的融资缺口。

　　本章主要针对我国新型城镇化过程中地方政府融资平台的风险加剧和地方财政收支缺口严重的问题，开展论述和分析。首先，从我国地方政府债务发行的现状出发，分析我国市政债券发行存在的问题及潜在风险；其次，总结国外发行市政债券的成功经验和债务风险控制的方法；再次，运用层次分析法，构建适合我国的地方政府债务风险预警指标体系，为下一步加快我国地方政府债券的发行提供保障；最后，针对公益性基础设施融资和经营性基础设施，提出发行一般责任和收益类地方政府债券的相关政策建议。

第一节　我国地方政府债务发行的现状及问题

我国地方政府的债务，在 2014 年《预算法》修正案通过以前，主要是通过地方政府的融资平台发行企业债券或者通过融资平台公司向各类金融机构借贷形成的。2014 年《预算法》修正案及国务院的第 43 号文件，明确允许地方政府依法适度举借债务。地方政府债券也称为市政债券，它是地方政府筹措财政收入的一种融资方式，一般用于交通、通信、污水处理、医院等地方性公共设施的建设。按照公益性事业有无收益，政府债券分为一般债券和专项债券，一般责任债券针对没有固定现金流收入的公益性项目，主要以地方财政收入及税收来进行偿还；专项债券用于准经营性基础设施项目，以基础设施项目对应的专项现金流收入来保障还本付息。

一　我国地方政府融资平台发展现状与问题

我国《预算法》修正案通过以前，地方政府由于不允许发行政府债券以及直接向商业银行借贷，只好通过地方政府所划拨的土地等资产组建的达到融资标准的融资平台公司，将融入的资金投入市政建设等项目中。2005 年后，企业债发行政策的调整降低了债券发行门槛，地方政府融资平台的城投债迅速发展，平均每年以 36.3% 的速度增加。特别是 2008 年全球金融危机爆发，我国宏观经济受到巨大冲击，我国政府在 2008 年年底，出台了四万亿经济刺激投资，为配合中央政府出台的四万亿经济刺激投资计划，各地方政府纷纷举债进行大规模基础设施建设。地方政府主要通过地方政府融资平台公司，发行企业债券和信贷融资为当地公共基础设施项目提供建设资金。

（一）地方政府融资平台的发展现状

按照 Wind 资讯及光大证券统计，2014 年全国城投债券总计发行1395 只，发行规模达 16517.14 亿元。从各债券品种来看，企业债券方面，2014 年全国城投企业总计发行 475 只企业债券，发行规模达5599.90 亿元，同比增长 59.14%；中期票据方面，2014 年全国城投企业总计发行 200 只中期票据，发行规模达 2327.50 亿元，同比增长 64.12%；（超）短期融资券方面，2014 年全国城投企业总计发行（超）短期融资券 223 只，发行规模达 2811.50 亿元，同比增长 1.34 倍。截至 2014 年年末，全国存量的城投债券已达 2657 只，存量债券规模达 32386.56 亿元。

第一，从各债券品种来看，企业债券仍然是政府城投存量债券的主力，截至 2014 年年末存量债券只数和规模分别为 1537 只和 18811.20 亿元，分别占存量债券的 57.85% 和 58.12%；中期票据仍然是存量债券中第二大品种，截至 2014 年年末中期票据只数和规模分别为 460 只和 6087.86 亿元，分别占存量债券的 17.31% 和 18.80%。其次，从城投公司企业债券采取的增信方式来看，城投公司目前主要采用土地抵押、质押担保以及第三者担保方式进行增信。而很少使用偿债基金和风险准备金方式。

第二，从发行主体行政级别分布看，省、市级政府城投债券仍是发行主力；存量债券仍以省、市级为主，县级、市辖区城投债券存量占比仍较低。

第三，从发行主体职能看，城市基础设施投融资类主体的债券发行量最大，存量占比最高且仍略有上升；铁路类主体发行量增长最快；高速公路类主体发行量增速最低，存量占比有所下滑。2014 年，城市基础设施投融资类主体仍然是发行债券主力，发行规模达 11051.90 亿元，占比 79.35%，较 2013 年的 74.40% 仍有所上升。

（二）地方政府融资平台存在的主要问题

目前地方政府融资平台举借债务所占比例较高，暴露出诸多问题。

第一，资产质量差、负债率高。地方融资平台设立的目的就是为城市基础设施建设筹措资金，满足市政工程的资金需求。为了能短时间内获得最多资金，一些地方政府违规担保、违规抵押、融资平台虚假出资、注册资本未到位等问题较多，加大了贷款的风险。各地方政府融资平台大量发行城投债致使负债率普遍很高，政府的信用下降，商业银行放贷警惕性提高。资本周转不畅通、资金使用效率不高，造成基础设施项目后续资金严重缺乏。2014 年 10 月，国务院发布了《关于加强地方政府性债务管理的意见》，明确规定"政府债务不得通过企业举借，剥离融资平台公司政府融资职能"。地方政府未来只能采取政府债券方式举债。因此，城投债券发行的相关政策将进一步收紧。

第二，企业经营管理制度不健全。平台公司多属行政垄断，政府为其建设和经营埋单，缺乏外部竞争压力，企业多为粗放式管理，运转效率低。同时平台公司经营的项目多是公益性质的，经济收益低下，缺乏经营性目标和核心竞争力。有些平台公司资金未及时安排资金使用、存在债务资金违规投向资本市场、房地产、"两高一剩"项目等问题。

第三，担保的法律依据不足。地方财政隐性担保平台公司债务，但缺乏法律依据，没有具有法律效力的担保文件出台。多家平台公司与多家银行交叉借贷和相互违规担保、互保，导致重复抵押贷款的出现。政府的借贷行为主要是利用地方政府的信用，地方官员的人事变动可能使地方政府的还款承诺缺乏保障，政府进行投融资没有明确的规划，风险预警机制不健全[①]。

二　中央代发地方债券试点现状及风险

（一）中央代发地方债券的程序及发行方式

为应对金融危机对我国的经济冲击，2009 年我国允许通过中央代发地方政府债券的形式，发行 2000 亿元地方债。2010 年和 2011 年，中央代发地方政府债券规模均为 2000 亿元，2012 年该额度增加至 2500 亿元，2013 年又提高到 3500 亿元，2014 年政府工作报告提出中央代发地方债券 4000 亿元。

第一，中央代理发行地方政府债券程序。从决策程序看，各省级财政厅根据本省项目需求向财政部申请地方政府债券额度，经由财政

---

① 董仕军：《中国地方政府投融资平台公司改革与债务风险防控》，经济管理出版社 2015 年版，第 51—53 页。

部依据中央投资公益性项目地方配套规模、地方项目建设资金需求以及偿债能力等因素核定后，批复给各省财政厅。财政部通过债券市场发行地方政府债券，自行发债试点省份由财政厅与承销商签署承销协议，省级财政厅在确认发行款入库后，通过财政部国库司通知国债登记公司确认总发行额度。银行间市场分销人和承销机构自营额度的相应债权，国债登记公司通知上海证券交易所和深圳证券交易所、证券登记公司确认相应的债权。

第二，发行规模和分配方式。重启后的地方政府债券，是经国务院批准同意，在2009—2011年发行，以省级政府作为债偿的主体，通过财政部代理发行并还本付息。期限一般为3年或5年，按年支付利息，利率通过市场化招标确定，信用与发行利率接近记账式国债。地方政府债券主要在银行间债券市场进行交易。

第三，发行方式。地方政府债券通过全国银行间债券市场、证券交易所债券市场发行。采用荷兰式招标方式，以中标利率为债券的票面利率。在发行期内，采取场内挂牌和场外签订分销合同的方式进行分销。同时对企业和个人投资者的债券利息所得免征所得税。

具体发行对比分析如表4-1所示。

表4-1　　中央代发与自行发行地方债试点的对比分析

类型	中央代理发行	地方自行发债试点
发行规模	国务院批准，财政部下达	国务院批准，财政部下达
发行主体	国家财政部	省财政厅
发行方式	单一价格荷兰式招标	单一利率发债定价机制、与承销商商定承销利率
发行对象	记账式国债承销团成员	记账式国债承销团成员
兑付方式	财政部代办还本付息	财政部代办还本付息

资料来源：《地方政府债务风险化解与新型城市化融资》的作者等整理。

（二）中央代发地方债券潜在风险

中央代发债券在满足地方政府资金需求，配合国家宏观经济政策，以及应对国际金融危机方面起到重要作用，但其弊端也很明显。

首先，制度上中央政府不允许地方政府破产，中央政府承担最终还款人的责任。中央代发地方政府债券软化了对地方政府的债务约束，易诱发道德风险。2011 年在上海市、浙江省、广东省和深圳市进行试点，2013 年虽扩大试点至山东和江苏两省，但总体地方政府债券发行规模仍很小。而且首批四个试点地区的政府债券还本付息仍由财政部代办，缺乏约束机制易产生道德风险。

其次，债券的定价问题。由于财政部以国债收益率为基准对中央代发债券招标进行限定，使得其发债利率过低，与地方债的信用风险不匹配，而且没有体现不同地方政府之间的信用差别。财政实力和偿债能力不同的地方政府其发行成本相差无几。2009 年，2000 亿元 3 年期的地方债中标的最高利率为 2.36%，低于同期国债 3.0% 的平均收益率水平。未能体现不同发债主体的信用风险，使得债券本身缺乏投资价值，因而受到市场冷遇。

最后，期限及信息披露问题。代发地方政府债券规定期限为 3 年至 5 年，期限与中长期基础设施项目的经济寿命不匹配。中央代发地方政府债券也没有明确地方政府的财政信息披露责任。

三　我国地方政府自主发债现状及主要问题

（一）我国地方政府自主发行债券的现状

2011 年起，经国务院批准，上海市、浙江省、广东省、深圳市开展地方政府自行发债试点，发债规模分别为 71 亿元、80 亿元、69 亿元和 22 亿元。试点地区以外的其他省市仍采取中央代发的模式。2011 年区域试点共发行 8 期债券，募集资金 229 亿元；2012 年试点区域共发行 8 期债券，募集资金 289 亿元。试点省市发行的债券利率普遍较低，认购倍数则很高。财政部对地方政府债券发行利率进行管理，要求地方政府发行利率低于招标日 1 ~ 5 个工作日同期限国债收益率的，需进行重点说明，逐步推进建立信用评级制度，推动地方政府发债从自行到自主的转变。截至 2013 年年底，地方政府累计自行发债 1170 亿元，表 4 - 2 是地方政府近年自行发债情况。

表 4 - 2 　　　　　　　　　地方政府自行发债的情况

省市	2011 年			2012 年			2013 年			发行规模合计/亿元
	规模/亿元	平均利率/%	期限/年	规模/亿元	平均利率/%	期限/年	规模/亿元	平均利率/%	期限/年	
上海	71	3.2	3/5	89	3.32	3/5	112	3.975	3/5	272
广东	69	3.185	3/5	86	3.305	3/5	121	4.05	3/5	276
浙江	67	3.125	3/5	87	3.385	3/5	118		3/5	272
深圳	22	3.14	3/5	27	3.325	3/5	36		3/5	85
江苏			3/5			3/5	153	3.88	3/5	153
山东			3/5			3/5	112	3.97	3/5	112
合计	229			289			652			1170

资料来源：财政部、Wind 资讯，鹏元资信评级公司。

2014 年 6 月 24 日，广东省率先发行自发自还的地方债，共计发行 148 亿元人民币。与此前自发代还试点相比，自发自还试点进一步强调地方政府责任。虽然在我国现行财政体制下，中央政府仍承担转移支付和地方债隐性担保责任，但逐步把债务责任管理、使用效率管理、风险偿付管理等纳入地方政府考核体系。推行地方政府自主发债将是规范地方举债融资改革的必然路径，对清理地方融资平台，推动中央与地方产权、事权以及支出责任将起重要作用。

（二）地方政府自主发债存在的主要问题

2015 年，除西藏外共有 34 个省市发行地方债计 3.8 万亿元，当前地方债存量已接近 5 万亿元。目前，地方政府自主发债存在一些问题，有待于进一步改革加以完善。

第一，发行定价市场化受阻。一般而言，地方政府债券的发行利率应高于同期限国债的利率水平。2014 年，山东自主发行 5 年期、7 年期、10 年期地方债，利率分别为 3.75%、3.88%，3.93%，发行利率居然比同期国债还低约 20 个基点。全国各地经济实力差别巨大，但发行结果是各省市清一色获得 AAA 级最高评级。目前招标文件中将地方债券招标利率区间限制在招标前 5 个工作日，3 年期国债收益率均值的 15% 左右，过窄的中标区间难以充分体现地方政府的信用风险，也限制了信用评级机构作用的发挥。显然非市场化因素严重影响地方债的发行。目前地方债收益率未体现地区差异，发行市场尚未形成良好的市场定价机制需要进一步改革。

第二，发债额度限制，不是地方政府根据市场状况自行选择。试点限定发行的债券金额与存量债务，与未来融资需求相比仍然太少。城投债作为政府负有担保责任的债务仅按 20% 计入地方债务，而自发自还债券作为政府负有偿还责任的债务是全额计入地方债务。发行城投债有利于减少地方政府总体的负债指标，这样必然导致自行发债被沦为地方融资平台的配角。联合国对发展中国家推荐的城市基础设施投资的市政债券发行额度规模控制在当年 GDP 的 1% ~ 2%，每年滚动发行，余额占 GDP 的比重可控制在 20% 以内①。截至 2015 年年底我国地方债券存量占 GDP 的比重约为 7.39%，同时考虑到要置换通过银行贷款等非政府债券方式举借的部分，显然未来我国必须适当加大地方债的发行规模。

第三，地方债券一级市场认购活跃，但二级市场交易不活跃，总体流动性较差。由于地方债市场发行利率较低，发行总体规模较小，留给市场操作空间较小。购买者类型单一，主要是商业银行长期持有，导致二级市场交易不活跃，此外地方政府对地方债相关信息的披露和公开力度不够也是地方政府债券流动性不足的重要原因。

第二节　国外市政债券的发行经验及启示

一　美国地方债发行与监管制度

美国是市政债券的起源国，市政债券也是美国地方基础设施融资的主要工具。从每年的发行规模来看，2002—2014 年，美国市政债券发行量每年在 3000 亿美元到 4400 亿美元之间（如图 4 - 1 所示）。其中，2014 年，美国共发行市政债券 3375 亿美元，占美国全部债券品种发行总量的 5.7%。

---

① 杨慧：《新型城镇化与金融支持》，广东经济出版社 2014 年版，第 95—97 页。

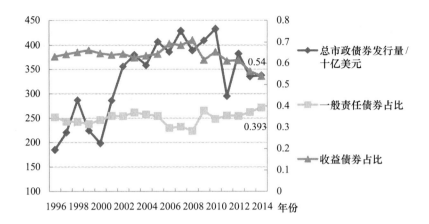

图 4 - 1　美国 1996—2014 年市政债券发行规模及分类情况

资料来源：美国证券业与金融市场协会（SIFMA）以及 Thomson Reuters。

（一）美国市政债券发行的主要特点

第一，美国地方政府债券主要以收益债券为主，1996—2014 年收益债券占比维持在 60% 左右，一般责任债券在 30% 左右。2014 年收益类债券占总市政债券的 54%，而一般责任债券占总市政债券的 39.3%，具体如图 4 - 1 右边纵坐标轴所示。其中，一般责任债券是由州、市或县为新建和改善学校、排水系统、道路等筹集资金而发行的债券。支付债券的利息来源于政府的税收收入及其他全部收入来支撑，常以征税权利作保证；收益债券由各种履行公共职能的企业，比如电力公司、高速公司、机场、医院等发行，主要以对应基础设施项目的收益来偿还。其他类市政债券主要包括再融资债券、工业发展债券、混合市政债券等。

第二，发行市政债券期限结构。从发行期限看，美国市政债券发行期限很长，从图 4 - 2 右边纵轴平均到期年限的统计数据看，美国市政债券平均期限在 15 年以上。比较典型的偿债期限为 10 年、20 年、30 年，长期债务占美国地方政府债务的 90% 以上，较长时间的到期期限有利于匹配基础设施项目的全生命周期，缓解其流动性压力。

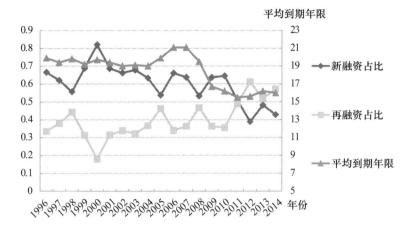

图 4 - 2　美国 1996—2014 年市政债券的平均到期年限及融资用途

资料来源：美国证券业与金融市场协会（SIFMA）。

第三，美国市政债券募集资金用途。从募集资金用途看，美国市政债券可以分为再融资部分和新融资部分，再融资部分主要用于借新还旧，新融资部分主要用于建设新的项目。近年来，两类债券发行规模、发行占比在 50% 左右波动，2014 年，再融资部分和新融资部分占比分别为 57.1% 和 42.9%。具体见图 4 - 2 所示。从与我国的比较看，类似于我国目前推行的地方政府置换债券和新增债券。

（二）美国市政债券的监管与风险控制

首先，美国市政债券监管及信息披露。美国市政债券除联邦证券法外还受到"蓝天法"的州证券法约束，包括对公共基金的使用许可、债务限制以及市政债券发行的相关信息公开等内容。美国市政债券市场，主要是由美国市政证券规则制定委员会（MSRB）和美国市政分析师联盟（NFMA）等自律组织实施自律管理。同时通过信用评级机制，确定市政债券的价格，为投资者决策提供信息，以降低投资风险①。

① 宋伟健、霍志辉：《美国市政债券市场发展情况及对我国地方债的借鉴意义》，《中国财政》2015 年第 11 期。

其次，美国建立偿债基金和偿债准备金制度。美国市政债券通常每半年还本付息一次，因此债券发行人每月应提取相当于下次还本付息总额1/6的资金充实偿债基金，以保证债务的顺利偿付。另外，部分地方债在发行时，为提高信用评级、吸引投资者、降低发债成本，债券发行人也会设计偿债准备金条款，从债务发行收入中提取一部分建立准备金，以便在将来地方税收或特定项目收益出现临时性不足时，仍有能力按期偿还债务本息。准备金通常交由专门的信托机构管理，并在保证流动性的前提下进行适当的投资增值。此外，美国建立了债券保险。美国债券市场上有专业的地方债保险公司，在地方债市场的各个环节提供保险服务。如金融担保保险协会为协会成员承保的债券如发生违约，债券利息和本金都能及时足额地得到保险公司的支付。

最后，设立市政债券银行专业机构。州政府作为发起人并负责支付市政债券银行的运营和管理费用。市政债券银行能够汇聚潜在的市政债务以形成投资组合，利用规模经济的优势并分散风险，能够为小规模的借款打包、降低融资成本。债券银行还有权截留给予当地政府的国家援助，来作为偿付债务本息的保证。此外，针对一般责任债券，对政府债券发行规定最高限额进行数量控制，以降低地方政府破产的风险。并且明确各级政府的债务偿还责任，州政府不对市、县政府进行援助，联邦政府不对州政府进行援助。

二　日本地方债发行及监管经验

日本地方公债市场化程度低，行政色彩较浓，具有转移支付性质的公共资金认购债券长期占据主导地位，市场型债券也是以银行等机构认购的私募债券为主。目前，日本是全球仅次于美国的第二大市政债券市场国，地方债券存量接近6000亿美元。

（一）日本地方债发行制度特点

首先，地方债发行制度从审批制向协商制转变。日本是单一制国家，一级中央政府下属有都、道、府、县47个二级政府，三级政府由3000多个市町村构成。中央政府独自负责地方债政策的制定和实施。2006 年以前，日本对发行地方政府债券实行计划管理，地方政府不能随意发行地方公债，必须中央政府批准后才可举债。2006 年以后，日本从严格的审批制转变为协议制。协议内容主要包括：发债的目的、限额、方式、资金偿还方式等。简化了传统债务审批制度的程序，增加了地方发债的灵活性。地方政府在没有超过发债限制比例时，可以在地方会议报告的基础上继续发债。

其次，投资资金来源及用途限制。投资购买地方公债的资金主要有：政府资金（包括财政资金和主要由国家运营的邮政储蓄资金、简易保险公积金）、公营企业金融公库资金和民间资金等。一般政府资金大约占 50%，公库资金大约占 10%，市场资金约占 40%。日本对于地方政府发行的市政债券限定主要用于交通、煤气、水道、灾后恢复建设等。

最后，联合发行地方债。近年来，日本的地方政府趋向于联合公开发售地方政府债券（JLGB），利用集合发行的规模优势，同时提高其发行的信用评级，降低发行债券的融资成本。目前，日本地方政府利用联合债券的发行方式进行融资越来越频繁，并定期在欧洲发行日元计价的国际债券。JLGB 已成为日本最大的非国家政府债券。

（二）日本地方债风险预警体系

日本政府注重建立财政早期预警和重建系统。日本制定了一套地方政府的债务风险预警系统，主要针对五个财政指标（如表 4－3 所示），设定每个指标的预警界限和重建界限，一旦其中某一预警指标达到预警界限值，相应的地方政府必须制订地方政府财政重建计划，计划必须通过当地议会组织的外部审计检查，并向中央报告，直至满足指标条件为止。地方政府每年接受外部评估后，必须向议会报告各指标的比例，并向公众披露，如果财政重整计划存在问题，地方政府则需要改变财政政策，以满足预警指标的要求。

表 4－3　　　　　日本地方政府财政预警指标体系

财政指标	预警界限		重建界限	
实际赤字率 = 赤字/标准财政规模	都道府县	3.75%	都道府县	5%
	自治市（依财政规模）	11.25% ~ 15%	自治市	20%
综合实际赤字率 = 所有账户的综合赤字/标准财政规模	都道府县	8.75%	都道府县	15%
	自治市（依财政规模）	16.25% ~ 20%	自治市	30%
实际偿债率 = 政府一般收入偿还债务/标准财政规模	都道府县、自治市	25%		
未来债务负担率 = 公有制企业和政府附属机构的偿还债务/标准财政规模	都道府县、指定都市	400%		
	自治市	350%		
公共企业资金不足率 = 公共企业上财年的资金不足额/该企业上财年的企业规模	管理改善界限	20%		

资料来源：日本总务省（MIC）文件。

三　西欧地方政府债券的发行经验

（一）英国地方债发行特点

英国地方债也称英国政府债券，其信誉较高、风险较小，是英国债券市场中的主要组成部分，占64%。英国地方债发行特点主要包括：首先，财政部建立了一个执行机构，英国债务管理办公室，全权负责英国政府债券和政府现金的管理，地方政府市政债券的发行额度也由财政部负责控制。其次，英国市政债券以1年期和5年期以上为主，债券利息率主要取决于发债人的信誉，发行目的主要为城市基础设施建设或为地方性水利和房地产抵押机构发行。再次，英国市政债券绝大部分采用公募方式发行，由伦敦证券交易所负责新市政债券的管理。发行规模较小的市政债券也经常通过证券经纪商向一些机构投资者私募发行。私募和公募债券均可在二级市场中买卖。投资者按公告条件申购，申购不及计划发行量的，通常由承销商包销。最后，从英国市政债券的投资者构成来看，商业银行、保险公司、养老基金是市政债券的主要机构投资者。养老基金投资的市政债券多以长期为主，与养老金给付时机相匹配。

（二）德国市政债券发行经验

德国市政债券主要特征有以下几点：第一，德国各州市政债券隐含了联邦政府担保，其信用风险很低，使得各州的信用评级与联邦政府的评级几乎一样。同时联邦团结原则使得各州市政债券获得宪法层面的显性担保，即有债务危机的州可以获得联邦各州的支持。第二，德国市政债券还有一个重要的组成部分叫 Jumbo，它是由一组州政府集合发行的债券。联合发行能有效降低市政债券成本，提高其流动性①。第三，德国地方政府债券的发行主体是州政府，地区政府一般很少发行。债务总水平的控制是各州议会的权力，由于各州都追求平衡财政预算，地方政府举债的规模实际上得到严格的控制。国际金融危机后，针对近年频繁爆发的欧洲主权债务危机，德国联邦政府对地方债券严格控制，2009 年 6 月，德国正式通过《债务刹车法》，规定2020 年后，各州的市政债券只能进行存量置换，不能再发行州政府层级的市政债券。

（三）法国地方政府债券的发行监管

为防范和控制地方政府债务风险，由于法国中央、（大区、省）中间级政府、地方政府三级财政不存在隶属关系，各级政府的举债均由本级政府和议会自主决策，严格按相应法律法规运作。中央政府不承担地方政府债务的偿还责任。当地方政府出现运转不灵、债务违约情况时，原有地方政府解散，所欠债务由中央先行代偿。待选举成立新的地方政府和议会后，再制订新的财政计划逐步偿还原有债务。

---

① 魏加宁：《地方政府债务风险化解与新型城市化融资》，机械工业出版社 2014 年版，第 175—198 页。

中央对地方政府的负债和财政状况进行监控。一是议会成立专门委员会对地方政府的预算进行表决并对地方财政支出进行审计监督；二是成立独立的审计法院，监督和检查地方政府的会计科目；三是财政部派出机构对各地的财政运行进行适时的检查和监控；四是金融监督，法国市政债券一般由银行代理发行，银行设立专门账户进行管理并对地方政府债务进行严格的债务审查，包括地方政府自有资金规模、人均债务、税费收入等指标。最后，法国各级地方政府均建立了偿债准备金制度，以降低债务风险对地方财政的冲击。

四　发展中国家政府债务的风险管理及预警

（一）俄罗斯政府债务管理的经验

第一，地方政府举债权限。俄罗斯对地方政府债务管理方面主要采取三级政府管理模式，具体就是通过中央政府、共和国政府和地方各级政府机构来协同管理。第二级管理部门涉及 21 个共和国、48 个州以及一些自治区和直辖市等，第三级则主要是一些大型城市的管理机构。这种债务管理模式的监督和约束作用有限，在 20 世纪 90 年代，一些地方政府大量举债进行公共建设，随后在通货膨胀影响下而出现了债务危机。

在这种债务管理模式中，地方政府可以通过发行债券和向银行借款来获得资金，其在贷款中有很大的自由度。根据俄罗斯 1992 年的相关法律规定，各级地方政府可以根据实际需求情况进行举债，而不必考虑到相应的权限限制。但是由于从金融市场获取信贷需要具备一定的条件，很多地方政府都不满足这些条件，因而他们很难从金融市场获取所需要的资金。这就需要利用到银行借款。1998 年债务危机后俄罗斯对地方政府举债做了新的限制，也就是这些债务只可用于资本性支出，且债务额度也显著下降。

第二，政府债务的管理体系。俄罗斯政府还专门建立了多层次债务风险管理机制来控制地方政府债务，并设立了相应的债务控制指标，主要从规模、透明度、担保管理等方面进行控制。首先，对地方政府债务的用途做了具体规定，也就是只局限于资本性支出，且所借款额度不可高于预算支出的 15%。根据俄罗斯的《预算法》规定，政府债务的期限一般不超过 30 年，州政府比市政府的相对长一些。其次，此法还规定地方政府应该明确公布相关新债务预算和还款计划方面的信息。目前很多俄罗斯地方政府开始将债务的信息公布在一些政务网站中，并根据相关要求对这些数据进行及时更新。俄罗斯的债务担保机制较为完善，其很少出现政府担保变为或有负债的情况，而其他国家则较常见。其主要原因就是俄罗斯联邦的公共债务中已经将这些债务包括在内。

第三，政府债务的危机化解。俄罗斯对地方政府的偿债情况做了具体规定，也就是如果出现债务违约情况则需要通过破产程序或者财政管理的方法来解决。在通过破产方式来处理时，需要由司法部门来管理地方政府的财政行为，以此来确保相应的债务调整计划得以顺利落实。同时俄罗斯对地方政府的破产条件也做了相应的限制，也就是在因财政困难而无法支付工资、养老金等情况下才可以申请破产援助。如果只是一些暂时性的情况或不严重的支付困难则不可通过破产程序来解决。财政管理紧急控制则是在行政控制方式下来减少相应的经济损失和财政困难。和前一种方法相比，这种方法对地方政府举债有更强的约束作用，使得地方政府失去了举债自主权。

（二）印度政府债务的风险管理经验

第一，举债规模限定。印度在政府债务风险管理方面主要是参考英国的，其主要是通过三级政府来进行相应的债务管理。也就是中央政府、邦政府和地方政府，印度全国有 28 个邦，各个邦设立了相应的民选政府，联邦属地则是通过相应的联邦政府委派管理的。印度的这种联邦制相应的中央集权程度更强一些，中央政府对地方各邦有较强控制力。在 1991 年之后为了消除相关经济危机造成的影响，将中央财权进行了下放，但是地方政府依然没有较强的财政支付控制能力，对中央政府补助的依赖程度很明显。因而各邦政府在此控制债务方面的能力较差，此外各邦政府的财政情况也各有不同，这些都要求通过转移支付来满足相关平衡要求。

印度《宪法》明确规定了邦和以下各级地方政府的举债权限，

以及相应的举债规模。如邦政府在相关的法律约束条件下可以借款和提供担保。这方面的限制并不是很具体，因而操作性和约束性的作用也并不是很明确。为了解决这些问题，一些具体法律条文对相关财政责任和预算管理做了补充解释。如果满足财政预算管理第292条规定，则印度中央政府为各邦政府进行借债担保。同时相关法律还规定如果邦政府的借债还没有全部偿还完毕，则不可以再举借新债，除非得到中央政府的许可。在出现债务危机的情况下，中央政府可制定相应的紧急财政方案，并对地方政府的相关举债行为进行严格限定，需要得到明确许可才能举债。

第二，建立债务预警与纠错机制。印度政府还专门建立了相应的地方债务违约预警制度，以此来更好地对政府债务进行监管。根据此种制度的相关规定，在邦政府的偿债期限超过14天之后还没有偿还的，邦政府的债务基金账户会被银行自动冻结。在到期5天前，银行会给出相应的警告信息；逾期12天时，会对邦政府发出第二次警告；逾期14天时，印度储备银行将实行自动扣款机制。根据实践经验表明，这种制度对规范地方政府举债行为有积极的促进作用，并较好地避免债务恶意拖欠等相关情况。

第三，债务的风险控制。印度财政委员会对地方政府的财政责任做了明确的要求，主要是严格控制地方政府举债。具体要求有：一，财政部控制邦政府过度举债，同时设置了相应的限度。二，邦政府可以通过多种方式来举债，例如通过资本市场来发行定期债券。三，邦政府只允许与中央政府授权的商业金融机构进行举债。

另外，根据财政部改革计划要求，各级政府分别成立政府债务管理办公室，并设定相应的标准来控制政府的举债行为。并对相关标准的约束作用进行了测试。根据这些标准规定，邦政府的债务占邦GDP的比重低于1/3。赤字率则不可超过3%。且债务利息低于财政收入的20%。在这些标准的约束规范作用下，印度各级政府的相关债务风险问题得到了较好的控制。根据统计结果表明，2007—2008财年，印度有超过一半的邦实现财政盈余，且相应的利息支出也显著下降。

五 国外市政债券发行经验的启示

通过对美国、日本、西欧发达经济体市政债券的发行制度及债务风险控制体系的总结分析，可以得出以下几点共同特征：

第一，地方政府债券的发行必须建立相对完善的信息披露、信用评级、偿债准备金和债务风险预警体系。以便较好地发挥市场约束、控制发行风险和保障偿债来源，避免市政债券的发行规模与地方财力的不匹配。

第二，政府制定相关的优惠措施，吸引各类个人和机构投资者资金进入市政债券市场交易。发达国家市政债券允许各类共同基金、商业银行、保险公司和社保基金投资于市政债券，以发挥市场定价和保障市政债券的流动性。同时，对机构和个人投资市政债券的收入免征所得税，使投资人获得合理的投资回报。

第三，明确举债主体、强化财政预算约束。发达国家市政债券举债主体明确，中央不承担地方债券的担保和救助责任，市政债券分类纳入地方财政预算管理。根据公共基础设施的类型，无固定收益的公共项目发行一般责任债，以地方财政收入保障偿还；对于有稳定收益的基础设施项目发行收益类债券，以项目的收益保障还本付息，地方政府一般不承担收益类债券的偿付责任。

第三节　影响政府债务的主要因素分析

不同的理论识别出了政府债务影响经济运行的不同机制。Barron（1974）在世代交替模型中引入跨代利他动机，从而得到政府债务与税收融资的等价性，即李嘉图等价性命题，在既定的政府支出序列下政府债务序列并不影响经济的实际均衡[①]。新古典理论的债务观认为，政府债务的增长会使税负转嫁给后代从而提高当代人的终身消

---

① Barro, Robert J., "Are Government Bonds Net Wealth?". *The Journal of Political Economy*, Vol. 82, No. 6, 1974.

费，也会提高当期消费，如果经济资源已经得到了充分利用，当期消费增加就会减少储蓄、提高利率从而挤出私人资本积累。Diamond（1965）运用个人有限寿命的世代交叠模型，指出政府债务水平的增加会对经济运行产生实质性影响，会挤出投资和资本①。因此政府债务的增加对长期经济增长是有害的。

凯恩斯主义的债务观突破了对财政的政府出纳的传统定位，赋予财政以通过调节政府收支来管理宏观经济的重要职能。政府债务成为凯恩斯主义财政政策的一个重要工具。运用标准的 IS－LM 宏观经济政策分析框架，分析预算赤字增加发挥乘数效应增加边际储蓄倾向，增加产出，由于利率提高的挤出效应并不十分显著，因此预算赤字可以刺激消费和国民收入，对经济产生积极影响。

影响一个国家的债务负债率的因素很多，可以将影响因素分为结构性因素和非结构性因素两种。政府债务风险主要是由非结构性因素导致的，且大部分为外部的非结构性因素。大多数学者认为政府债务风险主要源于外来的非结构性因素。例如，戈德·史密斯所得的分析统计结果表明，负债率波动的主要原因来自战争，在出现战争后政府债务会迅速增加，负债率的差异主要与时间有关，和国别关系不大。政府债务规模大小的决定因素问题拟运用跨国的面板数据进行实证分析，分析政府债务的主要决定因素。

一 政府债务规模的国际比较

政府债务负担率（中央政府债务总额/GDP 比率）是衡量一个国家（地区）政府债务规模的主要指标，世界银行世界发展指标数据库中所指债务，是政府在某一特定日期欠他人未偿还的直接定期合同债务的全部存量。它包括国内和国外债务，例如，货币和存款、除股票外的其他证券以及贷款。从世界银行发展指标数据库中选择最具代表性的发达国家和发展中国家 53 个，这些样本在 1996—2012 年期

---

① Diamond, Peter A., "National Debt in a Neoclassical Growth Model". *The American Economic Review*, Vol. 55, No. 5, 1965.

间，政府债务负担率指标的最小值为 3.61%，最大值为 189.53%，样本均值为 57.57%，标准差为 32.04%。我国与主要发展中国家和发达国家在 2005—2012 年间政府债务负担率指标趋势变化如图 4-3 所示。

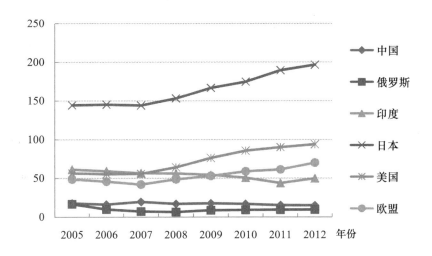

图 4-3 2005—2012 年主要国家政府债务负担率趋势

资料来源：世界银行发展指标数据库和中国统计年鉴。

2005—2012 年间，我国的政府债务负担率指标总体较低，均值在 16.88%，仅高于俄罗斯在此年间均值 9.59%。远远低于印度和欧盟国平均 53.9% 和 53.46% 的政府债务负担率指标。2005—2012 年间，美国和日本的政府债务负担率指标较高均值分别为 72.12% 和 164.28%。从国别和时间因素的方差分析来看，总方差的 97.92% 是由国别差异引起的，2.08% 是由时间因素引起的。

二 政府债务规模的决定因素

根据不同情境下的政府债务理论可知，预期寿命和政府债务规模之间存在一定的关系。另外，当政府处于不稳定状态，则政府很可能加大行为的短期化倾向，在任期内增加更多的举债，将更多的债务留

中国新型城镇化基础设施融资模式研究

给后任。那么后任的支出水平就受到较大的影响[1]，而支出结构也容易发生相应的改变[2]。在任者很有可能选择一些高支出、低税收的策略而发展经济并谋求连任，以此来展现自己的政绩和能力。在此情况下，政府越不稳定，则其越倾向于扩大债务规模，并从而导致较大的债务风险。以下分别从预期寿命、政治、人口、税收等几个方面，通过横截面数据分析、面板数据分析、敏感性分析实证的方法验证对政府债务负担率的影响。

（一）横截面数据分析

政治环境是影响政府举债行为的重要因素。理论界一直对政治稳定性对政府债务规模的影响存在争议，一些学者认为政治环境越稳定，公众对政府的偿债意愿就越有信心，政府的债务规模就可以较高。另一方面，政府债务的新政治经济理论认为，在政治不稳定的环境下，政府行为有可能短期化，在任政府可能过高地举债以应付当前的危机，把债务负担留给下任的政府。为考察政府稳定性对其举债行为的影响，首先选择线性回归模型：

$$Debt_i = \alpha_0 + \alpha_1 expend_i + \alpha_2 tax_i + \alpha_3 sta_i + \alpha_4 dum_i + \mu_i \quad (4-1)$$

上式中，$debt_i$ 为国家（地区）i 在 1996—2012 年的平均国债负担率；$expend_i$ 为国家（地区）的政府支出与 GDP 比例，用这一变量描述政府规模对其举债行为的影响；tax_i 为国家（地区）税收收入与 GDP 的比例；sta_i 为政治稳定性指标；dum_i 为国家（地区）的虚拟变量；$\mu_i \sim iid(0, \sigma_\mu^2)$。由于国债负担率使用的是平均水平，而解释变量使用的是初始水平，以避免内生性问题。

由表 4-4 回归结果（1）可知，sta 为政治稳定性指标，其影响因素统计上显著为正，政府债务的新政治经济理论得到支持，政府的稳定性越差，政府危机的次数越多，政府债务负担率就越高。expend

---

① Torsten Persson, Lars E. O. Svensson, "Why a Stubborn Conservative would Run a Deficit: Policy with Time - Inconsistent Preferences", *The Quartely Journal of Economics*, Vol. 104, No. 2, 1989, pp. 325 - 345.

② Alberto Alesina, Guido Tabellini, "A Positive Theory of Fisical Deficits and Government Debt", *Review of Economic Studies*, Vol. 57, No. 3, 1990, pp. 403 - 414.

为国家（地区）的政府支出与 GDP 比例，用这一变量描述政府规模对其举债行为的影响，其系数统计上显著为正，说明政府规模越大，其债务规模也越大。即政府支出占 GDP 的比重越高，通过政府配置的资源越多，政府的融资能力就越强，政府的债务规模也可以更大。tax 为国家（地区）税收收入与 GDP 的比例，其影响系数统计上显著为负，说明政府通过提高税收收入可以显著替代政府债务的发行规模扩大。

表 4-4　　　　　　　　　　横截面回归结果对比表

解释变量	ols（1）	crd（2）	law（3）	eff（4）	open（5）
expend	2.01***	1.923***	2.029***	1.987***	2.024***
	（12.239）	（11.394）	（12.362）	（12.121）	（12.412）
tax	-1.246***	-1.173***	-1.256***	-1.177***	-1.314***
	（-3.389）	（-3.187）	（-3.425）	（-3.2）	（-3.592）
sta	6.234***	7.412***	7.367***	7.931***	6.944***
	（2.681）	（3.109）	（3.067）	（3.229）	（2.991）
crd		3.036**			
		（2.09）			
law			-8.611*		
			（-1.813）		
eff				-7.59**	
				（-2.079）	
open					0.109***
					（2.754）
常数项	93.112***	94.271***	84.293***	88.383***	90.013***
	（8.233）	（8.359）	（6.862）	（7.69）	（7.981）
样本数	469	469	469	469	469
R^2	0.914	0.914	0.914	0.914	0.915
F 统计	82.745	81.953	81.721	81.943	82.642

注：系数下方括号内为 t 值，***、**、* 分别代表统计上 1%、5%、10% 的显著性水平。

再考虑其他社会、政治、经济环境变量：银行危机发生次数（crd）在5%的置信水平下高度显著为正，在回归结果（2）中其系数为3.036，这说明金融体系的稳定性越差，危机发生的次数越多，政府通过债务融资的需求就越易提升。从社会的法制化精神指标（law）来看，在10%的置信水平下显著为负，回归结果（3）表明，政府和社会的契约精神越强，对于政府举债的规模就约束力越强，从而致使政府谨慎使用债务融资的工具，压缩政府举借债务的规模。从政府管理效能的指标（eff）回归结果（4）表明，政府的管理效能越高，财政收支的管理能力越强，执行财政预算的力度就越大，从而政府赤字的规模就控制得越好，其对国债负担率比例有抑制作用，统计上在5%的置信度下显著为负。从对外开放度（open）即一国进出口贸易总额占GDP比例的指标来看，一国对外贸易规模越大，对外部市场的依赖程度越高，政府通过外部国际金融市场进行融资举债的规模就越大，系数在1%的置信水平上显著为正。

（二）面板数据分析

使用面板数据进行分析，能够综合更多的信息，通过控制可能影响政府债务的相对易变的因素，如政府支出、税收、通货膨胀、预期寿命、人力资本指数和实际利率等。考虑到李嘉图等价性争论包含着关于预期寿命对政府债务规模影响的理论假说。传统的凯恩斯短期分析指出，消费者经常面临流动性约束，他们对当期可支配收入的变化很敏感，暂时性减税、增加政府债务会使人们感觉到当期可支配收入增加，从而刺激私人消费，对实际经济产生影响（Ando and Modigliani，1963）[1]。Diamond（1965）运用个人有限寿命的世代交叠模型，指出国债水平的增加会对经济运行产生实质性影响，会挤出投资和资本[2]。Barro（1974）在世代交叠框架中引入跨代利他动机，证明影响

---

[1]　Albert Ando, Franco Modigliani, "The 'Life Cycle' Hypothesis of Saving: Aggregate Implications and Tests", *The American Economic Review*, Vol. 53, No. 1, 1963.

[2]　Diamond, Peter A., "National Debt in a Neoclassical Growth Model", *The American Economic Review*, Vol. 55, No. 5, 1965.

消费和产出的财政变量是政府支出，在政府支出水平不变的前提下，政府债务的增加不会对经济产生实质性影响，它只不过是推迟征税而已①。Barro 通过引入人们对下一代的关心就把有限寿命的个人计划期连接起来了，在 Ramsey（1928）的无穷期框架下，政府债务增加意味着未来政府还本付息的负担增加，人们在未来的税收负担也会相应增加，理性的个人不会把政府债券看成净财富，政府债务和预算赤字对私人部门的行为完全没有影响②。这些理论暗示，随着人们计划期的延长，政府债务对经济运行的影响会下降，公众可以接受更高的政府债务规模。设计如下的基本模型（4 - 2）：

$$debt_{i,t} = \beta_1 expend_{i,t-1} + \beta_2 cpi_{i,t-1} + \beta_3 tax_{i,t-1} + \beta_4 R_{i,t} + \beta_5 life_{i,t} + \omega_{i,t}$$

$$(4 - 2)$$

式 4 - 2 中，i 表示国家（地区），t 表示时间，$life$ 表示出生时的预期寿命，控制政府支出（$expend$）、税收（tax）、通货膨胀（cpi）和实际利率（R）。在使用这些因素解释国债负担率时，可能出现内生性问题，即某些影响国债负担率的因素同时影响着政府支出、税收、通货膨胀等解释变量，造成解释变量与残差相关；也可能出现逆向因果。因此，考虑使用这些变量的滞后一期（上年）数据作为解释变量。此外还考虑了其他可能影响国债负担率的因素，包括经济发展水平 [以人均 GDP 对数值滞后一期，即 lngdp（ - 1）]，贸易依存度指标 [用进出口总额占 GDP 的比例的滞后一期，即 trad（ - 1）来表示]，城镇化率指标（urb，代表一国城镇化的进程将引致的投资需求，越低的城镇化率水平，未来需要的基础设施建设政府投资需求越旺盛），人均人力资本指数（hc，代表一国劳动力的教育水平和技术能力）。

本书通过考察世界主要经济体成员 34 个发达国家和 31 个发展中

---

① Barro, Robert J. , "Are Government Bonds Net Wealth?", *The Journal of Political E-conomy*, Vol. 82, No. 6, 1974.

② Ramsey, F. P. , "A Mathematical Theory of Saving", *The Economic Journal*, Vol. 38, No. 152, 1928.

国家合计 65 个国家样本①，主要数据使用世界银行的世界发展指标数据库、全球金融发展数据库以及国际货币基金组织（IMF）的国际金融统计数据。时间跨度为 1996—2011 年。

预期寿命（life）来源于世界发展指标数据库，是出生时的预期寿命，指假定出生时的死亡率模式在一生中保持不变，一名新生儿可能生存的年数。政府支出（expend）数据来源于世界发展指标数据库，是政府支出（占 GDP 的百分比），支出是为政府提供货物和服务的运营活动的现金支付。它包括劳动者薪酬（如工资和薪金）、利息与补贴、赠予、社会福利及租金和红利等其他支出。实际利率（R）源自国际货币基金组织的《国际金融统计》和数据是指按 GDP 平减指数衡量的通胀调整贷款利率得到。税收收入占比（tax）是指税收占国民生产总值（GDP）比例，税收指强制转移至中央政府以作公共目的之用的款项。物价水平（cpi）使用国际货币基金组织的《国际金融统计》数据按消费者价格指数衡量的通货膨胀（年通胀率）。

国内生产总值数据为世界银行国民经济核算数据的 GDP（现价本币单位）。资本账户开放度为（kao），总抚养比为（age）产业结构指标（chan）采用世界发展指标数据库的工业增加值占 GDP 的比例除以服务等附加值占 GDP 的比例计算所得，其他的变量主要包括储蓄率（sav）采用世界银行以及经济合作与发展组织的国民经济核算数据，利用总储蓄占 GDP 的百分比所得。人力资源指数（hc）来源于佩恩表包含的 1996—2011 年数据指标。对外开放度指标采用货物和服务进出口占 GDP 的比例（trad）为世界银行国民经济核算统计数据的货物服务进口（imp）和出口总值（exp）计算所得。对应的比率数据我们不进行加工处理，总量数据我们取自然对数处理以消

---

① 具体样本国家包括：英国、美国、法国、德国、加拿大、意大利、日本、韩国、希腊、匈牙利、冰岛、澳大利亚、奥地利、比利时、捷克、丹麦、芬兰、爱尔兰、卢森堡、荷兰、新西兰、挪威、波兰、葡萄牙、西班牙、瑞典、瑞士、以色列、斯洛伐克、斯洛文尼亚、爱沙尼亚、土耳其、新加坡、墨西哥、阿根廷、巴西、约旦、突尼斯、越南、智利、印度、南非、俄罗斯、中国、巴基斯坦、斯里兰卡、菲律宾、马来西亚、泰国、印度尼西亚、秘鲁、巴林、阿联酋、阿尔及利亚、埃及、洪都拉斯、牙买加、哥伦比亚、厄瓜多尔、委内瑞拉、安哥拉、喀麦隆、肯尼亚、毛里求斯、尼日利亚。

除异方差和量纲的影响。各主要解释变量的描述性统计结果如表4－5所示。

表4－5　　　　　　　　　　主要变量的描述性统计

变量	观测值	均值	标准差	最小值	最大值
GDP	1040	9.04E+13	4.82E+14	8.35E+08	7.42E+15
debt	566	57.56662	32.04051	3.610249	189.5274
urb	1040	66.66621	19.92317	18.309	100
life	1040	73.34624	7.788626	42.50163	82.93147
cpi	1001	11.16555	132.0634	－4.47994	4145.107
R	854	5.908874	10.97736	－94.22	78.78996
expend	755	28.71805	9.892705	5.954324	59.5747
pop	1040	7.83E+07	2.08E+08	269000	1.30E+09
tax	774	18.42645	6.556622	0.905462	45.25293
hc	976	2.745088	0.448574	1.590015	3.618748
kao	1040	0.676707	0.345415	0	1
sav	1006	23.43998	8.86259	－2.56181	77.34215
exp	1031	44.74379	31.80111	6.566741	230.269
imp	1031	43.43367	28.11784	8.366105	209.3877
age	1040	34.8287	5.207396	14.19445	50.30724
chan	938	0.616577	0.387278	0.152484	3.46399

资料来源：世界银行的世界发展指标数据库（WDI）。

面板数据的实证分析，同时考虑到国别和时间因素使用双向固定效应估计方法，豪斯曼检验的结果也认为固定效应估计的结果优于随机效应估计。双向固定效应的实证分析结果如表4－6所示。

表 4 - 6   面板数据分析

解释变量	fe (1)	gdp (2)	trad (3)	urb (4)	hc (5)
L1. expend	0.782 ***	0.953 ***	0.783 ***	0.769 ***	1.091 ***
	(3.259)	(4.175)	(3.266)	(3.223)	4.759
L1. cpi	-0.418	-0.229	-0.421	-0.519	-0.307
	(-1.14)	(-0.66)	(-1.15)	(-1.413)	(-0.88)
L1. tax	-0.668 *	-0.318 *	-0.644 *	-0.596 *	-0.843 **
	(-1.793)	(-1.692)	(-1.728)	(-1.653)	(-2.399)
R	0.76 **	0.837 ***	0.732 **	0.825 ***	0.577 *
	(2.447)	(2.853)	(2.355)	(2.66)	(1.651)
life	1.148 ***	0.849 ***	1.169 ***	1.631 ***	2.699 ***
	(3.414)	(2.646)	(3.475)	(4.136)	(6.372)
L1. lngdp		-2.085 ***			
		(3.391)			
L1. trad			3.507 *		
			(1.691)		
urb				-0.261 **	
				(-2.31)	
hc					-34.829 ***
					(-7.595)
常数项	-40.452 *	-86.755 ***	-26.941	-59.082 **	-61.943 **
	(-1.656)	(-2.933)	(-1.014)	(-2.308)	(-2.213)
样本数	381	371	381	381	373
R^2	0.818	0.854	0.822	0.831	0.917
F 值	10.07	11.033	8.684	9.378	16.949

注：系数下方括号内为 t 值，＊＊＊、＊＊、＊分别代表统计上 1%、5%、10% 的显著性水平。

由表 4 - 6 可知，预期寿命（life）对国债负担率存在显著且稳健的正影响，预期寿命越长，政府债务规模就越大，这完全支持李嘉图等价性文献所暗示的关于预期寿命影响的理论假说。政府支出规模

（expend）对国债负担率的影响仍然是高度显著且稳健的，符号未变显著为正。税收占 GDP 的比例指标（tax）对政府负担率也有显著的替代效应，可以通过增加税收收入来减轻政府负债的压力，在统计上都显著为负。实际利率（R）对国债负担率也呈现显著且稳健的正影响，这说明市场实际利率越高，越易造成政府融资成本的上升，从而增加了政府的债务负担。此外，实证结果表明通货膨胀对国债负担率的影响系数为负，但统计上不显著，这说明通货膨胀和通过货币政策的方式进行政府干预的影响效果不显著。面板数据模型实证分析识别出的影响国债负担率的主要因素包括政府支出、预期寿命、实际利率、税收收入。

（三）敏感性分析

引入其他宏观经济变量进行敏感性分析主要变量有：总人口（取对数 lnpop），资本账户开放度（kao），产业结构指标（chan）即第二产业增加值与第三产业增加值的比例，总储蓄率占 GDP 的比例（sav），人口结构性特征指标抚养比（age）包含少儿抚养比和老年抚养比之和。进行双向固定效应的实证分析结果如表 4 - 7 所示。

表 4 - 7　　　　　　　　　　　敏感性分析

解释变量	kao（1）	chan（2）	sav（3）	pop（4）	age（5）
L1. expend	0. 863 ***	0. 299 *	0. 628 **	0. 791 ***	0. 98 ***
	(3. 531)	(1. 663)	(2. 428)	(3. 369)	(4. 274)
L1. cpi	- 0. 532	- 0. 568	- 0. 422	- 0. 359	- 0. 158
	(- 1. 43)	(- 1. 59)	(- 1. 126)	(- 1. 001)	(- 0. 452)
L1. tax	- 0. 709 *	- 0. 925 **	- 0. 71 *	- 0. 315 *	- 1. 438 ***
	(- 1. 903)	(- 2. 278)	(- 1. 915)	(- 1. 842)	(- 3. 867)
R	0. 743 **	0. 353 *	0. 682 **	0. 917 ***	0. 467 *
	(2. 398)	(1. 677)	(2. 181)	(2. 996)	(1. 669)
life	1. 406 ***	0. 77 *	1. 224 ***	1. 472 ***	2. 659 ***
	(3. 797)	(1. 87)	(3. 651)	(4. 358)	(6. 783)

续表

解释变量	kao（1）	chan（2）	sav（3）	pop（4）	age（5）
kao	12.559*				
	(1.667)				
chan		−29.716***			
		(−3.272)			
sav			−0.189*		
			(−1.782)		
lnpop				4.43***	
				(4.236)	
age					3.412***
					(6.619)
常数项	−50.693**	24.834	−36.692	−146.544***	−260.411***
	(−2.015)	(0.736)	(−1.426)	(−4.233)	(−6.43)
样本数	381	345	376	381	381
R^2	0.825	0.852	0.812	0.859	0.911
F值	8.882	10.136	7.723	11.761	16.651

注：系数下方括号内为 t 值，＊＊＊、＊＊、＊分别代表统计上 1％、5％、10％的显著性水平。

从以上敏感性分析结果可知：考虑资本账户开放度（kao）的影响，在 10％的置信度下显著为正，这说明一国资本账户管制越少，国际资本自由流入流出越顺畅，一国可利用国际资本进行融资的渠道和需求就可能越大，促使一国国债负担率有增加的趋势。产业结构指标（chan）代表的是第二产业增加值与第三产业增加值的比例，随着国际化和产业结构的升级调整，第三产业占国民经济的比重有上升的趋势。从实证统计结果看，产业结构指标对国债负担率在 1％的置信度下，高度显著为负，说明第三产业的比重越大，越有利于增加一国国债的负担率。从总储蓄率占 GDP 比例的指标（sav）来看，在 10％的置信水平上显著为负，说明一国总储蓄率水平越高，国内资本越充裕，经济主体主要通过市场自由配置资本，通过政府干预宏观经济的需求越低，从而使一国国债负担率有下降的趋势。最后，从人口规模和结构分布情况对国债负担率的影响看，一国人口规模（lnpop）对国债负担率有显著的正向影响，而劳动人口的抚养比例（age）在统计上也高度显著为正，说明社会抚养比例越高，社会总的育儿和养老负担就越重，一国的社会保障及养老的支出需求越多，从而显著增加一国的国债负担比例。

从敏感性分析的结果看，政府支出、税收收入、预期寿命和实际利率指标在增加其他宏观经济变量的情况下，仍然统计上显著且稳健，没有改变原来的影响方向和趋势。

（四）主要结论

总之，通过对政府债务决定因素的实证分析为李嘉图等价性文献所暗示的关于预期寿命影响的理论假说提供了支持，预期寿命对国债负担率存在显著且稳健的正影响，预期寿命越长，政府债务规模就越大。政府的稳定性越差、政府危机的次数越多，国债负担率就越高。横截面分析还表明与政府债务规模直接相关的政治变量还有金融体系稳健性、政府的管理效能、贸易对外开放度、社会的法制和契约精神等社会、经济因素。面板数据的实证分析也识别出政府支出、税收收入规模、实际利率、预期寿命等对国债负担率有稳健而显著的影响。其他的结构性因素如一国的人口规模及结构、储蓄习惯、资本账户开放度、产业结构变化对于一国的国债负担率和政府债务都有显著的影响。

三 因素分析的政策启示

未来进行新型城镇化建设，采取措施积极降低政府债务率水平的主要措施可以从以下几个方面开展。

（一）积极应对利率市场化

根据实际利率对国债负担率的影响系数可知，实际利率与国债负担率呈显著的正相关关系，这说明越高的实际利率越不利于降低政府的债务负担水平，必须加快和深入实现利率市场化，降低各类社会经济主体的融资成本，才能减少政府和企业的债务负担，提升经济主体的融资效率。随着银行理财产品、信托等融资渠道的发展，近年来社会融资利率水平出现全面提升，以余额宝为代表的各类互联网金融更是对传统的银行体系发起挑战，利率市场化的推进，可能面临系统性金融风险的存在。目前，我国的金融体系中货币市场和债券市场的利率是不受管制的，信贷市场的贷款利率也在2013年7月放开，唯一被管制的是存款利率的上浮幅度。随着2015年存款保险制度的实施和上海自贸区开展的自由贸易账户业务推进，金融市场的发展，货币市场、信贷市场、资本市场一体化的短、中、长期的收益率曲线将能全面反映市场供求关系变化。利率市场化要求金融机构加强风险管理能力，积极应对可能出现的信用风险和市场风险定价问题。商业银行必须不断创新，通过不同的定价方式、提供不同的风险合约，以多样化的金融产品应对利率市场化和金融脱媒的冲击。

（二）转变政府职能提高财政支出的效率

从实证分析的结论中可知，政府支出越大，国债负担率越大，两者呈显著的正相关。但政府稳定性变量和政府管理效能指标的影响系数都显著为负，这说明政府通过提高治理能力和管理效能以及提供公平的市场政策环境，将有利于降低政府的债务负担率。因此，政府在采用积极的财政政策的同时，一定要注意政府支出的效率和投资方向。在我国经济发展已进入新常态的条件下，政府投资扩张必须协调好短期和长期、总量和结构、供给和需求、国内和国外的关系，着力推动经济的提质增效。首先，推进政府投资决策的法制化进程。通过宪法和法律规定和约束决策主体行为和决策程序，特别是通过法律来保障民众参与投资决策的权利。探索实行地方政府投资项目决策公示和重大项目听证制度。其次，完善政府投资决策的监督机制，通过引入各级人大等立法机关参与对政府投资项目决策和实施的监督活动。各级人大所属的财经委员会，设立专门的小组，由专门小组接受人大常委会的委托，对重大投资项目决策和实施活动进行定期的监督检查。加强社会公众、新闻媒体对政府投资决策过程的社会监督。最后，建立政府投资决策责任制，明确相关决策主体的责任。针对不同部门的特点，建立不同的责任追究制度和实施细则，同时与相关部门如纪检、执法机构协调，形成一个相对权威的责任追究组织，逐步推行重大政府投资决策失误行为的行政问责制度。

（三）提升人力资本素质，积极应对人口老龄化

根据实证分析数据可知，人口的预期寿命对国债负担率有显著的正向影响，人口规模变量对政府债务负担率提高也显著为正。这说明随着经济社会的发展和人们生活水平的提高，我国居民的人均寿命越高，而人口老龄化带来的养老等社会保障支出就越多，特别是改革开放前工作的老同志因较低的社会保障积累，国家负担的养老保障负担较重，这必须通过人口政策的调整，通过调整生育政策，提升劳动人口的数量。同时，从人力资本指数的回归系数看，人力资本素质的提高有利于降低国债负担率。即通过提升人力资本素质可有效提高劳动生产率，提高科技水平，从而提升全要素生产率。因此，我国未来的教育、养老和医疗等社会保障支出都有待于进一步提高。特别是通过提升劳动力人口的平均受教育年限，加强农民工和初级产业工人的职业教育和在岗培训等，将有利促进我国人力资本的提升，以有效应对人口老龄化和人口红利丧失后，我国劳动力人口数量总体下降和科技水平不高的问题。

（四）加快城镇化进程，继续扩大开放力度

从城镇化率指标、资本账户开放度指标和贸易开放度指标对国债负担的影响系数来看，越高的城镇化水平，越有利于降低政府的债务负担水平。这说明随着城镇化的加速发展，越来越多的社会资本参与城镇化基础设施等项目的建设，社会资本和国家资本进行有效的整合，利用公私合营和混合所有制等融资和管理模式，能有效提高资源配置的效率，未来应充分利用社会资本的管理和资金优势，加快城镇化的进程，提高城镇化的集聚和规模效应，提高城乡居民的生活水平。

另外，从资本账户开放度和贸易开放度指标来看，随着我国资本账户自由度的逐步放开，国际资本的自由流动加快，贸易往来的管制

越来越少，贸易全球化和国际化进程加快，我国政府的债务资金来源和融资渠道进一步扩展，可以通过国际资本市场进行融资和发行债券，人民币离岸金融市场和规模不断壮大。我们必须关注国际资本的大规模流入和流出的风险。在人民币加入国际货币基金组织的特别提款权（SDR）的背景下，我国资本项目自由化要逐步进行，避免过快的自由化给我国金融体系带来的系统性冲击风险。同时应加强同我国边境国家开展自由贸易谈判，积极推进自由贸易区建设，通过"一带一路"和亚洲基础设施投资银行和金砖国家贸易谈判等多边机制，推进我国进出口贸易的多元化和国内过剩产能的合理转移，实现国内外资源的充分利用，不断开拓国外市场，最终实现发展中国家国际经贸往来的合作共赢。

第四节　我国地方政府债务风险预警指标体系构建

通过市政债券为城市公共基础设施融资所面临的主要风险就是偿付风险。美国纽约地方政府债券发生违约、加州橙县财政破产、底特律市债务危机、日本夕张市的债务危机等金融事件的发生，提醒我国在发展地方政府债券同时，必须关注地方政府债务风险的控制。

国外学者：Kaminsky（1998）[1] 基于指标信号理论，建立了 KLR 定量预警模型。Berg 和 Pattillo（1999）[2] 通过测定指标阈值等方法建立了 DCSD 模型进行市政债预警。Currie 等（2003）[3] 认为应通过制度安排来加强政府债务管理。国内学者：王晓光（2005）[4] 通过选取

[1]　Kaminsky G. , S. Lizondo, C. M. Reinhart, "Leading Indicators of Currency Crises", *IMF Economic Review*, Vol. 1, No. 45, 1998.

[2]　Berg A. , C. Pattillo, "Predicting Currency Crises: The Indicators Approach and an Alternative", *Journal of International Money and Finance*, No. 4, 1999.

[3]　Currie E. , D. Jean-Jacques, E. Togo, "Institutional Arrangements for Public Debt Management", World Bank Policy Research Working Paper 3021, 2003.

[4]　王晓光：《地方政府债务的风险评价与控制》，《统计与决策》2005 年第 9 期。

8个指标，运用模糊综合评价法对地方政府债务进行预警分析。考燕鸣等（2009）[1] 运用主成分分析法测度地方政府债务风险。刘尚希等（2012）[2] 围绕新增债务压力测试，使用负债率、债务率、再融资率的单一指标进行风险识别和事前预警研究。熊涛等[3]（2013）以青岛市为例，运用模糊综合评价法构建了地方政府和融资平台的债务风险预警体系。王振宇等（2013）[4] 针对辽宁省数据，选取10个指标，用层次分析法建立了地方政府债务风险预警体系。王俊（2015）[5] 运用衡量信用风险的 KMV 模型和向量自回归模型，构建了部分省份的地方政府债务风险预警指标体系。

　　建立完善的地方政府举债风险防范体系是坚守不发生系统性风险底线的重要保证。设计科学合理的风险预警机制是管理地方政府债务的有效手段，借鉴国际经验，我国应构建一套科学的指标体系包括负债率、债务率、偿债率和债务依存度等，建立可量化的多维指标体系，构建地方政府债务预警机制。国内外学者有关地方政府债务预警指标体系以及指标权重分配存在较大的差异。本书参考标准普尔和穆迪对地方政府债务评级的指标，利用层次分析方法（AHP）来选择预警指标并确定权重。从宏观经济环境、财政支付能力、债务偿还压力三个方面，选择8个指标来构建省级层面的地方政府债务风险预警指标体系（详如表4-8所示）。

---

① 考燕鸣、王淑梅、马静婷：《地方政府债务绩效考核指标体系构建及评价模型研究》，《当代财经》2009年第7期。

② 刘尚希课题组：《"十二五"时期我国地方政府性债务压力测试研究》，《经济研究参考》2012年第8期。

③ 熊涛、郭蕾：《我国地方政府债务风险预警体系研究——以青岛市为例》，《金融监管研究》2014年第7期。

④ 王振宇、连家明、郭艳娇、陆成林：《我国地方政府债务风险识别和预警体系研究》，《财贸经济》2013年第7期。

⑤ 王俊：《地方政府债务的风险成因、结构与预警实证》，《中国经济问题》2015年第3期。

表 4 - 8 地方政府性债务风险指标体系

指标类型	指标名称	经济含义	AHP 权重
外部宏观环境	固定资产投资增长率	反映财政投资效率，正指标	3.37%
	金融深化率 = 贷款余额/GDP	反映金融系统抗风险能力，正指标	2.13%
偿还债务压力	负债率 = 地方政府性债务余额/GDP	反映国民经济负债能力，正向	22.88%
	债务率 = 地方政府债务余额/政府财力	债务规模及以后举债能力，正向	24.85%
	债务逾期率 = 年末逾期债务/债务余额	债务风险转化为债务危机状况，正向	26.69%
财政支付能力	公共预算收入增长率	财政资源动员能力，逆指标	4.24%
	财政自给率 = 财政收入/财政支出	财政收支结构状况，逆指标	7.11%
	赤字率 = 当年财政赤字/当年 GDP	财政偿还债务风险状况，正指标	8.73%

资料来源：中债资信评级公司研究报告（AHP 权重为作者计算所得）。

一 层次分析方法的基本原理

层次分析法（AHP）是美国运筹学家萨蒂（T. L. Saaty）于 20 世纪 70 年代初，提出的一种层次权重决策分析方法。该方法将与决策相关的元素分解成多层次结构，利用多指标和准则，通过定性指标模糊量化得到指标的层次权重，并进行层次元素排序和方案的决策。层次分析法可以分为三个步骤。

首先，建立递阶层次结构。将最高层目标分解多个层次的单目标，每个层次由多个元素或指标的组成，然后将这些指标分成若干组，形成不同的层次。以这些元素作为准则对下一层次起支配作用。目标层（最高层）：指问题的预定目标，本书目标是构建地方政府债务预警指标体系并计算各省的综合风险值大小并进行排序。准则层（中间层）：指影响目标实现的准则，本书主要考察地方政府的外部宏观经济环境、偿还债务压力、财政支付能力三个准则，具体每个准则层包含不同的指标元素，如表4-8所示。最低层是指促使目标实现的措施。得到 AHP 的权重值，进行加权计算得出地方政府债务偿还的综合风险大小并进行排序。

其次，构造判断矩阵并赋值。对各个层次的指标元素之间两两对比，然后按 1～9 分值模糊排定各评价指标的相对优劣顺序，根据总的层次结构构造出各评价指标的判断矩阵。设填写后的判断矩阵为 $A = (a_{i,j})_{n \times n}$，则判断矩阵具有如下的性质：$a_{i,j} = 1/a_{j,i}$；$a_{i,j} > 0$，判断矩阵如果满足等式 $a_{i,j} \times a_{j,k} = a_{i,k}$，则称满足一致性，为一致性矩阵且存在唯一的非零特征值。

最后，计算单一准则下元素的相对权重。在某一准则下，n 个元素进行排序权重的计算。利用判断矩阵，使用 Matlab 软件计算最大特征值和相应的特征向量。对特征向量进行归一化处理计算权重向量。随后进行矩阵的一致性检验，两两对比的指标重要性程度判断应该是符合逻辑规律的，若产生逆反的排序结果，在逻辑上是不合理的，该判断矩阵则违背了一致性准则，必须重新调整指标的模糊排序。实际主要通过计算一致性比率（CR）来判断其是否小于置信准则 0.1，若满足则具有满意的一致性要求。AHP 的最终结果是得到相对于总目标的各指标的优先顺序权重，再根据权重进行最终决策。

二　实际 AHP 权重的计算结果及检验

根据以上的理论分析，根据 8 个分指标进行专家打分，汇总后进行判断矩阵的构建，本书利用特征根法得到判断矩阵的最大特征根 λ_{max}，再使用规范列平均法（和法），对每一列进行归一化处理，经归一化（使向量中各元素之和等于1）后记为权重 W。利用最大特征根进行归一化处理后的权重向量即为该元素的重要性的排序权数。根据实际收集的数据得到最大特征根为 8.5058，根据一致性指标公式：$CI = (\lambda_{max} - n)/(n - 1)$，$n$ 等于 8，此时一致性指标值为 0.0723，再根据萨蒂（T. L. Saaty）构建的随机一致性指标 RI（8）等于 1.41。最后根据以下一致性比例公式：$CR = CI/RI$，计算出一致性比例为 0.0512 要小于准则 0.1，所以判断矩阵通过了一致性检验。特征向量归一化处理得到最终的指标元素的 AHP 权重，如表 4-8 最后一列所示。地方政府偿还债务压力的三个指标权重较大，最为重要。其中债务逾期率权重值为 26.69%，总债务率指标的权重值为 24.85%，总负债率的权重值为 22.88%，三者合计占总 AHP 权重值的 73.82%，能较好地指示地方政府的债务风险。

三 各省地方政府债务风险综合预警指标计算

偿还债务压力指标的原始数据来源于各省市 2014 年 1 月公布的，截至 2013 年 6 月底地方政府性债务审计报告；外部宏观环境和财政支付能力指标相关数据来源于各省市 2013 年经济统计年鉴；因西藏自治区数据缺失，仅考虑其余 30 个省份及直辖市的地方政府 2012 年年底的债务风险情况。其中债务率指标包含了地方政府负有偿还责任、担保责任以及可能救助责任的债务是总债务率指标。债务逾期率指标是指地方政府负有偿还责任的逾期债务，除去应付未付款项所形成的逾期债务比例。

为分析各省级地方政府债务风险状况，设立偿还债务的警戒线指标。国际上通常以《马斯特里赫特条约》规定的负债率 60% 作为地方政府负债率指标的控制参考值。其他指标国际上通常认为，以债务率超过 100%，债务依存度超过 30%，资产负债率 10% 来衡量地方政府债务总额是否在安全区间内。具体如表 4-9 所示。因我国的利息支出额、债务依存度等债务相关数据缺失较为严重，本书设立各省的总负债率警戒值为 60%，总债务率的警戒值为 100%，债务逾期率的警戒值为 1.01%（2013 年 6 月底我国公布的负有偿还责任的债务逾期率）。外部宏观经济环境和财政支付能力各项分指标采用 30 个省级数据 2012 年年底相关指标的平均值，根据层次分析方法（AHP）的指标权重值，加权计算得出全国各省地方政府债务风险预警指标体系的警戒值为 38.887。具体各省地方政府性债务风险综合指标排名如表 4－10 所示。

表 4－9　　　　　　　　世界各国地方政府债务预警指标

地方债务预警指标	国　　家	警戒线
负债率 = 年末政府债务余额/当年地方 GDP	美国加拿大、欧盟	20%、60%
债务率 = 年末政府债务余额/当年财政收入	美国、巴西、新西兰	100%
利息支出率 = 当年利息支出额/当年财政收入	新西兰、哥伦比亚	15%
资产负债率 = 年末政府债务额/政府资产额	美国、新西兰	8%、10%
债务依存度 = 当年举债数额/（当年财政支出 + 债务还本付息额）	日本、俄罗斯	30%、5%

资料来源：魏加宁等《地方政府债务风险化解与新型城市化融资》。

表 4－10　　我国 2012 年年底各省地方政府性债务风险预警排名表

风险排名	省份	预警指标值	风险排名	省份	预警指标值	风险排名	省份	预警指标值
1	贵州	43.4169	11	陕西	26.9922	21	广西	22.0470
2	云南	37.7464	12	湖南	26.0944	22	黑龙江	20.1322
3	重庆	37.2698	13	甘肃	25.9509	23	安徽	19.5462
4	青海	32.5220	14	内蒙古	25.2595	24	山西	19.3842
5	北京	31.6975	15	河北	25.1818	25	浙江	18.6169
6	海南	31.0781	16	新疆	23.4756	26	江苏	17.1737
7	吉林	29.2121	17	宁夏	23.4528	27	福建	16.1064
8	上海	29.0488	18	天津	23.3673	28	河南	15.8869
9	湖北	28.1322	19	辽宁	22.8103	29	广东	15.2804
10	四川	28.0110	20	江西	22.6595	30	山东	14.3719

资料来源：经作者根据预警指标体系计算所得。

从表 4－10 的各省地方政府性债务预警指标值可知，仅贵州省地方政府性债务预警指标值超过 38.887 的警戒值，需要高度警惕。此外云南、重庆、青海、北京四个省级地方政府的债务风险预警值也比较接近警戒线，存在较高的地方政府债务风险。从总负债率来看，贵州、重庆、云南分别为 78.18%、58.68%、51.75%，最为接近警戒线 60%；从总债务率来看，北京、贵州、云南、重庆分别为 99.86%、92.01%、91.01%、92.75%，也最为接近警戒线 100%。这说明以上四个地区地方政府的债务风险较高，需要采取相应措施控制举债规模，减少地方政府性债务偿还的压力。而山东、河南、广东、福建、江苏五省的地方政府性债务风险较小，可以适度增加地方政府举债的规模。以上根据省级层面数据计算的地方政府性债务风险预警指标体系，该方法同样可适用于相应省内各地、市、县级政府的债务情况预警，构建省级内部的地方政府性债务风险预警体系。各地区的地方政府债券的发行规模控制和分配也可以参照此预警指标体系进行合理的分配。

第五节　推进我国地方政府债券发行与改革的路径

综观世界各国城镇化建设融资实践，无论是市场主导的金融体系还是银行主导的金融体系，发行市政债券越来越成为众多国家基础设施融资的主要渠道。据世界银行统计，全球 53 个主要经济体中，有 37 个允许地方政府发债。目前市政债券或类似地方债占全球债券总额的 9%，占政府债券的 35%①。市政债券市场既是市政基础设施建设的主要融资渠道，也是债券市场的重要组成部分。2014 年，我国人大常委会表决通过《预算法》修正案，首次从法律上明确了地方政府可作为发债主体，未来我国必须加快发展发行地方政府债券的直接融资渠道，推进地方政府债券的发行和改革，拓宽我国公共基础设施资金来源。

---

① 中国金融四十人论坛课题组：《城镇化转型融资创新与改革》，中信出版集团 2015 年版，第 78—83 页。

第一，从发行品种安排来看，按照公益性项目有无收益分为一般责任债券和专项债券。没有收益的公益性项目可以发行一般责任债券融资，以地方政府财政收入偿还，适时扩大财产税的征收范围，使地方政府获得更多的税收收入保障公共基础设施的供应。对于有现金流收入的公共项目地方政府可以发行专项债券融资建设，主要以专项收入或政府性基金收入偿还。此外，可借鉴德国、日本的经验，探索跨区域的发行地方政府联合债券，甚至到国外资本市场发行国际债券筹集资金。利用资产组合集合的规模效应，降低融资成本、提高流动性。

第二，从市政债券的交易安排来看。市政债券的投资主体初期应仅限于国内投资者，并以金融机构、保险公司、社会保险基金、企业年金、住房公积金等机构为主，随着市场规范成熟后，再逐步放开投资主体的范围。探索市政债券做市商制度，目前，银行间债券做市商制度在活跃债券市场，提高流动性方面发挥重要作用。对于市政债券，建议可借鉴银行间市场做市商制度，提高市政债券的二级市场流动性。建议适当降低做市商准入标准，鼓励更多交易活跃、定价能力强的金融机构成为银行间债券市场做市商；增加做市商的类型，包括商业银行、证券公司、保险公司、基金和合格境外机构投资者（QFII、RQFII）等；为做市商提供优先购买债券、进行债券借贷以及在银行间债券市场进行产品创新的政策支持。最后，鼓励个人投资者通过商业银行和证券公司柜台进行购买和交易地方债。

第三，建立偿债准备金制度和债券保险制度。美国以发行价值的10%作为偿债准备金；英国以债务本金的4%作为偿债备用金；日本以债务余额的1/3作为偿债准备金。结合我国2014年审计公告有关2015—2018年地方政府债务余额各年偿还金额占比的均值可初步确定，我国地方政府偿债准备金提取标准可初步定为地方政府债务余额的15%左右。借鉴美国、德国、日本的经验对于地方政府债券余额进行保险安排，利用强制性保险来防范意外事件的发生，防止地方政府无法及时偿还到期债券的本金和利息支出。同时要完善地方政府债券的增信机制，支持扩大地方债作为抵押品的使用范围，通过构建实物担保、反担保、分级担保等多元化的担保机制，对一些中西部省份的地方政府发债提供必要的增信支持，避免越是贫困地区越难以发债的"马太效应"①。

第四，适度扩大地方政府发行债券的规模。目前，地方政府债务统一由省级政府在国务院批准的限额内采用地方政府债券的形式举借，应加快扩大地方政府发行债券的规模，逐步用地方政府债券规范的融资方式置换现有的大量地方融资平台的债务，将地方政府隐性债务显性化，降低地方政府债务融资的成本。2015年我国发行地方政府债券置换存量债务3.2万亿元，债务成本由10%左右下降到3.5%，降低利息负担约2000亿元。未来三年，我国还需置换通过银行贷款等非政府债券方式举借的部分债务约11万亿元。因此，省级财政部门应实施地方政府债券的限额管理，地方政府在限额内可以举借新债或借新还旧②。构建地方政府债务风险多维综合预警指标体系，可有效预防地方政府债务违约的发生，同时把地方政府债券纳入地方年度预算管理，并严格按计划执行。

第五，完善信息披露和信用评级制度。我国证券市场已经初步建立了信息披露制度，但对地方政府债券的信息披露要求还不完善，未来可考虑从地方政府财务数据、募集资金用途、项目情况、偿债机制等方面加以约束。信用评级机制也是解决市政债券信息不对称问题的重要手段。通过对地方政府执政区域内的经济、财政、政府性债务、政府信用、政府治理等多方面状况进行全面的分析和评价，通过其信用级别的高低影响其融资渠道、规模和融资成本，是形成市政债券的发行利率的主要依据。

目前美国主要有穆迪、标准普尔、惠誉等大型评级机构，对首次发债至少需要三家主要信用评级公司中的一家或两家进行信用评级，而对债券信用级别的调整需要开展双评级。国内中债资信评估有限公

---

① 魏加宁：《地方政府债务风险化解与新型城市化融资》，机械工业出版社2014年版，第219—226页。

② 董仕军：《中国地方政府投融资平台公司改革与债务风险防控》，经济管理出版社2015年版，第105—109页。

司、中诚信国际信用评级有限公司和大公国际资信评估有限公司已开展相应探索工作并公布部分研究成果。中债资信与中国社科院联合，在 2013 年 9 月发布了中国地方政府的主体信用评级方法、评级模型等评级技术文件。在地方政府个体信用风险方面，主要考虑其经济实力、财政实力（包括财政收支、债务状况、流动性）和政府治理水平，并将地区金融生态环境作为外部调整因素①。在外部政府支持因素方面，主要通过支持方政府信用水平、政治重要性、经济重要性、道德风险和历史支持记录来综合判断外部政府支持的强弱和影响。通过完善市政债券的信用评级制度，将形成对地方政府举债的市场化评价和激励机制。

---

　　① 谢多、冯光华、匡小红：《市政债券融资实用手册》，中国金融出版社 2015 年版，第 2—3 页。

第五章　基础设施资产证券化的可行性、模式及效应分析

　　本章依据市场化原则，针对我国基础设施领域存在的大量存量资产，主要探讨经营性基础设施资产证券化在我国加速发展的可行性、推进模式及经济效应。首先，分析基础设施资产证券化的含义及主要特征，总结我国目前存在的资产证券化模式及发展现状。其次，分析基础设施资产证券化的操作模式，对前期资产证券化实践进行案例分析。最后，利用国际面板数据，实证分析资产证券化对信贷市场的宏观经济效应和影响机制，并提出未来我国加快发展基础设施资产证券化的对策建议。

第一节　基础设施资产证券化的可行性分析

一　基础设施资产证券化的含义及优势

　　基础设施资产证券化，是以未来能够产生现金流的经济性基础设施作为基础，以该设施未来的收入作为保障，对资产的收益和风险进行分离和重组，以一个按照风险隔离机制专门设立的特殊目的机构（SPV）作为举债主体的债务性融资模式。它具有三个方面的优势。

　　首先，基础设施项目投资占用大量建设资金，建成后利用其资产未来稳定现金流收入进行证券化，以释放固化在经济性基础设施内的存量资产，融资金额不纳入地方政府债务、不受地方财政实力和债务率等因素的影响。

　　其次，基础设施资产证券化能够采用灵活的交易结构改善债券的发行条件，并通过多种信用增级方式提高其信用等级，降低其发行成

本。证券化品种设计上可依据未来收入的分布特征和风险特征，针对不同的投资者设计出不同类型的品种，能够扩大融资范围，提高融资效率；提高资产流动性，加速基础设施建设项目的资金回收。

最后，作为一种直接融资方式，有助于拓宽基础设施建设的直接融资渠道，逐步改善目前我国以间接融资为主导的融资结构，能够有效避免金融风险过度集中于银行系统。此外，有助于化解地方政府债务风险。通过收购银行的基础设施项目贷款或收购城投公司的 BT 应收账款等方式，对有稳定现金流的资产发行资产抵押证券（ABS），使原本缺乏流动性的资产变成流动性强的证券化产品，可以有效分解这些资产的风险，增强银行资产的流动性，降低银行业的系统性风险。

二　我国加快发展资产证券化的背景及趋势

（一）我国资产证券化的发展现状

我国的资产证券化实践起步较晚。2005 年，资产证券化的大幕才在中国正式开启。但不久就因 2008 年美国次贷危机爆发而停滞。直到 2012 年 5 月，中国人民银行、财政部以及银监会下发《关于进一步扩大信贷资产证券化试点有关事项的通知》，资产证券化才重新启动。目前我国资产证券化已进入常态化发展阶段，我国现在主要有三类资产证券化产品，分别是央行和银监会主管的信贷资产证券化、证监会主管的企业资产证券化和交易商协会主管的资产支持票据（ABN）[1]。据 Wind 资讯和中央结算公司统计，2015 年全国发行 1386 只资产证券化产品，总金额达 5930.39 亿元，市场存量为 7178.89 亿元[2]。

首先，从信贷资产证券化产品看。信贷资产证券化是指将金融机构发放的贷款作为基础资产而进行的证券化。该产品由中央银行和银

---

[1]　胡海峰、陈世金：《中国新一轮资产证券化的缘起、进展及前景分析》，《人文杂志》2014 年第 1 期。

[2]　中国国债登记结算有限责任公司证券化研究组，2015 年资产证券化发展报告，http://finance.cenet.org.cn/show – 1510 – 68824 – 1.html。

监会负责审批和监管，其发起人主要包括商业银行、资产管理公司和金融公司。据 Wind 资讯统计，2015 年，中国信贷 ABS 发行 388 单，发行总规模 4056.33 亿元，存量为 4719.67 亿元，占市场总量的 66%。

其次，从企业资产证券化看（券商专项资产证券化）。主要由证券公司及基金子公司设立 SPV，以计划管理人身份向投资者发行资产支持收益凭证，按照约定用受托资金购买能够产生稳定现金流的基础资产，并将该基础资产所产生的收益分配给受益凭证持有人的专项资产管理计划。企业资产证券化由证监会监管，基础资产范围最为广泛，包含路桥建设、市政工程、水电气资产等公共基础设施。

2015 年企业 ABS 产品中，以融资租赁资产、公共事业收费权以及应收账款为基础资产的产品发行量较大，分别为 512.57 亿元、414.85 亿元和 229.96 亿元，分别占企业 ABS 发行总量的 29%、23% 和 13%。2015 年以来，券商和基金子公司已发行 989 只企业 ABS 产品，发行规模 1802.3 亿元，存量 2300.32 亿元，占市场份额比重的 32%。由于地方政府基础设施建设项目中很大部分具有稳定的现金流，因此符合资产证券化融资的需求，比如高速公路收费收入、桥梁隧道通行收入、水电燃气费收入以及污水处理收入等。未来具有稳定的现金流的基础设施项目，应优先考虑进行企业资产证券化融资模式以盘活存量资产。

最后，从资产支持票据（ABN）看。资产支持票据的发展起步较晚。2012 年，中国银行间市场交易商协会才允许非金融企业以基础资产产生的现金流作为还款的支持，在银行间市场发行的一种债务融资工具。其由银行间市场交易商协会负责审批和监管，2015 年发行 9 单，发行额 35 亿元，存量为 158.9 亿元，占比为 2%。

从产品结构看，三类资产证券化产品中，银监会主管的信贷资产证券化占据主导地位；其次是企业资产证券化产品；资产支持票据发行量最少。三种资产证券化模式主要特点如表 5-1 所示。

表 5 - 1　　　　　我国资产证券化的不同模式比较

模式	信贷资产证券化 （信贷 ABS）	企业资产证券化 （企业 ABS）	资产支持票据 （ABN）
主管部门	人民银行、银监会	证监会、交易所	交易商协会
发起人	银行业金融机构、汽车金融公司、资产管理公司等	非金融企业	非金融企业
SPV	特殊目的信托	证券公司、基金子公司专项资产管理计划	不用设立 SPV
交易场所	全国银行间债券市场	证交所、券商柜台、证券业协会机构间报价转让系统	全国银行间债券市场和证交所
审核方式	报备制	备案制	注册制
基础资产	银行信贷资产	债权、收益权、租赁权和不动产	符合规定且可产生稳定现金流的财产
风险隔离	表外模式	资产类出表，权益类不出表	表内模式为主
投资者	银行、保险、基金等	合格投资者	银行间市场投资者

资料来源：银监会、证监会、中国人民银行、平安证券。

（二）国际市场资产证券化状况

据美国证券业及金融市场协会（SIFMA）数据显示：美国 ABS 证券化市场存量在 2007 年达到 1.94 万亿美元高峰，2008 年次贷危机爆发后至 2014 年跌至 1.3 万亿美元。从资产支持债券的发行量来看，2005 年和 2007 年达到发行量的高峰值分别为 2890.63 亿美元和 2889.71 亿美元，2008 年次贷危机爆发后，ABS 发行量一直下降到 2010 年的 1065.74 亿美元，随后证券化市场逐步恢复。发行量及存量变化如图 5 - 1 所示，左边纵坐标表示 ABS 发行量的变化情况，右边纵坐标表示 ABS 存量的变化情况。截至 2014 年 9 月，美国拥有抵押贷款相关债券 8.7 万亿美元，资产支持债券 1.56 万亿美元。

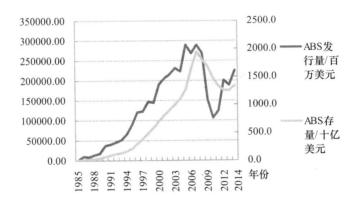

图 5 - 1 1985—2014 年美国 ABS 发行量和存量的变化情况

资料来源：SIFMA。

其中，美国发行的资产证券化产品主要是抵押贷款相关债券（MBS），而资产支持债券（ABS）和担保债务凭证（CDO）所占比重已很少，如图 5 - 2 所示。

据 SIFMA 数据显示：2014 年年底，欧元区国家发行资产证券化产品约为 2163 亿欧元，美国发行资产支持的证券化产品约为 10703 亿欧元。欧美国家在经历 2007 年美国次贷危机之后。资产证券化产品的发行规模开始逐渐恢复。日本最早发展的是资产支持证券（ABS），之后推出公司债券和贷款为基础资产的担保债务凭证（CDO），直到 1999 年才推出住房抵押贷款支持证券（MBS），并在 2002 年后成为最主要的证券化产品。截至 2015 年 3 月，日本资产证

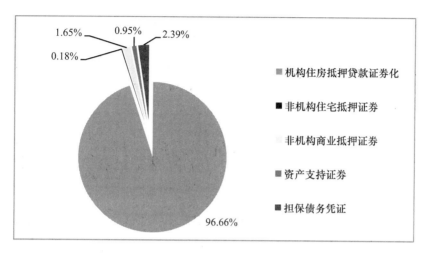

图 5 - 2 2012 年美国资产证券化发行类型的分布

资料来源：美国证券业与金融市场协会（SIFMA）。

券化市场 MBS 发行规模达 14.96 万亿日元，占比为 87.6%；ABS 发行额为 1.83 万亿日元，占比为 10.7%；CDO 规模仅为 0.28 万亿日元，仅占资产证券化总额的 1.7%。从资产证券化规模看，美国、日本和英国是资产证券化程度最高的国家。与之相比，我国资产证券化余额占 GDP 的比重较低[①]。具体如表 5 - 2 所示。

表 5 - 2　　　　　　　　各国资产证券化程度比较

国　　家	美国	日本	英国	意大利	德国	中国
资产证券化总额/亿美元	98568	18422	6268	2680	983	209
资产证券化余额/GDP 比重/%	62.92	37.73	25.68	13.31	2.89	0.25

资料来源：SIFMA（2012 年数据）。

（三）我国发展资产证券化的前景展望

当前我国企业资产证券化基础资产主要有以下几类：基础设施项

---

① 何小锋、黄嵩：《资本资产证券化》，中国发展出版社 2013 年版，第 26—31 页。

目收益权、融资租赁权、企业合同债权、BT 和 BOT 项目、信托收益权、棚户区改造项目专项资产、委托贷款债权证券化项目、企业应收账款。从存量金额来看，基础设施项目收益权、BT 和 BOT 项目三类资产占比都超过 10%；但从数量来看，基础设施项目收益权对应的企业资产支持证券绝对领先，占据目前既有企业资产支持证券总数的24.7%。据中信证券测算到 2020 年信贷资产证券化存量规模有望达到 6.56 万亿 ~13.12 万亿元，占贷款余额的 6.08% ~12.15%，约占资产证券化产品的 82%。证券公司资产证券化存量有望达到 1.44 万亿 ~2.88 万亿元，约占资产证券化产品的 18%。

2014 年年末共有 77 种信贷资产证券化产品成功发行，发行总额合计 3170.16 亿元，超过了 2005—2013 年全部发行额的总和。2015年资产证券化产品发行量更是同比增长 79%，总金额达 5930.39 亿元。2014 年信贷资产证券化发行方式的注册备案制改革，注册发行正式施行，审批时间将大幅缩短，将提高证券化产品发行人的自主权，从而提升证券化产品发行的效率。在此背景下，下一阶段信贷资产支持证券的发行将进一步提速，规模有望进一步扩大。

第二节　基础设施资产证券化的运作模式及案例分析

基础设施资产证券化运作过程分析主要是明确资产证券化合约各参与主体的主要职能及相互关联关系，分析基础设施领域可能的操作模式和具体实行过程，并运用案例分析进行初步总结我国基础设施资产证券化的经验和教训。

一　资产证券化合约参与主体及资产选择

一般而言，资产证券化的参与主体主要包括：资产支持证券发起人、特殊目的机构（Special Purpose Vehicle，SPV）、证券信用增级机构、受托人、信用评级机构等。具体专业分工如表 5-3 所示。

表 5-3　　　　　　　　资产证券化的参与人及职能分工

参与机构	主要专业分工
发起人	发起拟证券化的资产，组建资产池将其合法转给 SPV
特殊目的机构（SPV）	证券发行机构，从发起人手中购入基础资产，安排交易结构，发行 ABS
服务机构	对资产项目及现金流进行保管，收取到期本息，存入委托人特定账户
受托人	把服务机构存入现金流转付给投资者，将闲余资金再投资
信用增级机构	通过内外部附加衍生信用来提高资产支持证券的信用级别
信用评级机构	为资产支持证券提供信用评级，在存续期内进行追踪监督，及时发现新风险因素，维护投资者利益

资料来源：徐东，《基础设施资产证券化》（2010）。

以基础设施项目收益证券化为例，资产证券化各参与主体的运作流程如图 5-3 所示。主要通过特殊目的机构设立 ABS 证券，向社会公众发行，并通过受托人向投资者支付资产支持证券的本金和利息。

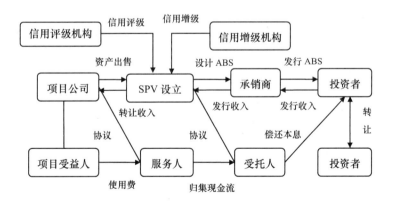

图 5-3　基础设施项目收益证券化流程

资料来源：徐东：《基础设施资产证券化》，2010。

资产证券化与一般企业债券不同之处在于，资产证券化需要满足两个条件：第一，资产证券化过程实现基础资产的"真实出售"。通过将证券化的资产真实出售给SPV，原始权益人可将基础资产池的资产和其所拥有的其他资产进行风险的隔离。同时资产证券化产品的本息偿还主要依赖其基础资产池自身产生的现金流进行支付，与原始权益人或公司的其他资产不发生联系。风险隔离机制使得证券化资产具有比公司自身信用更高的信用级别。第二，基础资产未来能够产生持续稳定的现金流。"真实出售"导致资产支持证券不再由企业偿付，因此要求资产本身能够产生现金流。经营性基础设施如高速公路、电厂、供水、供热等项目有稳定的未来收入，因此比较适合作为ABS融资的基础资产。

二　基础设施资产证券化的操作模式

基础设施领域除了能产生稳定的现金流的经营性项目可以通过企业证券化实现盘活存量资产以外。从银行的角度出发，进行项目贷款证券化合约的设计也是盘活银行项目贷款存量资产的重要手段。发放项目贷款的金融机构可以构建标准化的贷款资产池，以分散资产风险，通过使用各种信用增级方式，以贷款的收益权为担保发行资产支持证券。其基本框架图与住房抵押贷款证券化类似，如图5－4为银行基础设施贷款操作过程。

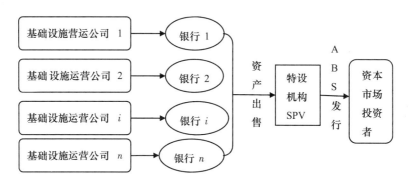

图5－4　银行出售单笔贷款操作模式

基础设施项目贷款的出售方式，可以由银行出售单笔贷款给特殊目的机构（SPV），由SPV汇聚多家银行单笔贷款的基础上再进行资产组合，如图5－4所示，解决商业银行面临存量资产的流动性压力问题。另外也可以通过银行出售自身大量同质的基础设施贷款资产池模式，解决基础设施项目贷款资产的流动性问题（如图5－5所示）。

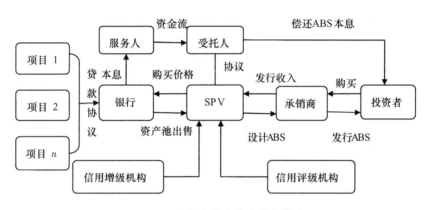

图5－5　银行出售资产池操作模式

资料来源：徐东（2010）。

此外，随着国际化程度的提高，可以逐步走出国门，充分利用国外资金，采用离岸证券化模式。借助海外SPV，在国际市场上发行ABS筹集资金。国外金融市场资金充沛，投资者对于资产证券化产品比较熟悉，信息披露制度较完善，证券化产品的市场流动性较好，特别适合于中外合资的基础设施项目融资。具体的操作流程如图5－6所示。当然，由于其涉及的参与主体包括国内国外的各类机构，运作更加复杂，另外由于涉及资金的境内外流动，增加了外汇风险和操作风险，必须在我国资产证券化发展相对成熟后，再加以推广试点。

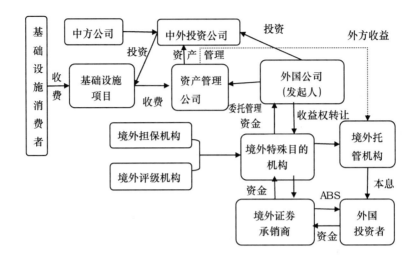

图 5 - 6 离岸证券化运作模式

三 基础设施资产证券化的案例分析

（一）基础设施项目收费证券化分析

基础设施收费证券化是我国目前比较适合开展的证券化融资品种之一。2015 年我国证监会主管的基础设施收费证券化项目共计发行38 只，总发行金额 4475450 万元，余额 4280417.82 万元。主要行业分布在天然气、水处理、电力、供热、轨道交通等领域。具体如表 5 - 4 所示。

表 5 - 4　　　　　2015 年我国基础设施收益 ABS 发行情况

基础资产类型	发行总额/万元	当前余额/万元	项目数量	监管机构
天然气收费收益权	491900	491900	4	证监会
水处理收费收益权	293500	288700	6	证监会
电力收费权	877400	737867.82	8	证监会
供热收费收益权	942100	931100	10	证监会
交通、道路通行费收益权	1870550	1830850	10	证监会

资料来源：Wind 数据库，经作者整理所得。

本书以高速公路收费收益权为例分析资产证券化的案例。随着我国经济的稳步发展、人民收入水平的提高，人均车辆拥有率和总货物运输量都有大幅增长，而且收费高速公路的现金流收入较为稳定，可根据车辆的历史数据和当前的过路费较准确地估算出其未来现金流量。从财务数据看，2015 年第三季度末，上海和深圳交易所 12 家高速公路上市公司的平均营业利润率为 42.38%，平均净利率为 34.45%，平均净资产收益率为 7.07%，具体数据如表 5 - 5 所示。因此，投资收费高速公路的收益率也较高。

表 5 - 5　　　　沪深 12 家高速公路上市公司的经营盈利水平

上市高速公路公司	证券代码	净资产收益率/%	净利率/%	营业利润率/%
粤高速 A	000429	7.79	39.93	45.17
华北高速	000916	3.94	26.27	28.62
皖通高速	600012	8.91	39.97	52.23
福建高速	600033	5.96	32.63	44.34
赣粤高速	600269	3.93	12.07	19.90
宁沪高速	600377	12.11	38.10	42.78
吉林高速	601518	5.81	41.22	51.71
海南高速	000886	2.31	39.88	47.97
中原高速	600020	9.22	30.86	39.02
楚天高速	600035	9.78	41.83	42.00
山东高速	600350	7.74	33.74	48.81
深高速	600548	7.31	36.87	45.99
高速公路公司均值		7.07	34.45	42.38

资料来源：上海和深圳交易所截至 2015 年第三季度末公司财务指标数据。

（二）高速公路收费收益权证券化案例分析

莞深高速公路收费收益权专项管理计划成立于 2005 年 12 月，是中国上市公司首次资产证券化尝试，也是首只在深圳证券交易所挂牌转让的企业资产证券化产品。该收益计划共募集资金 5.8 亿元，购买 6 亿元东莞控股莞深高速（一期、二期）在 18 个月内产生的公路收费权益。中国工商银行担任此次专项计划的清算银行及托管银行，并为总计 6 亿元资金提供不可撤销的连带担保责任。广发证券担任本次收益计划的管理人，向投资者发售计划份额，从发起人东莞控股手中购买基础资产，监督各服务机构的工作。具体交易结构设计如图 5-7 所示。

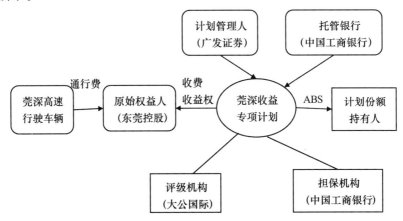

图 5-7　莞深收益计划的交易结构

资料来源：张兰柱（2007）。

第一，发行交易。通过广发证券及其他推广机构代销网点公开推广，面向社会公众和机构投资者发行。专项计划每份额面值 100 元，要求首次认购金额不低于 15 万元。在深交所及其他合法交易场所大宗交易系统进行转让交易，广发证券提供双边报价服务，推广方式为直销和代销。

第二，资金托管及再投资。中国工商银行按时将高速公路通行收费金额划至管理人专用账户。广发证券作为管理人可把专项计划资产在分配前投资于货币市场基金、银行协定存款两种投资产品，ABS 产品预期收益率为 3%～3.5%。专项收益计划的管理人和托管人进行分账管理、独立核算，保证专项计划资金与其自有资金相互独立。

第三，风险防范与信用增级。针对专项计划可能面临的信用风险、市场风险、现金流管理风险及流动性风险等问题，采取在决定投资于莞深高速（一、二期）十八个月的公路收费收益权前，管理人对莞深高速（一、二期）的存续状况、运营收益、维修养护、未来盈利空间等各个方面进行严格谨慎的调查。该专项计划还采用银行担保的外部增级方式，中国工商银行为 6 亿元资金提供连带担保责任。专项计划资产与东莞控股的固有资产、破产风险、经营状况相隔离，经担保银行担保后，经大公国际评级，ABS 资产信用级别达到AAA 级。

此外，最早的 1996 年珠海高速公路交通收费资产证券化则是利用离岸证券化模式开展的。具体如表 5－6 所示。珠海高速 ABS 的国内策划人为中国国际金融公司，国外承销商为摩根斯坦利添惠公司，主要按照美国证券法 144a 规则发行配售。

表 5－6　　　　　　　　　珠海高速公司 ABS 发行概况

分档结构	发行金额/ 万美元	年利率/ %	发行期限/年	信用 评级	本金支付 方式	与美国国库券 利差
优先级	8500	9.125	10	BBB	每半年一次	250 基点
次级	11500	11.5	12	BB	到期一次性	475 基点

资料来源：何小锋等著《资产证券化中国的模式》，经作者整理。

（三）信贷资产证券化案例分析

国家开发银行是我国 ABS 的首家试点单位，其首单 ABS 从 2004年 10 月底开始设计，到 2005 年 12 月 15 日正式发行，历时一年零两个月。从开始设想到能够操作的方案，试点经历了一个逐步完善的过程。开发银行 ABS 的交易结构关系，如图 5－8 所示。开发银行首单ABS 的交易结构虽然在某些问题上还不尽完善，但它已经具备了 ABS交易结构最基本的要素，所以，自开发银行首单 ABS 发行成功后，其后来的几单 ABS 以及其他银行所做的 ABS，基本交易结构都以开发银行的首单 ABS 为参照系。

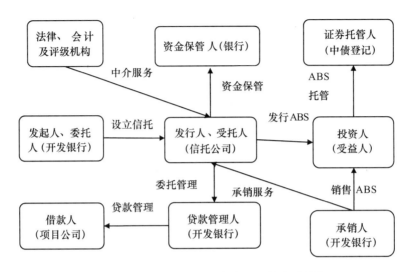

图 5 - 8　国家开发银行首单 ABS 的交易结构

　　国家开发银行首单发行总额为 41.78 亿元。但是，开始建立资产池时，入池的资产也近百亿元。当时开发银行计划在 2005 年第一季度发行首单 ABS，发行额不超过 100 亿元，因此资产池也相应地比较大。但是由于正式试点到 2005 年 3 月 21 日才开始，各项制度尚需建立，第一季度根本无法发行，所以，国家开发银行首单 ABS 资产池中的资产随着部分贷款的偿还，总量也逐渐减少。到 2005 年 12 月 15 日正式发行时，资产池已调减至 41.78 亿元。国家开发银行开展首单 ABS 的主要经验有：

　　首先，国家开发银行首单 ABS 资产池的选择。主要考虑了资产的范围、期限结构、行业分布、资产质量、地域分布等一些因素。关于期限结构，ABS 期限与基础资产现金流应当匹配，为此，尽量根据所要发行的证券期限来挑选相应期限的信贷资产。首单 ABS 的平均期限为 15 个月。关于行业分布，开发银行的贷款主要集中在电力、公路、铁路、城市基础设施方面。关于资产质量，试点 ABS 选择的都是正常类贷款。

　　其次，证券化的结构性设计。首单 ABS 产品分为优先级和次级。其中 A、B 两档为优先级，C 档为次级不评级。偿付顺序上，A 档最先收回本金和收益，B 档次之，最后是 C 档。当时，A 档和 B 档资产支持证券的认购倍率分别达到 3.4 和 1.3。C 档是以私募方式发行的，由国泰君安等一些证券公司认购。由于 C 档是不评级的，它的定价没有相应的产品可作参照系，发行上曾遇到了一些困难。到 2007 年 6 月 30 日，开发银行首单 ABS 产品全部偿付完毕，这标志着我国信贷第一单资产证券化成功偿付，首单 ABS 成功走完全过程，它使信贷资产证券化在中国从理论走向实践的开端。开元 ABS 概况具体如表 5 - 7 所示。

表 5 - 7　　　　2005 年第一期开元信贷资产支持证券概况

分档结构	发行金额/亿元	信用评级	发行方式	发行利率	加权平均期限/年
优先级 A	29.24	AAA	荷兰式招标	固定利率	0.67
优先级 B	10.03	A	公开招标	浮动利率	1.15
次级 C	2.51	不评级	私募发行	无票面利率	1.53

资料来源：黄嵩等著《资产证券化理论与案例》，经作者整理。

最后，发行招标及销售安排。国家开发银行的第二单 ABS 是 2005 年首单发行成功后紧接着开始的，第二单 ABS 的入池资产的范围、行业及地域分布、资产质量等方面的特征与首单差别不大，继续由开行自己作为承销人，鉴于首单 ABS 发行中 C 档次级债券发行遇到的困难，开发银行对 C 档的销售事先与几家机构投资者协商了认购的数量。2006 年 4 月 25 日，开行第二单 ABS 作为整个试点中的第二单产品在招投标系统进行销售。A 档销售较为顺利，但 B 档利用应急措施才推销完。开行的第三单 ABS 于 2006 年 12 月末，银监会批准了它的发行资格，2007 年 3 月扩大试点开始后，其正式发行的资产支持证券的总额为 78 亿元，其中 A 档 70 亿元，占比 90%。2007 年 6 月 22 日，开行在招标系统进行该产品的发行，但因 A 档未能达到超标数量而告失败。

国家开发银行和人民银行的专家事后进行分析总结，认为这次发行失败的原因主要有以下几方面原因：第一，当时的市场环境发生了较大变化。2007 年 6 月，忽视了市场环境的变化，当时股票市场异常火爆，大量资金涌入股票市场，而固定收益的债券市场吸引力下降，资金大量流出。开发银行第三单 ABS 发行时设置了收益率上限，进一步削弱了其市场吸引力。第二，投资者对开发银行第三单 ABS 的分层结构和相应的评级结果持有怀疑。第三档 ABS 的 A 档高达 90%，而第一单、第二单 ABS 发行时，资产池的资产质量与第三单基本相同，但那两单中 A 档的比例却没有这么高。投资者难以相信评级机构作出的相同的评级报告。第三，推销力度不足，国家开发银行主要通过自己营业网点进行推销，发行部门缺乏推销经验导致受到市场冷遇。

针对试点中出现的问题，中国人民银行于 2007 年 9 月出台了资产池的信息披露办法要求在发行说明书中披露贷款投放的行业分布、数量、原债务人违约风险、提前还款风险、信用评级风险等内容。为提高资产证券化产品的流动性，中国人民银行 10 月出台了允许资产支持证券质押式回购的通知。质押式回购允许交易者以资产证券化产品为质押进行短期资金融通业务，有益于活跃二级市场。因此，未来 ABS 发行模式选择应注意：在市场条件比较好的情况下，应采用招标方式发行，具有成本低、发行速度快等优点。ABS 在市场行情不好的情况下不宜采用招标方式，应选择登记簿建档方式。此时须设置专门的主承销商来进行销售或签订余额包销的协议，以保证信贷 ABS 的成功发售。

第三节 资产证券化的经济效应分析

国外学者：James（1988）、Stanton（1998）和 Minton 等（1999）研究都认为银行开展资产证券化对于提高对企业的信贷供给作用很弱。Katz（1997）研究美国的抵押贷款市场后，发现证券化不仅提高了抵押贷款的深度即降低了贷款利率水平，还扩大了抵押贷款市场的规模。Nadald & Weisbach（2011）使用 3000 多个企业贷款的样本，运用双重差分法考察 2004—2007 年间商业银行在信贷资产证券化活动中的影响，最后发现银行信贷资产证券化能显著降低企业大约

10～17个基点的融资成本。

　　国内学者周丹等（2007）[①] 以及刘玄（2011）[②] 研究资产证券化影响宏观经济的渠道主要包括信贷和货币渠道，认为资产证券化对于金融市场结构、微观主体以及宏观经济等有很大的影响。朱华培（2008）[③] 通过使用 VAR 方法分析美国资产证券化的发展对货币政策信用传导渠道效率的影响，对 GDP、PPI、房地产固定投资、抵押贷款总量等指标的月度数据实证分析表明随着资产证券化的发展，信用渠道在美国货币政策传导机制中的作用在弱化。从国内外的理论和实证研究文献可以看出，证券化对宏观经济的影响效果结论不一致。

　　资产证券化对于我国盘活基础设施存量资产和提高银行资产的流动性有重要的意义，而其对一国宏观经济的影响效果如何，如何吸取教训防止美国由于过度资产证券化，以及监管不力而最终导致 2008 年次贷危机爆发的情况在我国重演。针对以上几点思考，根据 Bernanke 和 Blinder（1988）[④] 提出的 CC－LM 模型，分析资产证券化对信贷市场的影响机理。并根据世界主要经济体中的 65 个国家的面板数据，设计静态和动态的经济计量模型对资产证券化的宏观经济效应进行实证分析和验证。

一　资产证券化影响信贷市场的数理机制分析

　　证券化对于宏观经济的作用及其影响机理的理论分析主要是根据瓦尔拉斯的一般均衡的分析框架下展开。主要参考 Bernanke 和 Blinder（1988）提出的 CC－LM 模型加入证券化因素后进行数理分析。首先假设：

---

　　① 周丹、王恩裕：《资产证券化对我国货币政策的影响初探》，《金融理论与实践》2007 年第 4 期。

　　② 刘玄：《资产证券化条件下的货币政策有效性研究：基于次贷危机背景的分析》，《南方金融》2011 年第 11 期。

　　③ 朱华培：《资产证券化对美国货币政策信用传导渠道的影响研究》，《亚太经济》2008 年第 1 期。

　　④ Bernanke, Ben S & Blinder. Alan S, "Is it money or credit, or both, or neither? Credit, money, and aggregate demand", *American Economics Review*, No. 78, May 1988.

第一，经济中具有准备金、存款货币、贷款、债券和产品（及服务）五个市场。准备金和存款货币的利率为零，贷款的利率为 r，债券的利率为 i，产品（及服务）的供给量为 $y = \text{GDP}$。引入证券化因素 Z，Z 代表被置于表外的证券化贷款。

第二，贷款和债券不能完全替代。假定市场完全信息，经济人行为理性。对于银行，当 $r > i$ 时，增加在贷出上的资金运用；当 $r < i$ 时，增加在债券上的资金运用。对于借方企业等经济主体，当 $r > i$ 时，增加债券融资；当 $r < i$ 时，增加贷款融资。忽略信用配给现象并不考虑无须缴纳存款准备金的其他衍生金融工具。

第三，贷款供求。L^d 为借方的贷款需求，$L^d = L^d(r,i,y)$，$\partial L^d/\partial r < 0$，$\partial L^d/\partial i > 0$，$\partial L^d/\partial y > 0$；$L^s$ 为银行（贷方）的贷款供给，当导入证券化时，表内的贷款被分置于表外，如果资产证券全部由银行部门以外的投资者持有，则贷款和存款货币都减少 Z。银行的资产负债表简化为：

$$R + B^b + (L^s - Z) = D^s - Z \tag{5-1}$$

其中 R 为准备金规模，B^b 为债券，D^s 为存款货币，假设 τ 为法定准备金率，E 为超额准备金，其中 $R = \tau D^s + E$，所以式（5-1）可以写为：$E + B^b + L^s = (1 - \tau) D^s$。银行的贷款供给函数可写为 $L^s = \lambda(r,i,z)(1 - \tau) D^s$。$\lambda(r,i,z)$ 称为贷款乘数，它对应每（$1 - \tau$）单位存款货币增加所增加的贷款。基于理论分析中证券化在释放超额准备金上的效果，银行会降低对于超额储备的偏好。所以有：$\partial\lambda/\partial r > 0$，$\partial\lambda/\partial i < 0$，$\partial\lambda/\partial z > 0$。贷款供求均衡时有：$L^d(r,i,y) = \lambda(r,i,z)(1 - \tau) D^s$。

第四，准备金的供求均衡。在导入证券化的情况下，Z 进入为影响超额储备需求的因素。设银行体系持有的超额储备为：$E = \varepsilon(i,z)(1 - \tau) D^s$，$\varepsilon(i,z)$ 称为超额准备金乘数，它对应每（$1 - \tau$）单位存款货币增加所增加的超额准备。$\partial\varepsilon/\partial i < 0$，$\partial\varepsilon/\partial z < 0$，即证券化为银行体系提供了一种能够释放超额准备金的机制，从而降低了银行体系在（$1 - \tau$）单位存款货币增加上的超额储备偏好。准备金的供求均衡等式为：

$$R = \tau D^s + E = \tau D^s + \varepsilon(i,z)(1-\tau)D^s = [\tau + \varepsilon(i,z)(1-\tau)]$$

$$D^s R = \tau D^s + E = \tau D^s + \varepsilon(i,z)(1-\tau)D^s = [\tau + \varepsilon(i,z)(1-\tau)]D^s$$

$$(5-2)$$

第五，货币市场供求。货币量由现金货币和存款货币构成，但在此只考虑存款货币，不考虑现金货币，将货币供求限于存款货币的供求。银行体系的存款货币供给等式为：$D^s = m(i,z)R - Z$，$m(i,z)$ 称为货币乘数（或信用乘数），它对应每单位的 R 增加所能增加的存款货币供给。假设 $Z = m(i,z)\alpha R$，$0 < \alpha < 1$，则有：$D^s = (1-\alpha) \times m(i,z)R$，将式（5-2）代入此方程可得：$D^s = (1-\alpha) \times m(i,z)[\tau + \varepsilon(i,z)(1-\tau)]D^s$。

所以有货币乘数等式为：

$$m(i,z) = \frac{1}{[\tau + \varepsilon(i,z)(1-\tau)] \times (1-\alpha)},$$

由于 $\partial\varepsilon/\partial i < 0$，$\partial\varepsilon/\partial z < 0$，$0 < 1-\alpha < 1$，所以有 $\partial m/\partial i > 0$，$\partial m/\partial z > 0$。

存款货币需求函数为：$D^d = D^d(i,y,z)$，基于经济主体货币需求的交易动机和资产选择决策可知：$\partial D^d/\partial i < 0$，$\partial D^d/\partial y > 0$，$\partial D^d/\partial z < 0$ 即证券化会使企业等经济主体更容易获得贷款，从而影响它们降低货币持有量。最后，可以得到货币市场供求均衡的公式：

$$D^d(i,y,z) = m(i,z)R - Z \tag{5-3}$$

（一）对 LM 曲线的影响

加入证券化机制，在资产证券全部出售给银行体系以外的投资者的情况下，Z 就等于被分置于银行资产负债表外的证券化贷款。满足货币供求均衡的条件为：对式（5-3）进行全微分：

$$(m_1 \times R - D_1^d)\triangle i = D_2^d \triangle y - m \triangle R + (D_3^d - m_2 \times R + 1)\triangle Z$$

其中 $m_1 > 0$，$D_1^d < 0$，$(m_1 \times R - D_1^d) > 0$，$D_2^d > 0$，于是以 i 为纵轴，y 为横轴的 LM 曲线的基本形态呈现为向右上方倾斜，正的斜率值，证券化影响了货币乘数和货币需求函数对传统 LM 曲线进行了修正。R 为货币政策变量，扩张的货币政策使 LM 曲线向右移动，证券化因素通过影响货币乘数 m 而影响 R，Z 为证券化变量，因

中国新型城镇化基础设施融资模式研究

为 $m_2 > 0$，$D_3^d < 0$，这使（$D_3^d - m_2 \times R + 1$）的符号不确定，所以导入证券化的直接影响并不确定。

（二）对 CC 曲线的影响

CC 曲线是信贷和产品市场的一般均衡市场，在此部分首先考虑贷款市场的均衡。加入证券化机制后，贷款市场供求均衡的条件为：$L^d(r,i,y) = \lambda(r,i,z)(1-\tau)m(i,z)(1-\alpha) \times R$，进行移项处理，得下式：

$$F(r,i,y,z,R) = \lambda(r,i,z)(1-\tau)m(i,x)(1-\alpha)R - L^d(r,i,y) = 0$$
$$(5-4)$$

并进行全微分，可得：

$[(1-\tau)(1-\alpha)mR\lambda_1 - L_1^d]\triangle r + [(1-\tau)(1-\alpha)mR\lambda_2 + (1-\tau)(1-\alpha)\lambda R m_1 - L_2^d]\triangle i = L_3^d\triangle y - (1-\tau)R(\lambda m_2 + m\lambda_3)\triangle Z - (1-\tau)\lambda m\triangle R$

由于 $(1-\tau)(1-\alpha)m \times R\lambda_1 > 0$，$L_1^d < 0$，所以 $[(1-\tau)(1-\alpha)mR\lambda_1 - L_1^d] > 0$，又因 $L_3^d > 0$，$m_2 > 0$，$\lambda_3 > 0$ 则有 $(1-\tau)(1-\alpha) \times R(\lambda m_2 + m\lambda_3) > 0$，

又因 $(1-\tau)(1-\alpha)m \times R\lambda_2 < 0$，$L_2^d > 0$，$m_1 > 0$，伯南克（1988）认为只要货币乘数的利率弹性 m_1 不大的情况下，即有 $\triangle i$ 前面的系数为 $[(1-\tau)(1-\alpha)mR\lambda_2 + (1-\tau)(1-\alpha)\lambda R m_1 - L_2^d] < 0$。即 CC 曲线和 IS 曲线一样向右下方倾斜。

（三）信贷市场贷款利率的变动影响机制

由式（5-4）隐函数存在定理可解得 r，因 $F_r = [(1-\tau)mR\lambda_1 - L_1^d] > 0$

$r = \varphi(i,y,z,R)$，结合式（5-4）可得：

$\varphi_1 = \partial r/\partial i = \dfrac{-F_i}{F_r} = -[(1-\tau)mR\lambda_2 + \lambda(1-\tau)R \times m_1 - L_2^d]/[(1-\tau)mR\lambda_1 - L_1^d] > 0$ $\varphi_2 = \partial r/\partial y = \dfrac{-F_y}{F_r} = L_3^d/[(1-\tau)mR\lambda_1 - L_1^d - Z] > 0$，$\varphi_3 = \partial r/\partial z = \dfrac{-F_z}{F_r} = -[(1-\tau)R(\lambda m_2 + m$

λ_3)]$/[(1 - \tau)mR\lambda_1 - L_1^d] < 0$, $\varphi_4 = \partial r/\partial R = \dfrac{-F_R}{F_r} = -[(1 -$

$\tau)\lambda m]/[(1 - \tau)mR\lambda_1 - L_1^d] < 0$。

（四）产品市场的供求均衡分析

$y = y^d(r, i)$，$\partial y^d/\partial r < 0$，$\partial y^d/\partial r < 0$，

将 $r = \varphi(i, y, z, R)$ 代入，得：$y = y^d(\varphi(y, i, z, R), i)$，全微分得到：

$(1 - y_1^d\varphi_2)\triangle y = (y_1^d\varphi_1 + y_2^d)\triangle i + y_1^d\varphi_3\triangle Z + y_1^d\varphi_4\triangle R$，

由于 $y_1^d < 0$，$\varphi_2 > 0$，所以 $(1 - y_1^d\varphi_2) > 0$；

$y_1^d < 0$，$\varphi_1 > 0$，$y_2^d < 0$，所以 $(y_1^d\varphi_1 + y_2^d) < 0$，于是，以 i 为纵轴，以 y 为横轴，可以给出 CCS（Commodity Credit Securitization）曲线向右移动，信用渠道（银行信贷渠道）为证券化提供了促进实体经济增长的机制。R 为货币政策变量，由于 $y_1^d < 0$，$\varphi_4 < 0$，$y_1^d\varphi_4 > 0$，所以扩张的货币政策，使 CCS 曲线向右移动，信用渠道使货币政策更具扩张性。R 是中央银行的货币政策工具，扩张的货币政策即 R 增大，由货币渠道使 LMS 曲线向右移动，由信贷渠道使 CCS 曲线向右移动，结果使 y 增加，对于实体经济的促进作用更加明显。资产证券化对货币信贷市场的影响如图 5 - 9 所示。

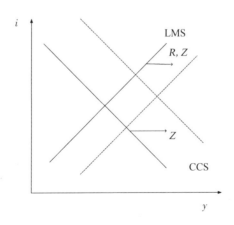

图 5 - 9　证券化对货币信贷市场的影响

二 计量模型设计与数据说明

（一）信贷市场计量模型设计

证券化对于实体经济的作用及其影响机理的理论分析主要是根据瓦尔拉斯的一般均衡的分析框架下展开。主要参考 Bernanke 和 Blinder（1988）提出的 CC – LM 模型加入证券化因素的宏观经济影响，实证验证建立如下的信贷市场动态面板数据的经济计量模型式（5 – 5）：

$$\ln loan_{j,t} = \sigma_j + \lambda_0 S_{j,t} + \lambda_1 \ln loan_{j,t-1} + \lambda_2 \times i_{j,t} + \lambda_3 \times \ln y_{j,t} + \lambda_4 \times r_{j,t} + \lambda_5 \times p_{j,t} + \varepsilon_{j,t} \tag{5 – 5}$$

模型的参数 $loan$ 代表贷款市场的信贷规模，r 代表贷款市场的利率水平，p 代表物价水平，y 表示国内生产总值，S 代表证券化水平指标，$\varepsilon_{j,t}$ 作为随机扰动项。

（二）数据说明

通过考察世界主要经济体成员 34 个发达国家和 31 个发展中国家合计 65 个国家样本[①]。主要数据使用世界银行的 WDI 数据库、GFDD 数据库以及 IMF 的国际金融统计数据，时间跨度为 1996—2011 年。国内生产总值数据为世界银行国民经济核算数据的 GDP（现价本币单位），货币供应量本书选择国际货币基金组织《国际金融统计》中的广义货币供应量 M2 来进行实证分析。

核心解释变量证券化水平 S，采用世界银行公布的全球金融发展数据库中的证券化率（即证券化总市值与 GDP 的比值）来表示。货币市场的利率水平 i 用世界发展指标数据库中的各国短期国库券利率或存款基准利率表示。信贷市场的规模参数（loan）使用国际货币基金组织的《国际金融统计》以及世界银行和经合组织（OECD）统计

---

① 具体样本国家包括：澳大利亚、西班牙、奥地利、比利时、波兰、加拿大、捷克、葡萄牙、丹麦、芬兰、英国、法国、德国、希腊、瑞典、匈牙利、冰岛、斯洛文尼亚、瑞士、爱尔兰、挪威、意大利、日本、韩国、卢森堡、斯洛伐克、荷兰、新西兰、美国、以色列、新加坡、墨西哥、阿根廷、巴西、印度、南非、俄罗斯、中国、土耳其、爱沙尼亚、菲律宾、马来西亚、泰国、印度尼西亚、秘鲁、巴林、阿联酋、阿尔及利亚、埃及、约旦、突尼斯、越南、智利、哥伦比亚、厄瓜多尔、委内瑞拉、巴基斯坦、斯里兰卡、安哥拉、喀麦隆、肯尼亚、毛里求斯、尼日利亚、洪都拉斯、牙买加。

的银行部门提供的国内信贷数量占 GDP 的百分比。信贷市场的贷款利率（r）使用国际货币基金组织《国际金融统计》公布的银行在贷款上向主要客户收取的利率。物价水平（CPI）使用 IMF 提供的按消费者价格指数衡量的通货膨胀（年通胀率）。样本数据的基本描述性统计结果参如表 5-8 所示。

表 5-8　　　　　　　证券化分析主要变量的统计特征

变　　量	观测值	均值	标准差	最小值	最大值
货币供应量对数值/lnM₂	1001	27.435	2.857	19.255	35.596
国内生产总值对数值/lngdp	1040	27.796	2.789	20.544	36.543
国内信贷占比/loan（%）	1024	89.142	60.791	0.619	338.088
证券化率/s（%）	917	62.046	52.848	0.444	281.388
存款利率/i（%）	854	5.909	10.977	-94.22	78.79
消费物价指数/cpi（%）	1001	11.166	132.063	-4.48	4145.107
股票换手率/str（%）	917	66.853	65.088	0.139	511.791
股票交易占比/svt（%）	917	44.183	57.114	0.011	401.704
产业结构指标/isb（%）	938	61.658	38.728	15.248	346.399
对外开放度/tra（%）	1031	88.177	59.243	14.933	439.657
总储蓄率/sav（%）	1006	23.449	8.838	0.011	77.342
总抚养比/age（%）	1040	34.829	5.207	14.194	50.307
资本形成总额占比/tci（%）	1031	22.922	5.876	5.467	48.265
贷款利率/r（%）	860	13.567	14.702	0.5	217.875
城市化率/urb（%）	1040	66.666	19.923	18.309	100
资本账户开放度/kao	1040	0.677	0.345	0	1

资料来源：世界银行世界发展指标数据库（WDI）和全球金融发展数据库（GFDD）。

其他的控制变量和工具变量主要包括城市化水平（urb），根据世界银行人口预测及联合国《世界城市化展望》所提供的城镇化比例来衡量。资本形成总额占比（以前称为国内投资总额 tci）是世界银行国民经济核算数据由新增固定资产支出加上库存的净变动值构成，其总额占 GDP 的比例。产业结构指标（isb）采用世界发展指标数据库的工业增加值占 GDP 的比例除以服务等附加值占 GDP 的比例计算所得。储蓄率（sav）采用世界银行以及经济合作与发展组织的国民经济核算数据，使用总储蓄占 GDP 的百分比计算所得。

对外开放度指标采用货物和服务进出口占 GDP 的比例（tra）为世界银行国民经济核算统计数据的货物服务进口和出口总值计算所得。总抚养比（age）是世界银行提供的 14 岁以下和 65 岁及以上人口占总人口的百分比计算所得。资本账户开放度（kao）根据国际货币基金组织提供的测度一国资本账户开放程度的指标体系标准化为 0~1 之间的得分，该值越大说明资本账户越开放。对应的比率数据我们不进行加工处理，M2、GDP 总量数据取自然对数处理以消除异方差的影响。

三 资产证券化对信贷市场影响的经验分析

（一）系统 GMM 估计的实证分析结果

使用系统 GMM 估计与其他差分 GMM 估计、混合最小二乘估计、动态固定效应估计方法进行对比分析结果如表 5 - 9 所示。从表 5 - 9 的第二行滞后一期的因变量的系数可知，系统 GMM 估计下的系数为 0.898 介于固定效应估计 0.816 与混合 OLS 估计系数 0.973 之间，并且高于差分 GMM 估计系数 0.513。处于理论分析的正常区间，并且系数值都大于 0。关键性解释变量证券化率的系统 GMM 估计系数 0.037 统计上显著且为正，说明总体而言证券化水平的提高有促进信贷规模增加的效果。并且系统 GMM 估计的二阶序列相关检验 P 值为 0.648，接受原假设扰动项差分的二阶自相关系数为零，工具变量过度识别的 Sargan 检验的卡方值为 53.59，P 值为 1 大于 0.1，所以接受原假设所有工具变量均有效，工具变量选择得比较合理。可以得出初步结论证券化率每提高 1 个百分点将引起信贷规模（loan）发生 3.7% 的正向增加效果。

表 5 - 9　　　　　　　　　各种估计方法的比较分析

变量名	混合 OLS（1）	动态固定效应（2）	差分 GMM（3）	系统 GMM（4）
L1. loan	0.973 ***	0.816 ***	0.513 ***	0.898 ***
	(0.009)	(0.022)	(0.008)	(0.004)
s	0.018 *	0.057 ***	0.079 ***	0.037 ***
	(0.01)	(0.019)	(0.002)	(0.002)
lngdp	0.256	1.734	12.033 ***	0.098 ***
	(0.163)	(1.288)	(0.34)	(0.283)
i	0.311 ***	0.345 ***	0.378 ***	0.397 ***
	(0.078)	(0.087)	(0.013)	(0.013)
r	- 0.27 ***	- 0.147	- 0.036 ***	- 0.152 ***
	(0.082)	(0.126)	(0.012)	(0.012)
cpi	- 0.06	- 0.012	0.057 ***	- 0.054 ***
	(0.072)	(0.085)	(0.007)	(0.009)
常数项	- 1.984	- 33.629	- 300.348 ***	- 32.823 ***
	(4.621)	(36.228)	(8.913)	(2.328)
观测值	685	685	626	675

注：表中括号内为标准差值，＊＊＊、＊＊、＊分别表示 1%、5%、10% 的显著性水平。

对 CC - LM 模型使用系统 GMM 估计结果如表 5 - 9 第（4）列所示。对模型从信贷市场的理论分析可知，模型中的有关系数取值有如下关系：解释变量中加入被解释变量的滞后一期项，由于信贷政策短期内惯性较大，上下期之间应有很强的正相关关系（$\lambda_1 > 0$），实际系统 GMM 估计系数为 0.898。

引入证券化因素后，由于资产证券化能提高银行部门的资产流动性，提升商业银行放贷能力最终会使信贷市场贷款规模有增加的效果（即 $\lambda_0 > 0$），实际估计系数为 0.037。同时贷款利率的提高会降低企业等经济主体的贷款成本，从而转向寻求发行债券或其他直接融资方式来筹集资金，减少对贷款的需求量。因此贷款利率与国内信贷供应量之间是负相关关系（即 $\lambda_4 < 0$），实际估计系数为

-0.152；同理存款利率或债券利率的提升使信贷规模有扩张的影响，两者之间应该是正相关关系（即 $\lambda_2 > 0$），实际估计系数为 0.397。从各变量系数的统计标准差和 P 值来看结果在 1% 的置信度下高度显著。从对 CC-LM 模型的实证结果来看，与理论分析的系数正负关系吻合。

（二）信贷市场的稳健性检验

对 CC-LM 模型式（5-5）进行稳健性检验。首先，加入城市化率、产业结构指标、资本形成总额指标、对外开放度和资本账户开放度指标等控制变量，考察证券化率估计系数的变化。稳健性检验结果见表 5-10 第四行所示，证券化率的系数都显著为正数，在 0.038 至 0.075 之间变化，所以可以认为证券化的发展对于信贷市场的贷款投放具有促进作用。

其次，对于因变量的滞后一期、存款利率、贷款利率核心变量前面的系数没有发生变化，符号也符合理论分析结论。从各类控制变量看，城市化率的估计系数为 0.235［如表 5-10 中 urb（1）所示］，说明各国城市化进程会加大信贷的需求，两者之间存在很强的正相关关系。产业结构指标是第二产业增加值与第三产业增加值之比，估计系数为 -0.252，说明第三产业的发展速度相对第二产业增长越快，对于信贷需求的增长作用越显著。

资本形成总额占比的估计系数为 0.508，说明一国投资的总规模越大，经济发展对信贷需求的总量就越大。从资本账户开放程度和对外贸易开放度来看，资本账户越开放，国际间货币和信贷的往来就越频繁，对于信贷需求就越旺盛，两种有很强的正相关，估计系数为 0.186 也与理论分析相吻合。

最后，从表 5-10 下方的扰动项自相关检验看，AR（2）均远大于 0.1，即扰动项的差分并不存在二阶序列相关，说明已有效解决解释变量内生性问题，采用系统 GMM 估计可信。进行系统 GMM 的过度识别检验，其 P 值都为 1，在 1% 的显著性水平上，接受原假设即"所有工具变量均有效"。

表 5 - 10　　　　　　　　　控制变量稳健性检验结果对比

变量名	urb（1）	isb（2）	tci（3）	tra（4）	kao（5）
L1. loan	0.926 ***	0.921 ***	0.953 ***	0.952 ***	0.932 ***
	(0.009)	(0.008)	(0.007)	(0.006)	(0.006)
s	0.054 ***	0.055 ***	0.038 ***	0.075 ***	0.049 ***
	(0.002)	(0.002)	(0.002)	(0.002)	(0.002)
r	- 0.133 ***	- 0.09 **	- 0.213 ***	- 0.187 ***	0.021
	(0.025)	(0.038)	(0.021)	(0.027)	(0.034)
i	0.448 ***	0.327 ***	0.435 ***	0.394 ***	0.388 ***
	(0.021)	(0.021)	(0.025)	(0.02)	(0.019)
cpi	- 0.041 ***	- 0.044 **	- 0.048 **	- 0.019 *	0.012
	(0.009)	(0.02)	(0.019)	(0.011)	(0.017)
urb	0.235 ***				
	(0.048)				
isb		- 0.252 ***			
		(0.018)			
tci			0.508 ***		
			(0.035)		
tra				- 0.072 ***	
				(0.003)	
kao					0.186 ***
					(1.181)
常数项	- 35.327 ***	- 21.506 ***	7.752 ***	24.62 ***	- 44.476 ***
	(9.018)	(3.526)	(2.507)	(3.978)	(7.025)
样本数	685	629	681	681	685
AR（2）	0.655	0.544	0.728	0.617	0.68
Sargan P 值	1	1	1	1	1

注：表中括号内为标准差值，＊＊＊、＊＊、＊分别表示 1%、5%、10% 的显著性水平。

进一步分时间段和国家类型进行稳健性检验。以 2008 年次贷

危机前后分时间段检验证券化对信贷市场的影响，实际估计结果
2007 年以前证券化率系数为 0.045。2008 年以后证券化率的影响
系数为 0.04，这说明资本市场的证券化水平对信贷市场有明显的
扩张效应。货币信贷市场渠道作用受到次贷危机的较大影响，反映
在对比分析表 5 - 11 的 2008—2011 年证券化率的符号为正，但系
数值比 2008 年前要小，即次贷危机后，证券化率对信贷市场扩张
的影响有所减弱。

从分国家类型稳健性检验来看，发达国家证券化率估计系数为
0.049，而发展中国家证券化率估计系数为 0.075。这表明发展中国
家证券化的发展对该国信贷市场的扩张有更加显著的效果。因此发展
中国家更应该充分利用资本市场，扩大证券化产品的发行和创新，提
高直接融资的比例，为各类企业等经济体充分利用资本市场的证券化
产品进行投资、融资活动提供便利。最后，从表 5 - 11 下方的扰动项
自相关检验看，AR（2）均远大于 0.1，即扰动项的差分并不存在二
阶序列相关，有效解决解释变量的内生性问题，可以使用系统 GMM
估计。系统 GMM 的过度识别检验（Sargan test），其 P 值均大于 0.1，
在 1% 的显著性水平上，接受原假设即"所有工具变量均有效"，说
明系统 GMM 估计结论可信。

表 5 - 11 分时间和国别稳健性检验结果对比

变量名	2007 年前（1）	2008 年之后（2）	发达国家（3）	发展中国家（4）
L1. loan	0.996 ***	0.841 ***	0.98 ***	0.823 ***
	(0.005)	(0.004)	(0.019)	(0.079)
s	0.045 ***	0.04 ***	0.049 ***	0.075 ***
	(0.002)	(0.003)	(0.004)	(0.011)
r	− 0.033	− 1.224 ***	0.396 ***	− 0.03
	(0.024)	(0.06)	(0.085)	(0.082)
i	0.322 ***	0.468 ***	0.203 ***	0.316 ***
	(0.023)	(0.023)	(0.063)	(0.046)

变量名	2007 年前（1）	2008 年之后（2）	发达国家（3）	发展中国家（4）
cpi	0.028	− 0. 268 ***	− 1. 082 ***	0.022
	(0.021)	(0.083)	(0.131)	(0.022)
常数项	17. 74 ***	4. 526	41. 499 *	− 26. 071 ***
	(6. 073)	(3. 816)	(23. 675)	(9. 57)
样本数	527	158	360	325
AR（2）	0.972	0.345	0.569	0.811
Sargan P 值	0.999	0.531	1	1

注：表中括号内为标准差，回归系数右上角的＊＊＊、＊＊、＊分别表示1%、5%、10%的统计显著性水平。

四　结论及政策启示

证券化对宏观经济特别是信贷市场的影响主要通过货币供应量渠道和银行信贷渠道来传导，通过影响信贷市场的资金供求从而决定资金的交易价格即货币市场利率和贷款利率，进而影响实体经济的融资成本，最终实现调节社会总产出的变化。从实证分析的结果看。

首先，资本市场证券化的发展即证券化率（S）的提升，将引起信贷市场的贷款规模显著扩张。进而降低了贷款利率（r）水平，降低了企业的融资成本，促进了实体经济的发展。对银行而言，除了可以进行存款货币的创造外，通过资产证券化将流动性差的长期信贷资产转移出资产负债表外，可以减少银行的准备金需求，提高银行的资本充足率，增加了流动性的资产，提高了银行的信贷投放能力，转移了长期留滞在银行体系内资产期限错配的风险。因此，可以说银行信贷资产证券化有利于缓冲货币政策的调整对其带来的流动性压力和信贷约束。

其次，从对物价水平的影响来看，在信贷市场中物价水平的估计系数，有时是负相关，有时是正相关，甚至统计上并不显著，这说明物价因素对信贷市场的影响并不明朗，主要原因可能是在物价指数的编制上，很多国家的 CPI 没有包括金融资产价格。而金融资产价格有相对独立的决定因素，能相对独立的影响宏观经济均衡，金融资产价格的过度膨胀会形成泡沫经济，一旦泡沫被打破将使金融资产价格迅速缩水，最终爆发危机。美国 2008 年的次贷金融风暴就是在没有明显通胀压力的情况下，由于房地产价格泡沫的破灭导致抵押品大幅贬值，相应的资产支持证券大幅缩水而引发的。这就提醒我国证券化的发展，资本市场与货币市场之间的互动性很强，货币政策能否有效实施未来必须要考虑资本市场和虚拟经济中金融资产价格水平的波动。防止过度资产证券化引致的金融风险爆发。

最后，从宏观经济控制变量的实证结果来看，产业结构指标对于信贷市场的影响显著，这说明随着各国经济的发展，第三产业的比重逐渐的增加，对于实体经济的信贷需求有扩张的效应。城市化率、资本形成总额占比、资本账户开放度对于信贷市场有显著的扩张效果，这说明随着城市化进程的加快、投资对于一国经济增长和信贷扩张的作用明显，同时随着经济全球化和金融开放度的提高，资本账户的往来越加频繁，其对各国货币信贷市场的影响也值得重视。

2015 年政府工作报告指出要加快资金周转、优化信贷结构、提高直接融资比重、加强多层次资本市场体系建设、推进信贷资产证券化，让更多的金融活水流向实体经济。很显然，中国已进入资产证券化常态化阶段，结合证券化对信贷市场及宏观经济的影响，未来我国证券化常态化发展应在控制风险前提下，逐步增加资产证券化的基础资产池，优先发展优质资产如基础设施中长期贷款、基础设施项目收益、BT 项目贷款证券化。

第四节　未来加快我国基础设施资产
证券化的建议

资产证券化具有风险隔离、结构清晰、直接融资、不存在期限错配等优点，有利于优化银行信贷结构并提高其运行效率，我国基础设施领域存在大量的存量资产，通过运用信贷资产证券化和基础设施收益证券化等模式，提高我国基础设施融资的效率。从前期资产证券化的实践案例分析来看，我国基础设施资产证券化还存在以下一些问题：第一，法律及监管问题。目前我国还没有形成资产证券化相关的专门法规，银监会、证监会、银行间交易商协会三方多头分散监管不同种类资产证券化产品的发行，不利于资产证券化的风险控制。第二，基础设施定价困难。资产证券化的市场中介服务机构比如信用评级机构、担保机构、资产评估机构、信托机构等参与人的专业能力有待提高，数据积累不足。第三，资产证券化二级市场流动性较差，对于机构投资者的准入限制较多。针对以上问题，未来我国可以从以下几个方面推进基础设施资产证券化健康有序的发展。

首先，丰富参与主体，逐步增加基础资产池类型。在实践中，由银行发起证券化，在银行间市场发售，由其他金融机构购买，使风险仍然滞留于银行业内部。因此必须扩大参与主体、提高市场的流动性。第一，扩大发行主体。不仅仅商业银行、券商可开展信贷证券化、企业资产证券化、资产支持票据业务，应允许其他金融机构参与。比如证券投资基金公司、期货公司、汽车金融公司、资产管理公司以及金融租赁公司等，引入业务竞争机制，提高金融服务效率。第二，扩大资产证券化的基础资产。在大力发展优质资产（如个人住房抵押贷款、基础设施中长期贷款、基础设施收费、BT项目贷款）证券化的基础上，积极推进企业应收账款、资产支持票据和租赁资产的证券化，进一步拓展非信贷资产证券化，诸如石油、天然气、电力等能源收入证券化，航空、铁路、轮船等客货运收入的证券化。第三，扩大投资群体。允许支持国内养老基金、证券基金、保险公司和企业年金等非银行金融机构，参与资产证券化的交易，增加合格境外机构投资者（QFII）的投资额度。

其次，尽快完善定价机制。资产证券化产品定价思路与一般固定收益产品相似：获得每期的现金流；选择合适的利率曲线；计算利差（名义利差、零波动率利差、期权调整利差）；最后根据计算得到的利差判断该产品价值如何。尽管资产证券化产品也被归类为固定收益类，但是不管是抵押贷款证券化（MBS）、资产支持证券（ABS）还是担保债券凭证（CDO），其现金流收入变化不稳定。并且对于中间层和权益层的定价还要涉及违约相关性和回收率的难题。

在我国定价的困难主要存在于两方面：一是定价模型存在一定的局限性和缺陷。证券化产品的定价过程中大量使用数学模型，这些模型只适用于某些特定的情况。比如 Creditmetrics 和其他评级机构使用高斯 Copula 来获得资产池的违约相关性，其获得的相关性是静态的，但现实中资产间的相关性却是动态的。二是数据匮乏，并且有的数据不可靠。模型参数需要使用市场数据来确定，很多利率是不连续的，比如贷款利率，在市场化之前，贷款利率每次调整都会间隔一段时间，难以预测；在市场化之后，数据则尤为匮乏。

再次，构建多层级市场，提高证券化市场流动性。信贷资产证券化产品目前主要在银行间市场发行和交易，而机构投资者普遍以持有到期为主，交易十分冷清，流动性不足是制约投资者对信贷资产证券产品需求的重要因素。因此，加快信贷市场和资产市场的联结与融合的同时，要努力促进证券交易所债券市场与银行间债券市场的互联互通，将信贷资产支持证券在交易所上市，将受益于交易所推出的质押式协议回购制度，从而增强流动性，也有利于将风险分散至银行体系外。考虑适时推出竞争性做市商制度，增加银行间的做市商报价制，目前央行已规定受托机构、发起机构可与主承销商或其他机构按协议约定对信贷证券化产品进行做市安排。通过做市商制度可有效提升流动性。此外探索建立和完善托管结算平台、健全信贷资产证券产品的流动转让机制。探索融资融券、质押回购、期权等多种交易方式，构建多层次的资产证券化市场①。

最后，加强监管力度、重点防范银行风险。在现行的多头监管体制下，容易造成了银行间市场和证券交易所市场各自为政的割裂式发展，也引起交易市场的流动性不足。因此我国未来应逐步建立统一的功能性监管体制，以解决分类监管、各自为政的弊端。考虑到银行在资产证券化中的重要作用，除了信用评级外还扮演的角色包括发起

---

① 胡海峰、陈世金：《以资产证券化为突破口盘活存量资产》，《河北经贸大学学报》（综合版）2015 年第 12 期。

人、投资者、服务商、流动性提供者、担保人等。所以，《巴塞尔协议Ⅲ》针对银行资产证券化业务提出更为严格的限制性规定。包括大幅度提高证券化产品的风险拨备；对银行使用外部信用评级设置额外限制条件；提高银行作为流动性提供者的风险暴露等。我国在规范影子银行的同时，要重点加强商业银行流动性要求，限制杠杆率和资产集中度，要求发起人保留部分风险头寸，改进信息披露等，以防范银行的金融风险发生。

第六章　基础设施领域推广公私合营融资模式

　　党的十八届三中全会提出：在自然垄断行业，实行政企分开，放开竞争性业务，允许社会资本通过特许经营等方式参与城市基础设施投资和运营，推进公共资源配置市场化。这是拓宽我国城市基础设施项目的融资渠道和提升公共产品服务质量的重要举措。公私合营（Private - Public Partnership，PPP）是政府和社会资本在基础设施及公共服务领域建立长期合作关系。该模式充分利用私人资本技术和专业优势，进行项目的市场化融资、建设和运营，可有效提高基础设施的供给效率，政府部门负责基础设施的价格和质量监管，以实现社会效应的最大化。

　　本章主要探讨公私合营（PPP）融资模式在我国公益性及准经营性基础设施项目融资的运用。首先，介绍 PPP 融资模式的含义、特征、运作程序及操作模式。其次，总结国外基础设施领域使用 PPP 模式进行融资的经验及启示，并介绍我国 PPP 模式的发展现状及问题。然后，使用主要发展中国家的面板数据，实证分析经济类基础设施融资选择 PPP 模式的主要决定因素。最后，根据实证分析的结论，提出我国基础设施领域推广 PPP 融资模式的政策建议。

第一节　公私合营模式含义及操作方式

一　公私合营模式的含义及特征

　　政府和社会资本合作模式（PPP）是指政府与社会资本建立伙伴

关系提供公共产品或服务的一种合作模式。该模式是关于基础设施合作的一种以契约形式建立的长期合作伙伴关系，参与合作各方利益共享和风险共担，通过市场竞争机制，提高基础设施项目的供给效率。从国际经验看，英国、加拿大、澳大利亚等国的财政部门都设立了PPP管理机构，负责推动此模式的规范发展。我国的财政部正着手建立PPP工作机制，加强对风险分担、竞争机制、投资补偿、后续合同管理等方面的统一指导。

PPP模式的本质在于政府资源和社会资源在数量及禀赋上的优势互补。在公共基础设施的设计、建造和运营中，引进市场资金和技术，发挥资金的最大社会价值。公私合营伙伴关系的基本特征有：

第一，PPP模式有助于增加基础设施项目投资资金来源。PPP模式下，项目融资更多地由私营机构完成，从而缓解了公共部门增加预算、扩张债务的压力，因此公共部门可以开展更多、更大规模的基础设施建设。在政府因财政紧缩或信用降低而无法进行大规模融资时，PPP模式可以为政府提供表外融资。PPP模式下政府可节约基础设施的初期建设投资支出，同时提供预算的可控性。PPP的这一优势可以化解地方政府性债务风险。运用转让—运营—移交（TOT）、改建—运营—移交（ROT）等方式，将融资平台公司的存量基础设施与公共服务项目转型为政府和社会资本合作项目，引入社会资本参与改造和运营，将政府性债务转换为非政府性债务，可以减轻地方政府的债务压力。

第二，引入竞争，政府与社会资本共担风险。对于公益性基础设施项目，传统的财政资金投入建设、国有化运营导致地方政府财政负担严重、项目运营效率低下，项目的经济可行性、投资、建设、运营和维护全部风险由政府相关部门承担。而PPP模式通过社会资本投资方的竞争性选择来加强垄断领域的竞争，为项目设计、融资、建设、运营全生命周期提供一个持续的激励。社会投资人有动力改进管理、优化创新降低项目建设和运营成本，有利于防范和化解财政风险。通过引入私人股权投资，进行风险合理分担，分散工程建设风险、经营风险和技术风险，实现风险的最优分配。政府将部分项目责任和风险转移给了私营机构，项目超预算、延期或在运营中遇到各种困难而导致的财政负债增加的风险被有效隔离。由于 PPP 模式下的项目融资在整个项目合同期间是有保障的，且不受周期性的政府预算调整的影响，这种确定性可以提高整个项目生命周期投资计划的确定性和效率，提高公共部门的财务稳健性。

第三，公私合作提升基础设施和公共管理质量。一方面，参与 PPP 项目的私营机构通常在相关领域积累了丰富经验和技术，私营机构在特定的绩效考核机制下有能力提高服务质量。另一方面，PPP 模式下，私营机构的收入和项目质量挂钩：政府付费的项目中，政府会根据项目不可用的程度，或未达到事先约定的绩效标准而扣减实际付款。PPP 模式通过对社会资本技术经验的整合、服务创新激励以及项目协议约束，实现基础设施项目投资和管理层面的规模经济。如果基础设施由公共部门单独提供，由于其缺乏相关的项目经验，且由于其在服务提供和监督过程中既当运动员又当裁判员，绩效监控难以落到实处。PPP 模式下，政府部门可专注于公共资产和公共服务的交付绩效监管与总体规划管理，利用社会资本在项目设计创新、建设技术、运营经验等方面的优势，发挥资金的最大价值。

第四，政府引导社会资本长期合作。在 PPP 模式下，由于项目的设计、建设和运营通常都由同一个联合体执行，虽然联合体也由不同的参与者构成，但由于各个参与者需要为同一个目标和利益工作，项目的不同参与者之间可以得到充分整合，实现良好的协同合作。政府通过税收优惠、贷款担保、有限开发权等政策优惠引导社会资本进入公共服务领域，开辟新的资金来源。政府追求社会福利最大化，社会资本的目标是追求利润最大化，双方通过 PPP 合作契约明确双方的责任和风险，在公共项目的全生命周期内长期合作，寻求公共利益与企业利益的平衡点。大型项目采用 PPP 模式，初期投资较大，社会资本有降低成本的动力，可以实现专业管理、规模经济、降低企业资金成本，提高项目的执行效率。政府通过在公共服务领域引入竞争，使公共服务的成本市场化，同时保留监管及价格监督等公共部门的核心职能，从而实现公共项目最大限度的"物有所值"和社会效益最大化。

二　公私合营运作程序

PPP模式运作程序，主要包括五个阶段：第一阶段，主要是需求和可行性分析评估。采用成本—效益分析法对基础设施项目的需求、经济和财务进行可行性分析，将传统基础设施项目的供给方式与PPP模式的效率进行比较，设计项目的可选择方案。并对项目法律、政治、技术特性等的适用性进行检验。第二阶段，PPP模式选择和准备阶段。对可选择PPP的操作模式进行比较，运用物有所值法检验项目的成本净现值，最终筛选出备用模式，并制定相应的PPP操作规程。第三阶段，招投标和签订合同阶段。为减少项目成本支出，采用竞争性招标方式进行公开招投标。规定标准、投标者资质、特许权协议并对投标方的资格进行预审。进行谈判和效率对比，最终定标。然后与中标方签订合同和建立项目公司。第四阶段，项目建设、运营及管理阶段。由项目公司对项目进行设计、实施建设与运营，同时政府相关部门进行动态的监控。第五阶段，进行项目终结和转交。基础设施项目特许权协议到期，PPP合同结束，进行基础设施项目转交给代表政府的公共部门进行运作、继续使用或者进行项目设施的拆除。

三　公私合营模式的参与者结构

PPP模式参与方的关系主要通过项目协议来约束。PPP模式主要参与人及合同关系如图6-1所示。项目发起人主要是当地政府，项目初期先颁布相应法规，提供土地、税收优惠、营业执照或业务许可等方面的支持。通过项目协议与私人投资者共同出资组成项目公司，并给予项目公司特许权经营许可。然后，项目公司与贷款提供者如商业银行、开发性金融机构、辛迪加贷款供应者签订贷款协议，获得资金的融通。之后，项目公司与总承包商签订交钥匙合同，总承包商负责项目设计、建造工作，并与设备、原材料供应商签订供应合同①。最后，项目公司与运营商签订运营合同进行项目的运营和设施管理。项目公司在组织形式上，可以选择公司制、合伙制结构、合资企业等。

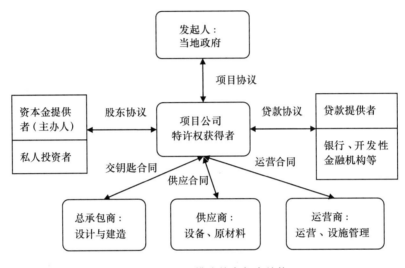

图 6-1　PPP 模式的参与人结构

四　公私合营的操作模式

PPP 模式的操作形式比较灵活，包括特许经营、服务外包、运营和维护的外包或租赁、合资等。各国实践过程中，PPP 操作模式由于法规、制度等方面的差异，形成了不同的操作模式。欧盟委员会把 PPP 操作模式划分为三类：第一类是传统的承包类，包括服务外包。第二类是一般开发与经营类，有 BOT（建设—运营—移交）、DBO（设计—建设—运营）、交钥匙合同，这些公共项目的设计、建造、经营均由私人部门负责。第三类是合伙开发类，有特许经营、资产剥离。此外，还有联合国培训研究所狭义的 PPP 操作模式分类，只将

---

① 魏加宁：《地方政府债务风险化解与新型城市化融资》，机械工业出版社 2014 年版，第 243—250 页。

特许经营、BOT（建设—运营—移交）、BOO（建设—拥有—运营）三类归属于 PPP。

世界银行的广义 PPP 操作模式分类最具有代表性。具体分类情况如表 6 - 1 所示。

表 6 - 1　　　　　　　世界银行广义 PPP 操作模式

类　型	资产所有权	运营与维护	投资部门	商业风险	合同期限
服务外包	公共部门	公共与私营部门	公共部门	公共部门	1 ~ 3 年
管理外包	公共部门	私营部门	公共部门	公共部门	3 ~ 5 年
租赁	公共部门	私营部门	公共部门	共同承担	8 ~ 15 年
特许经营	公共部门	私营部门	私营部门	私营部门	25 ~ 30 年
BOT/BOO	公共与私营部门	私营部门	私营部门	私营部门	20 ~ 30 年
剥离/私有化	私营部门	私营部门	私营部门	私营部门	永久

资料来源：世界银行 1997 年报告。

第一，服务外包合同是政府雇用社会资本完成一个或多个特定的任务，时间通常为 1 ~ 3 年，政府依然是基础设施服务的主要提供者，拥有资产的所有权，只是将部分业务承包给私营合作者。政府一般采用竞争性招标程序来签订服务合同。社会资本必须按约定成本提供服务，满足与政府签订的外包合同制定的标准后，政府向社会资本支付预先商定的服务费。

第二，管理合同将外包服务的范围扩大至大部分公共服务的管理和运营。政府仍然是基础设施项目的所有者，但日常的管理和运营维护转移给社会资本。公共部门主要承担项目建设资本投资的义务，社会资本只提供运营资金而不是投资建设资金。社会资本获得预先商定的劳务费和其他运营成本，为激励其提高效率，在管理外包合约 3 ~ 5 年期限到期时，承包商完成预先设定的目标后可获额外偿付。

第三，租赁合同。在租赁合同模式下，社会资本负责提供全部服务，并有满足相关质量和服务标准的义务。除了新的投资和重置投资由政府负责外，运营商提供服务并自付费用和风险。租赁合同主要运用于机场、港口等大型设施的运营业务中，租赁合同的期限一般是8～15年左右。租赁合同中，社会资本保留向客户收取的款项，按规定向政府支付租赁费。服务的提供者由政府变为社会资本，运营和维护的财务风险全部由社会资本运营商承担，特别是运营商承担亏损及消费者的未偿债务风险。社会资本的利润取决于公共设施的销售收入和成本，从而激励运营商提高效率和销售量。

第四，特许经营。特许经营权允许社会资本运营商在指定区域内负责全面提供公共服务，包括项目的运营、维护、征收费用、管理、建设和维修等①。公共资产的所有权归政府拥有，特许经营模式将政府的角色从服务提供者转变为服务价格和质量的监督者。特许经营权主要运用于电信、铁路、电力、天然气等项目，有效期一般为25～30年，因此运营商负责筹集项目建设、升级或扩大所需的任何资本投资，并向使用者收取费用，在特许期间内有足够的时间收回投资，并获得适当收益。

第五，BOT（建设—运营—转让）。BOT合同是一种特殊的特许经营权合同，私营伙伴须提供项目建设所需资金，在合同规定的期限内，私营运营商拥有项目资产，通过向用户收取费用收回投资成本。合同期满，项目所有权归政府所有，但政府可以选择将运营责任承包给开发商，或与新的合作伙伴签订新的合同。BOT往往涉及大量的需要从外部获取大量股权和债务融资的"绿地投资"，BOT的变种形式也很多，主要有BTO（建设—转让—运营）、BOO（建设—拥有—运营）和DBO（设计—建设—运营）等。目前，BOT模式已得到了广泛应用，以吸引更多的社会资本向基础设施投资。

第六，私有化和合资。私有化是指基础设施完全由社会资本进行建设、运营和维护，其所有权和经营者归私人拥有，完全按市场化原则进行公共服务的供给。而成立合资企业是完全私有化的替代形式，公共设施由政府和社会资本运营商共同拥有运营，可合资成立一家新

---

① 陈辉：《PPP模式手册——政府与社会资本合作理论方法与实践操作》，知识产权出版社2015年版，第22—24页。

公司，或者通过向一个或多个社会资本投资人出售股份的形式来实现。合资企业具有独立于政府的良好的企业治理能力，是我国未来地方政府融资平台的重要转型方向。

第二节　国内外基础设施公私合营模式的运用实践

一　发展中国家基础设施公私合营模式的运用

（一）发展中国家 PPP 模式的主要类型

发展中国家 PPP 模式也可以主要划分为三类，第一类是管理外包和租赁外包类，此类 PPP 项目一般由政府投资，私人部门只是根据外包合同承包项目中的部分职能，因此，外包类项目私人承担的风险较小。第二类是新建和特许经营类，这类项目需要私人与公共部门合作完成项目的投资、运营和维护，共担风险共享收益，项目最后一般需要转交给公共部门所有，具体形式有 ROT（改建—运营—移交）、BOT（建设—运营—移交）、BOO（建设—拥有—运营）等多种。第三类是私有化类，即完全由私人部门负责全部项目的投资并且项目归私人所有，通过向使用者收费的方式收回投资，因此此种方式私人部门承担风险最大。

发展中国家 2000—2014 年间 PPP 项目的主要类型数量分布及投资金额分布如图 6 - 2 所示。第一，从投资总额来看，基础设施的 PPP 项目主要采用新建投资的绿地模式进行运作。其次是用私人参与度提升的资产剥离和特许经营模式，增加私人资本参与程度，从而降低政府参与投资的市场风险和资金压力。第二，从项目数量分类看，新建投资的绿地模式占总项目数的 64.9%，采用特许经营模式数量占总项目数的 23.7%，两者合计已占总项目数的 87.6%。第三，发展中国家 PPP 项目较少采用管理和租赁合同方式进行基础设施建设，其立项比例仅占总项目比例的 4.7%，如图 6 - 3 所示。

（二）PPP 模式的行业分布

从发展中国家 2000—2013 年间 PPP 项目的总投资金额看，电信行业和能源行业的投资总额占 PPP 项目总投资金额的比重分别为

单位：百万美元

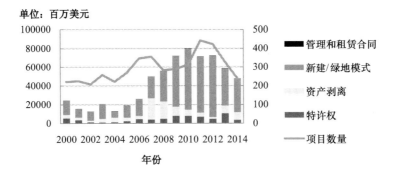

图6-2 发展中国家2000—2014年PPP项目投资的总金额变化

资料来源：世界银行PPI项目数据库。

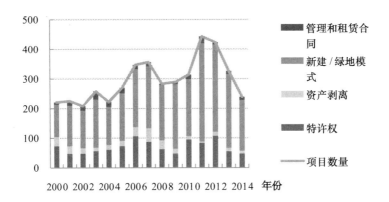

图6-3 发展中国家2000—2014年PPP项目总数量变化

资料来源：世界银行PPI项目数据库。

41.4%和35%，交通运输业占的比例约为20.9%，投资金额占比最小的为2.7%的是水务行业。这与我国的PPP项目分布情况有较大的差别，第一，电信行业在我国的PPP项目中占比很小，可能是由于该行业我国存在较高的行业垄断和准入门槛所致；第二，我国PPP项目中水务行业的占比较高，而其他发展中国家普遍的水务行业私人总投资额较低，这可能与不同国家自然资源的禀赋有很大关联；具体的变化趋势如图6-4所示（右边纵坐标轴表示总项目数量）。

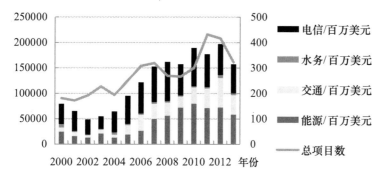

图 6 - 4 发展中国家 2000—2013 年分行业投资额变化

资料来源：世界银行 PPI 项目数据库。

（三）PPP 模式的地区分布

从发展中国家 PPP 项目投资总额的地区分布图 6 - 5 可知，首先，拉美和加勒比地区、欧洲和中亚地区、东亚和太平洋地区这三个区域的发展中国家 PPP 项目发展状况较好，总投资金额占比最高。这可能与此三个区域有较为稳定的市场需求、良好的宏观经济发展环境和市场化的改革导向有很大的关联。其次，南亚地区 PPP项目在 2004—2011 年经历了一个较快的发展阶段，随着金融危机的影响，南亚地区发展中国家的 PPP 项目的私人投资总额占比有明显的下降趋势。最后，中东、北非和撒哈拉以南非洲地区的 PPP 项目投资占比一直偏低。这可能与这些地区较差的宏观经济和投资环境，较小的市场需求以及较低的技术水平有关。从 PPP 项目的总数量来看，图 6 - 5 的折线图显示，PPP 项目数量波动较为频繁，私人投资 PPP 数量特别是在 2011 年后经历了一次大幅的下降过程。这说明经济周期的波动因素对于基础设施项目采用 PPP 模式有很大的影响。

二 发达国家基础设施公私合营模式的运用

目前各国政府都加强在公共基础设施项目中与社会资本合作，利用多种形式建立社会资本参与基础设施项目的建设。法国、英国、美

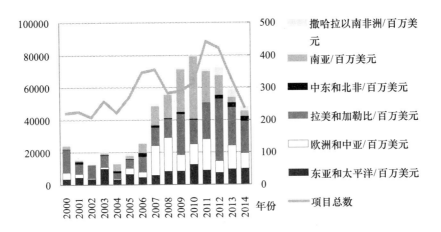

图 6 - 5　发展中国家 PPP 项目投资额的地区分布情况

资料来源：世界银行 PPI 项目数据库。

国、澳大利亚、日本等国家在 PPP 模式运用上处于领先地位，并形成了规范文本和合同指南。

（一）法国 PPP 模式的运用实践

法国 PPP 项目合同主要分为特许权合同和合伙合同两类。前者开始于 19 世纪，为公共服务授权和经营权的转让，要求社会资本承担税收风险，此类合同年营业额约 850 亿欧元；法国于 2004 年开始实施合伙合同，自 2009 年起每年营业额达到 60 亿欧元，2005 年法国专门成立了服务与合伙合同项目工作小组，主要负责项目获得预算部批准前的评估工作①。法国 PPP 项目实施和采购合同方面已经有比较成熟的法律体系，在 2009 年经济下滑情况下，政府提出的鼓励公共服务和实施基础设施项目投资使 PPP 项目实施发展迅速。

（二）澳大利亚 PPP 模式的发展

1995 年澳大利亚出台了国家竞争政策（NCP），要求澳大利亚联邦和州在基础设施发展上引入竞争。该政策促使许多原来政府独占和

---

① 陈辉：《PPP 模式手册——政府与社会资本合作理论方法与实践操作》，知识产权出版社 2015 年版，第 22—24 页。

垄断的基础设施经营业务得到了重组。目前，澳大利亚已经成为世界上 PPP 模式运用体系最为成熟的国家之一，国内 PPP 项目实施采用统一的框架，主要运用于交通、住房、医疗及国防领域。联邦政府与州政府设有专门的 PPP 管理机构，对基础设施领域采用 PPP 模式建设的项目有明确的限制条件，严格划分政府和社会资本的角色和责任，按照契约合同充分保障私人投资的利益。

（三）日本 PPP 模式的发展

1999 年日本政府在基础设施建设领域引入英国的私人主动融资（PFI）模式，并出台了 PFI 推进法。从 2000 年开始，日本 PPP 项目数量和投资规模高速增长，尤其在政府设施、教育、健康医疗设施方面，PPP 模式得到了很好的发展，有效解决了 20 世纪末因泡沫经济引起的财政投资不足问题。日本 PPP 项目主要以政府在全寿命周期内拥有所有权的 BTO（建设—移交—运营）方式为主，政府注重拥有项目所有权，尽量使公共基础设施的所有权由政府掌握，对公共设施项目私人所有进行严格的限制。日本基础设施法律框架主要分为两个层次，国家层面有国家物权法，地方层面有地方自治法。社会资本大量介入日本公共基础设施和服务，推动了 PFI 法、公共服务法和专门管理制度的建立和实施。日本政府正逐步将公路、机场等大型基础设施项目向社会资本开放。

三　公私合营模式成功的必要条件

总结国外 PPP 模式的发展历程和一般规律，PPP 项目投资的发展都经历三个阶段。

第一个阶段，定义政策框架、检验在法律上的可行性、建立基本概念、从早期交易中吸取教训、开始建立市场；第二个阶段，立法改革、公布政策和实践的指引、建立专门的 PPP 管理部门、继续发展市场、推广项目渠道并开拓到新行业和利用新的资金来源；第三个阶段，建立完整全面的体系、排除法律障碍、对 PPP 模型进行精细配置风险、形成长期的政治共识、利用各类资金来源（包括私募股权和养老基金）、娴熟的行政和管理经验①。

从国际经验来看，PPP 模式成功的必要条件主要有：

第一，合理的风险分担机制。PPP 模式致力于政府和社会资本间实现最优风险分配而非政府风险转移的最大化。公益性基础设施项目大部分具有投资周期长、收益回报率低，具有较高的风险性，合理的风险分担机制是吸引私人资本参与基础设施项目的关键因素。政府对项目的风险配置应综合考虑参与者的特点和利益，进行合理的风险分配，不恰当的风险转移可能危及合作伙伴关系的长期稳定性。风险应分配给能够以最小成本、最有效管理它的一方承担，并可使用保险的方式转移特定的风险。

第二，政策保障。由于 PPP 项目融资涉及复杂的法律、财务和金融等专业法规，需要制定规范的、标准化的 PPP 交易流程和相关的政策支持。政府应制定相关优惠政策，减少对私营经济的限制，放宽对大型保险基金、社保基金的投资限制，利用减免税费和低息贷款等方式鼓励社会资本以合作、参股、特许经营等方式参与基础设施的建设。

第三，健全的法律法规制度。PPP 项目须在法律层面对政府和私人在项目设计、融资、建设、运营、管理和维护等各个方面的责任、义务和风险进行明确界定，以提高 PPP 项目的运作效率和透明度。项目合同要与相关法律和技术规范做好衔接，确保内容合理、具有可操作性。从法治角度完善价格机制、诚信机制、项目担保机制等，强化政府对 PPP 模式的规范监管和法律保障。

四　我国公私合营的发展现状及问题

相对于发达国家，我国在 PPP 融资模式的理论及应用方面比较落后，我国政府在公共产品和服务的提供方面长期处于垄断地位，国家干预程度较高，政府投资存在效率低下、投资浪费等问题。随着公共事业市场化的推进、民间资本的引入，PPP 模式有效缓解了政府的

①　巴曙松、杨现领：《新型城镇化融资与金融改革》，中国工人出版社 2014 年版，第 92—100 页。

财政支出的压力。从 20 世纪 90 年代起我国水务行业就较早地采用 BOT、TOT 等方式进行投资建设，随着对外开放和市场化改革的深入，PPP 融资模式在我国地铁、水务、垃圾处理、体育场馆建设等领域开始大量推广使用。

据世界银行公布的私人参与基础设施项目数据库（PPI）可知，我国 2000—2014 年私人参与基础设施建设的项目数量变化如图 6 - 6 所示。根据图 6 - 6 可以看出水务（包括自来水供应、污水处理厂等）、交通运输、电力和能源行业总项目数是私人参与基础设施建设的主导行业，而电信行业采用 PPP 模式较少。2013 年中国 PPP 项目的累计总投资为 1278 亿美元，而同为发展中国家的巴西累计投资额达到了 4382 亿美元，我国未来应针对公益性和准经营性基础设施项目加大 PPP 融资模式的运用。

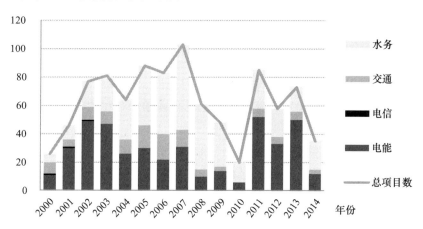

图 6 - 6　我国 2000—2014 年 PPI 项目构成及数量变化

资料来源：世界银行 PPI 项目数据库。

另外，从我国 1990—2014 年 PPI 项目的分行业的分布表（如表 6 - 2 所示）可知，首先，我国采用特许经营模式的公私合营项目主要在水务和交通运输行业。其次，我国采用新建投资的绿地模式的基础设施项目数量最多，合计共有 809 项，约占总项目数的 67.2%。再次，我国使用管理和租赁合同进行项目运营的数量最少，25 年中只有39个项目，约占总项目数的3.2%。最后，我国私人参与电信基础设施建设的项目很少，仅有4个，这说明我国电信行业的垄断程度仍然较高，对私人部门的开放度有待提高。

表 6 - 2　　　　　我国1990—2014年间PPI项目数分布表

分类型	特许经营	资产剥离	新建/绿地模式	管理和租赁合同	总数量
能源	48	56	418	0	522
电信	0	4	0	0	4
交通	70	39	135	1	245
水务	127	12	256	38	433
总数量	245	111	809	39	1204

资料来源：世界银行PPI项目数据库。

2014年财政部公布第一批30个PPP示范项目，2015年12月第二批示范项目206个，项目总投资达6600亿元。我国正处于PPP项目投资发展的初级阶段，未来我国大力发展PPP模式，必须借鉴国际经验，完善配套措施，解决我国PPP模式推广存在的诸多问题。

第一，相关的法律法规不健全、没有专门的PPP立法和管理部门。目前我国PPP有关的法律法规来自于国务院及各部门制定的管理办法，政出多门、法律效力和操作性不足，缺乏统一的、规范的专门法规。第二，没有实现真正的风险转移。目前，我国很多经营性项目都有财政补贴，虽然名义上采用PPP模式，但政府在很多项目中仍承担隐性担保，承担最终的风险，并没有将项目的经营风险、财务风险完全转移。而且目前实施的一些PPP项目运营期太短，只有3～5年，没有解决地方政府财政融资流动性压力问题。第三，PPP项目多集中在使用者付费项目。主要采用特许经营模式，而对于私人主动融资（PFI）、TOT（转让—运营—移交）、ROT（改建—运营—移交）等化解地方融资平台存量公共服务项目，使其转型改造为政府和社会资本合作项目的主要模式运用不足。未来使用者付费公共服务项目应尽量通过市场化方式来解决，政府应主要对非经营性基础设施项目进行适当引导，加大财政资金和政策性金融信贷的作用，引导社会资本进入更多的公益性项目。

第三节　公私合营融资的决定因素实证分析

国外学者 Ahadzi Marcus 和 Graeme（2004）实证分析了英国在公私合营过程中存在的问题，他们发现私人部门在合同协商和条款的制定中，除关注技术和融资方案设计外，也很重视项目实施的外部环境，比如法律因素、政治因素、组织结构和文化特征等。Hammami、Ruhashyankiko 和 Yehoue（2006）实证分析了 PPP 项目的影响因素，主要包括政府约束、政治环境、市场条件等。我国学者柯永建等（2009）通过问卷调查私营部门的综合评价，认为政府需要提供激励措施才能吸引私营资本对基础设施项目投资。陈炳泉等（2010）认为良好的私营机构、适当的风险分担、公私机构的承诺和责任这三点是 PPP 模式关键性成功因素。孙慧等（2012）对现有的 PPP 项目绩效影响因素进行比较，识别出 PPP 项目绩效的 3 大影响因素和 18 个可测量的子因素，并构建了分析 PPP 项目绩效影响因素的结构方程模型。

目前针对发展中国家基建项目 PPP 模式的决定因素的实证分析相对较少。本书拟使用 31 个主要的发展中国家，1996—2011 年 PPI 数据，实证分析影响一国基础设施项目采用 PPP 模式的主要决定因素，其结论对于我国推动 PPP 项目的良性发展也具有较强的借鉴意义。现阶段我国经济已进入新常态阶段，新型城镇化建设亟须推广 PPP 模式，发挥市场在资源配置中的决定性作用。PPP 项目以市场化手段为主导，提高了公共产品数量的同时，提升了公共服务的供给质量和效率，可以缓解我国政府日益加大的财政压力和化解地方政府的债务风险。

一　模型设计及使用方法说明

考虑到因变量为各国每年基础设施中 PPP 项目的总数量，并且发展中国家普遍存在 PPP 项目数在有些年份为零的情况，参考 Hammami、Ruhashyankiko 和 Yehoue（2006）实证分析主要使用事件计数的面板回归模型。设计模型式（6-1）如下所示。

$$NTO_{i,t} = \partial_i + \alpha \times X_{i,t} + \beta \times K_{it} + \mu_t + \varepsilon_{i,t} \qquad (6-1)$$

其中，NTO 代表基础设施中采用 PPP 模式的总数量作为因变量；X 代表重点考察的决定 PPP 模式的主要决定因素，主要包括数据说明中的五个大类自变量；K 代表控制变量指标；μ_t 代表时间虚拟变量，考虑到各国所处不同的经济发展阶段和受经济周期波动的影响。$\varepsilon_{i,t}$ 作为随机扰动项，∂_i 代表不可观测的国家异质性因素。此外考虑到不同实证分析方法的假设条件的满足度和准确度的差异，我们还使用面板的最小二乘估计（OLS）、广义最小二乘估计（GLS）和计数的负二项式（NBRE）和零膨胀泊松模型（ZIP）和零膨胀负二项估计（Zinb）进行对比分析。Hausman、Hall 和 Griliches（1984）、Winkelmann（2003）、Hilbe（2007）认为负二项式模型放松了泊松回归模型要求的条件均值与方差相等的假设条件。条件均值即假设式（6-2），被解释变量的分布满足泊松分布条件式（6-3），∂_i 与 x_i 不相关。

$$E(y_{i,t} \mid x_{i,1} \quad \dots \quad x_{i,T}, \partial_i) = \partial_i m(x_{i,t}, \alpha_0), t = 1, 2, \dots, T \qquad (6-2)$$

$$y_{i,t} \mid x_i, \partial_i \sim possion[\partial_i m(x_{i,t}, \alpha_0)] \qquad (6-3)$$

通过在条件均值中引入一个不可观测的个体效应来推广泊松模型。即当被解释变量 $y_{i,t}$ 的均值和方差不相等时，$y_{i,t}$ 存在过度分散和分散不足的分布特征的情况下，采用负二项回归进行极大似然估计较为准确。如果计数数据中含有大量的"0"值，Mullahy（1986）认为数据生成过程中零结果的性质不同于取某个正值的结果，并提出对零膨胀泊松模型进行改进，可考虑使用零膨胀负二项回归，究竟采用哪种回归方法，主要通过 Vuong（1989）提出的 Vuong 统计量进行检验。

二　数据说明

本书主要使用世界银行定期公布的 PPI 数据库，此数据库主要反映发展中国家基础设施项目建设中私人参与的项目数量和投资总金额的变化。经济性基础设施项目一般划分为四大类：第一类为能源类，包括电力生产和传输、配电系统、天然气传输和配送等；第二类为电信行业，主要包括本地的固定和移动电话、国内的长途电话和国际长途电话等；第三类为交通运输类，主要覆盖机场跑道、码头、铁路建设、货运、客运以及收费高速公路、桥梁、隧道和海港建设等；第四类为水务类，主要包括饮用水生产和配送、污水收集和处理等①。PPI 项目的投资数量作为因变量进入模型。

其他的自变量主要包含五大影响因素：第一类因素主要是反映一国面临的政府约束的变量。包含偿还债务总量（占货物、服务和收入出口比例）、总储备（包括黄金，按现值美元计）、一般政府最终消费支出三个指标。第二类因素主要是反映该国市场需求状况的变量，包含人均国民收入和城市化水平指标。第三类因素主要是反映该国宏观经济稳定性的变量，主要包括消费物价指数和货币化水平（M2/GDP）指标。第四类因素是反映一国政策环境的变量，公众自由度指标、政治稳定性指标和政府监管质量指标。第五类因素是反映一国组织机构质量的指标，包括该国的法制化水平、管理效能和控制腐败程度指标。

此外，为了检验实证结论的稳健性，增加一些控制变量，如对外贸易总额占 GDP 比例指标来反映一国对外开放程度的影响；第二产业增加值/第三产业增加值指标来反映该国产业结构对于 PPP 项目决策的影响；资本账户开放度指标来反映该国金融市场的对外开放程度和国际资本流动的自由度；高等学校入学率来反映该国人力资本的积累对于 PPP 项目的影响②。自变量中前三类影响因素和增加的控制变量主要来源于世界银行世界发展指标数据库（WDI），第四类、第五类影响因素指标主要来源于全球治理指标（WGI）。考虑到数据的可获得性和匹配度，使用数据的时间跨度为 1996—2011 年，用 31 个主要发展中国家的面板数据进行实证分析③。对于总量数据统一使用美

---

　　① Rémy Prud'homme, "Infrastructure and Development", The World Bank and Oxford University Press, Apr. 2004, (4): 153 – 181.

　　② Mona Hammami, Jean-Francois Ruhashyankiko and Etienne B. Yehoue, "Determinants of Public-Private Partnerships in Infrastructure", International Monetary Fund, Working Papers, Apr. 2006, (6): 1 – 39.

　　③ 具体 31 个样本国家包括：墨西哥、阿根廷、巴西、印度、南非、俄罗斯、中国、菲律宾、马来西亚、泰国、印度尼西亚、秘鲁、土耳其、阿尔及利亚、埃及、约旦、突尼斯、越南、智利、哥伦比亚、厄瓜多尔、委内瑞拉、巴基斯坦、斯里兰卡、安哥拉、喀麦隆、肯尼亚、毛里求斯、尼日利亚、洪都拉斯、牙买加。

元计价，并取自然对数处理以消除异方差的影响。主要数据的描述性统计结果如表 6 – 3 所示。

表 6 – 3　　　　　　　　31 个发展中国家数据的统计性描述

变　量	观测值	均值	标准差	最小值	最大值
总投资额/tolinvt/百万美元	496	2962.99	6448.12	0	73668
PPP 数量/ntoiv	496	7.36	15.45	0	119
偿还债务总量占货物服务出口比例/tdebt/%	448	18.10	13.96	0.35	115.31
总储备/inres/亿美元	496	671	2640	0.0956	32500
货币量/M2/万亿美元	496	75.4	331	0.0023	2880
人均国民收入/gni/美元	484	2962.98	2472.58	170	11520
国内生产总值/GDP/万亿美元	496	144	671	0.00835	7420
政治稳定性/sta	403	− 0.68	0.76	− 2.81	1.05
公众自由度/free	403	− 0.34	0.68	− 1.68	1.24
管理效能/eff	403	− 0.15	0.58	− 1.46	1.28
监管质量/req	403	− 0.14	0.60	− 1.83	1.64
法制化/law	403	− 0.39	0.65	− 1.7	1.36
腐败控制/corr	403	− 0.40	0.58	− 1.52	1.55
一般政府支出/gov/万亿美元	461	10.1	30.6	0.00011	203
城市化率/urb/%	496	55.06	20.57	18.31	91.13
总储蓄率/sav/%	486	23.81	10.24	2.56	77.34
贸易开放度/tra/%	492	72.98	40.05	14.93	220.41
产业结构/isb	491	0.76	0.47	0.28	3.46
高等教育入学率/edu/%	343	26.96	17.41	0.60	78.63
资本开放度/kao	448	0.48	0.30	0	1

　　资料来源：世界银行世界发展指标数据库（WDI）、PPI 数据库和全球治理指标（WGI）。

三　实证分析结果

对于计数模型使用不同估计方法进行实证分析的结果如表 6 – 4 所示。由于不可观测效应 ∂_i 与可观测的解释变量 $x_{i,t}$ 相关，因此直接

对参数 α 采用最小二乘估计（ols）与（gls）估计是不一致的。因此我们重点考察计数模型的泊松估计（pois）、负二项式估计（nbre）和零膨胀泊松估计（zip）和零膨胀负二项（zinb）四种估计方法的实证结果如表6－4所示。

表6－4　　　　　PPP 模式总数量的不同估计方式对比表

变量	ols（1）	gls（2）	pois（3）	zip（4）	nbre（5）	zinb（6）
tdebt	0.044	0.46 ***	0.013 ***	0.044 ***	0.026 ***	0.041 ***
	(0.537)	(5.137)	(4.105)	(22.696)	(3.667)	(6.206)
zgov	26.445	69.566 ***	5.45 ***	5.652 ***	2.197	5.497 ***
	(1.236)	(3.317)	(5.287)	(10.976)	(1.509)	(3.287)
inres	－11.045	－31.747 ***	－1.795 ***	－2.904 ***	－0.374	－2.07 ***
	(－2.8)	(－1.103)	(－3.458)	(－3.423)	(－7.281)	(－0.762)
gni	0.001	0.001 *	0.0002 ***	0.0012 ***	0.00142 **	0.0017 ***
	(1.004)	(1.706)	(4.488)	(8.922)	(2.431)	(4.726)
urb	－0.161	－0.074	－0.142 ***	－0.019 ***	－0.058 ***	－0.025 ***
	(－0.987)	(－0.793)	(－10.022)	(－5.903)	(－5.778)	(－2.918)
CPI	－0.005	－0.031	0.001	－0.004	0.003	－0.003
	(－0.066)	(－0.332)	(0.209)	(－1.272)	(0.473)	(－0.319)
m2g	20.054 ***	38.245 ***	1.842 ***	3.408 ***	2.322 ***	3.13 ***
	(3.268)	(9.488)	(6.229)	(35.005)	(5.816)	(10.838)
free	3.206	1.989	0.678 ***	0.833 ***	0.966 ***	0.731 ***
	(1.068)	(0.973)	(3.709)	(14.661)	(3.012)	(4.58)
req	5.068	－5.633 *	1.101 ***	1.428 ***	0.967 ***	0.921 ***
	(1.363)	(－1.653)	(6.069)	(13.945)	(3.964)	(2.97)
sta	0.392	－2.768 *	0.121	0.27 ***	0.032	0.286 **
	(0.195)	(－1.819)	(1.082)	(6.688)	(0.191)	(2.248)
law	9.78 *	2.318	1.422 ***	0.354 ***	2.025 ***	0.727 *
	(1.947)	(0.508)	(5.694)	(2.68)	(4.397)	(1.822)

续表

变量	ols（1）	gls（2）	pois（3）	zip（4）	nbre（5）	zinb（6）
corr	− 2.058	− 1.192	− 0.449 **	0.481 ***	0.371	0.412
	（− 0.459）	（− 0.215）	（− 1.98）	（3.506）	（1.168）	（0.963）
eff	3.949	− 5.799	1.126 ***	− 0.37 ***	0.655	0.201 *
	（0.845）	（− 1.367）	（4.406）	（− 3.293）	（1.387）	（1.881）

注：＊＊＊、＊＊、＊分别表示1%、5%、10%的显著性水平，表中括号内为t值。

从表6-4的实证结果看，首先，关注的是第（3）固定效应泊松回归和第（4）零膨胀泊松回归。从Vuong统计量来看，$Z = 5.11$，远远大于1.96，故拒绝"固定效应的泊松回归"，认为应该使用"零膨胀泊松回归"。其次，比较第（5）标准负二项回归和第（6）零膨胀负二项回归。alpha的95%的置信区间为（0.474，0.779），故可以在5%的显著性水平上拒绝"alpha = 0"的原假设（对应于泊松回归），即认为应该使用负二项回归。最后，零膨胀负二项回归（zinb）的Vuong统计量为$Z = 10.54$，远远大于1.96，故拒绝标准的负二项回归（zip），认为应该使用"零膨胀负二项回归"。实证回归估计主要看第（6）列的零膨胀负二项估计（zinb）的结果。

从影响发展中国家选择PPP模式的决定因素看：

第一类因素中，偿还债务总量（tdebt）的估计系数在零膨胀负二项回归（zinb）的计数估计下，在1%的置信水平上高度显著，并且为正数0.041，这说明一国总债务量越高，政府的偿债压力越大，其在基础设施建设中对于私人资本的参与需求越高。从一般政府消费支出占GDP的比重（zgov）估计系数在零膨胀负二项回归下统计上高度显著，且为正数5.497，这说明一国政府财政支出约束越强，对于PPP项目的需求越高。从总储备指标（inres）的估计系数看，在泊松模型和零膨胀模型中，在1%的置信水平上都高度显著为负数，（zinb）回归估计下系数为 − 2.07，这说明一国较高的外汇储备和资金动员能力可以减少对于私人资本的依赖。

第二类因素主要是反映该国市场需求状况的变量，人均国民收入

（gni）的估计系数在四种计数模型中都高度显著，其中在零膨胀负二项式回归下显著为正的 0.0017，这说明一国人均国民收入越高，对于基础设施和公共产品的需求和购买力越强，对于 PPP 项目的需求越旺盛。从城市化水平指标（urb）的估计系数看在泊松模型和负二项式模型下都显著为负数，在零膨胀负二项式回归下系数为 - 0.025。这说明一国城市化水平越低，未来对于基础设施和公共产品的需求越高，PPP 项目数会越多。

第三类因素主要是反映该国宏观经济稳定性的变量，主要包括消费物价指数和货币化水平（M2/GDP）指标，从 CPI 估计系数看在泊松模型和负二项式模型下都不显著，这说明一国物价水平对于 PPP 项目的决策影响较小。从货币化水平（m2g）指标的估计系数看，在四种计数模型中，在 1% 的置信水平上都高度显著，并且都为正数。零膨胀负二项式回归（zinb）下系数为 3.13，这说明一国宽松的货币政策和经济货币化程度越高，越有利于利用私人资本进行基础设施建设。

第四类因素是反映一国政策环境的变量，包括公众自由度指标、政治稳定性指标和政府监管质量指标。从自由度指标（free）估计系数看，在四种计数模型中，在 1% 的置信水平上都高度显著，零膨胀负二项式回归（zinb）下系数为 0.731，这说明一国的公众自由度越高，市场在资源配置中的作用越强，越有利于利用私人资本进行基础设施建设。政府监管质量指标（req）和政治稳定性指标（sta）系数估计在零膨胀负二项式回归（zinb）下分别为 0.921 和 0.286，在泊松模型和负二项式模型下都统计上显著，说明政府监管质量越高，政府政权和政策越稳定，越有利于私人资本进行长期投资 PPP 项目的决策。

第五类因素是反映一国组织机构质量的指标，包括该国的法制化水平、管理效能和控制腐败程度指标。从法制化指标（law）的 zinb 回归估计系数为 0.727，在泊松模型和负二项式模型下都显著，这说明一国规制体系法制化越健全，越有利于吸引私人资本参与基础设施建设。从腐败控制指标（corr）的估计系数看，在零膨胀负二项回归估计下为 0.412，但统计上并不显著。这说明一国组织结构体系控制腐败能力高低，对于私人资本参与基础设施建设的推动作用并未显现出来。从管理效能指标（eff）的估计系数看，在 zinb 回归估计下为0.201，这说明政府管理效能越高，越有利于吸引私人资本参与 PPP 项目的建设。

四 敏感性分析

首先加入控制变量进行检验，看各主要影响因素的估计系数是否发生显著的变化。具体控制变量主要包括总储蓄率反映该国居民私人拥有的储蓄存款的总规模。对外贸易总额占 GDP 比例指标来反映一国对外开放程度的影响；第二产业增加值/第三产业增加值指标来反映该国产业结构对于 PPP 项目决策的影响；资本账户开放度指标来反映该国金融市场的对外开放程度和国际资本流动的自由度；高等学校入学率来反映该国人力资本的积累对于 PPP 项目的影响。主要考虑使用零膨胀负二项估计对式（6-1）进行稳健性检验，进行稳健性检验结果如表6-5所示。

表6-5　　增加控制变量的零膨胀负二项估计敏感性分析

变量	sav (1)	kao (2)	isb (3)	tra (4)	edu (5)
inres	-1.771 **	-1.428 *	-2.08 ***	-1.317 **	-2.365 **
	(-2.434)	(-1.915)	(-2.81)	(-2.012)	(-2.156)
zgov	4.963 ***	4.147 **	5.798 ***	2.640 *	6.210 ***
	(3.042)	(2.469)	(3.333)	(1.8)	(2.778)
tdebt	0.043 ***	0.036 ***	0.042 ***	0.026 ***	0.042 ***
	(6.578)	(5.198)	(6.073)	(4.472)	(3.585)
m2g	2.434 ***	2.916 ***	3.047 ***	2.705 ***	3.364 ***
	(7.025)	(8.466)	(9.897)	(10.059)	(8.927)
cpi	-0.001	-0.01	-0.003	0.002	-0.008
	(-0.075)	(-1.262)	(-0.411)	(0.346)	(-0.707)
free	0.662 ***	0.767 ***	0.725 ***	0.44 ***	0.877 ***
	(4.269)	(4.325)	(4.494)	(3.054)	(4.392)

续表

变量	sav（1）	kao（2）	isb（3）	tra（4）	edu（5）
eff	0. 583	0. 488	0. 223	0. 676 **	0. 442
	（1. 633）	（1. 384）	（0. 639）	（2. 164）	（0. 967）
law	0. 686 *	0. 658	0. 633	0. 81 **	0. 862 *
	（1. 789）	（1. 644）	（1. 497）	（2. 277）	（1. 663）
corr	0. 879 **	0. 198	0. 382	0. 466	0. 877
	（1. 989）	（0. 449）	（0. 887）	（1. 211）	（1. 593）
req	0. 975 ***	0. 414	0. 908 ***	0. 759 ***	1. 319 ***
	（3. 221）	（1. 219）	（2. 9）	（2. 777）	（3. 622）
sta	0. 239 *	0. 261 *	0. 276 **	0. 035	0. 343 **
	（1. 953）	（1. 667）	（2. 156）	（0. 316）	（2. 013）
urb	- 0. 024 ***	- 0. 019 **	- 0. 024 ***	- 0. 023 ***	- 0. 024 **
	（- 2. 921）	（- 2. 139）	（- 2. 817）	（- 3. 009）	（- 1. 826）
sav	0. 037 ***				
	（3. 506）				
kao		1. 076 ***			
		（3. 327）			
isb			0. 169		
			（0. 562）		
tra				0. 017 ***	
				（8. 862）	
edu					0. 029 ***
					（2. 773）
常数项	- 0. 871	0. 191	- 0. 531	1. 866 ***	- 0. 218
	（- 1. 525）	（0. 308）	（- 0. 841）	（3. 267）	（- 0. 339）
LR 卡方值	189. 38	177. 02	173. 06	243. 93	157. 96
Alpha 区间	［0. 565, 0. 85］	［0. 58, 0. 879］	［0. 598, 0. 89］	［0. 42, 0. 66］	［0. 47, 0. 779］
Vuong 统计量	10. 29	10. 29	10. 3	10. 62	8. 23

注：＊＊＊、＊＊、＊分别表示1%、5%、10%的显著性水平，表中括号内为 t 值。

　　首先，从总储蓄率指标（sav）加入模型后的估计系数看，零膨胀负二项估计的系数为 0.037，并且统计上 1% 置信度上高度显著。这说明一国居民总储蓄率越高，民间资本规模越大越有利于 PPP 项目吸引社会闲置的投资。其次，对外开放指标（tra）加入初始模型后的系数估计来看，系数为 0.017 且在 1% 的置信度下高度显著，这说明一国对外贸易度越高，国际交流和分工越强，越有利于利用国内、国际的资金和技术进行基础设施的建设。再次，从产业结构指标（isb）的估计系数为 0.169 来看，统计上并不显著。第二产业和第三产业的分布情况对于基础设施和公共服务的投资需求影响并不明显。从资本账户开放度指标（kao）的估计系数为 1.076 来看，一国资本账户越开放，管制越少，越有利于私人资本的流动和自由支配，有利于发挥市场配置金融资源的优势，对该国基础设施建设采用 PPP 模式有促进作用。从高等教育入学率指标（edu）的估计系数为 0.029 来看，说明一国的人力资本越丰富，高端的技术、金融、管理人才越多，越有利于促进 PPP 项目的成功。最后，从 Vuong 统计量来看都远大于 1.96，alpha 值所处区间都不包含 0，这说明估计方法选择零膨胀负二项估计是合适的。

　　从五大类主要决定因素的敏感性分析结果看：第一，政府约束类变量，总储备指标（inres）、政府一般消费支出指标（zgov）、偿还债务总量指标（tdebt）三者在统计上都显著，并且与前面理论和实证分析的结论高度一致。第二，市场条件类指标，城市化率指标（urb）在 1% 的置信度水平统计上高度显著，与前面实证分析结果也完全吻合。这说明随着一国城镇化进程的推进，该国对于基础设施建设中采用 PPP 模式的倾向越明显。第三，政策环境类指标，公众自由度指标（free）和政策监管质量指标（req）在统计上都显著为正数，都有益于 PPP 模式的采用和前面的分析吻合。组织机构管理效能指标（eff）和腐败控制指标（corr）在统计上都不显著，这和前面分析的结论也是一致的。第四，法制化水平指标（law）和政策稳定性指标（sta）在统计上都显著为正，符合理论和实证分析的结果。最后，宏观经济稳定类变量，货币化水平指标（m2g）对于 PPP 项目的采用具有显著的影响，而 CPI 物价指标对 PPP 项目决策的影响依然不显著。

进一步使用分行业的数据进行稳健性检验分析，仍然主要采用零膨胀负二项估计模型进行实证分析，结果如表 6-6 所示。

首先，从政府约束变量来看，总储备（inres）对于能源、电信、水务行业的影响仍然显著为负，对于交通运输行的影响不明显。政府一般消费支出和偿还债务总量指标对于四大行业的影响都是正向的，部分行业不显著。这说明从分行业实证分析看，政府约束变量对于一国的基础设施采用 PPP 项目总体上是显著的，不同行业的显著性存在较大的差异。

表 6-6   **分行业采用 PPP 模式的稳健性分析**

变量	能源行业	电信行业	交通运输业	水务行业
inres	-4.238 ***	-1.417	0.999	-21.155 ***
	(-2.784)	(-0.736)	(1)	(-3.128)
zgov	3.546 ***	10.09 ***	0.43	4.87 **
	(2.939)	(3.995)	(0.288)	(2.064)
tdebt	0.412	3.695 ***	1.352 ***	1.192
	(1.087)	(3.545)	(2.683)	(1.564)
gni	1.128 ***	0.531	1.913 ***	0.719 **
	(7.868)	(1.168)	(9.775)	(1.834)
m2g	2.604 ***	0.358	1.443 ***	0.325
	(6.48)	(0.254)	(2.516)	(0.503)
cpi	0.002	-0.029 *	-0.011	0
	(0.392)	(-1.647)	(-1.275)	(0.028)
free	0.962 ***	-0.405	1.021 ***	-0.894
	(3.741)	(-0.618)	(2.806)	(-1.612)
eff	1.242 ***	2.703 ***	0.998 **	1.186 *
	(3.576)	(2.639)	(2.323)	(1.909)

续表

变量	能源行业	电信行业	交通运输业	水务行业
law	1.167***	2.168**	2.438***	1.499**
	(3.997)	(2.124)	(6.01)	(2.487)
corr	-0.039	-0.185	0.029	-1.587***
	(-0.134)	(-0.197)	(0.065)	(-2.788)
req	0.27*	1.421*	1.18***	1.416***
	(1.952)	(1.917)	(3.21)	(3.123)
sta	0.049	-1.256***	0.102	0.189
	(0.342)	(-3.157)	(0.49)	(0.602)
urb	-14.081***	-21.903***	-22.359***	-2.406*
	(-7.441)	(-2.862)	(-7.919)	(-1.961)

注：＊＊＊、＊＊、＊分别表示1%、5%、10%的显著性水平，表中括号内为t值。

其次，从市场条件指标看，人均国民收入（gni）对于PPP项目选择的影响都是显著为正的，这说明一国的市场需求和购买力水平对于该国采用PPP模式进行基础设施建设有促进作用。而城市化率指标（urb）系数与前面的分析也是一致的。

再次，从政策环境类变量看，虽然自由度水平（free）和政治稳定性指标（sta）仅在个别行业中有显著影响，但政府监管质量指标（req）对于各个子行业采用PPP模式都有显著的作用，因此可以认为政策环境因素对于基础设施建设中采用PPP模式仍然是有显著影响的。

最后，从组织机构质量指标看，机构管理效能指标（eff）和法制化水平指标（law）都统计上显著为正，有益于发展中国家采用PPP模式进行基础设施建设。总之，从分行业的稳健性检验的结果来看，除宏观经济稳定性指标（cpi）不显著外，其他四大类经济变量对于发展中国家在基础设施建设中采用PPP模式都有显著的影响。虽然这些因素对各个行业的影响差异较大，但这些差异主要可能源于各个行业的具体特征、竞争程度和各国的要素禀赋有关联。

五　实证分析的结论

从前期文献和理论分析可知,一国在基础设施建设中采用PPP模式进行公私合营。主要由该国面临的政府财政约束、市场需求规模、政策环境、宏观经济稳定性、组织机构的质量、规制化水平等决定。从31个主要发展中国家1996—2011年的面板数据,使用计数模型的零膨胀负二项估计方法实证分析的结果表明:首先,一国面临的财政约束和市场状况对于该国基础设施采用PPP模式具有决定性的影响。其次,该国的政策环境、组织机构和规制化水平对于PPP决策也有显著影响。而物价及货币化指标对于PPP模式的影响比较小。最后,从控制变量看,该国的总储蓄率水平、对外开放程度、资本账户的管制水平和高等教育发展水平对于一国是否采用PPP模式进行基础设施建设有很大的关联。

从长期趋势看,发展中国家随着经济的发展,国民收入水平不断提高,公众对于基础设施项目的需求和质量要求会越高。政府面临财政支出上升的压力增大,迫切需要采用公私合营的PPP模式来填补基础设施供给与市场需求之间的缺口。PPP模式有利于充分利用私人资本的专业和技术优势,按市场化运作提高基础设施项目的融资、建设和运营效率。

第四节　我国基础设施推广公私合营
模式的政策建议

一　我国公私合营推广的重点领域

根据国务院近期发布的《鼓励社会资本投资的指导意见》和财政部发布的PPP示范项目,结合公共基础设施的项目公益性特点,我国应不同程度地引入竞争机制,分类型选择最优的PPP合作形式,近期优先选择技术发展成熟、收益比较稳定的项目,推广供水、能源设施、污水处理、垃圾处理、轨道交通等领域使用PPP模式。具体细分领域如表6-7所示。

表 6 - 7 　　　　　　　　PPP 模式的重点推广领域

重点领域	细分领域	方　案
生态环保	环境监测、污水处理、垃圾治理	政府购买服务、委托治理和运营
市政设施	城镇供水、供热、公共交通、停车设施、城市综合管廊	特许经营、投资补贴、政府购买服务
交通	铁路、公路、航运港口、机场基础设施	开放经营权/所有权,以铁路土地开发收益提供回报
能源设施	电站、电网、油气管网	特许经营、政府补助、政府购买服务
信息和民用空间设施	电信、民用空间设施	民间主体参与、政府采购
社会事业	教育、医疗、养老、文化设施建设	特许经营、公建民营、民办政府补助

资料来源:国务院网站、兴业证券研究所。

二　政府推广公私合营模式的政策改革方向

首先,政府部门角色的转变。在 PPP 模式中,政府部门的职能表现在,制定相关法律法规,形成 PPP 应用于基础设施领域的制度环境;依据法律法规以实现规定的设施或服务标准,对参与 PPP 项目的各私营部门进行监控和管理;选择合适的合作私营机构,共同投资,分担风险、共享收益。政府角色需要从基础设施的投资者和建造者,转变为公私合营项目政策的制定者、采购者、监督者,严格执行契约,有效保护私人产权。在法律层面上,对政府部门与企业部门在项目中各自需要承担的责任、义务和风险进行明确界定,保护双方利益。发挥政府引导作用,政府出面设立 PPP 引导基金,2015 年 10 月初,财政部联合 10 家银行、保险等机构,出资 1800 亿元设立中国的公私合作 PPP 融资支持基金,支持基础设施领域 PPP 项目的发展。部分地方政府也设立了地方性的 PPP 引导基金,如山东设立 800 亿元 PPP 发展基金,江苏、安徽等省分别成立百亿元 PPP 基金。

其次，未来大力推广 PPP 融资的原则：根据基础设施项目的公益性，不同程度地引入竞争机制，分类选择合作模式，适当实施负面清单管理。对具有明确收费基础，并且经营收益能完全覆盖投资成本的，可通过授予特许经营权，采用 BOT、TOT 等模式推进。对经营性收益不足，无法覆盖投资成本的准经营性项目，可通过授予特许经营权附加补贴或直接投资参股等措施运作。对于缺乏"使用者付费"的公益性项目，主要靠政府付费收回投资成本，可由政府购买服务、委托经营等模式推进。具体措施包括：第一，优先选择一些具备稳定现金流、投资规模大、合同期限长的可经营性基础设施项目进行试点。如高速公路、水务、燃气、地铁、保障房建设、园区建设等，以提高民间资本的积极性。第二，充分利用税收、价格、投资补助、政策性保险等方式规范引资行为，建立基础设施投资补偿机制，以吸引社会资本，拓宽城镇化融资渠道，形成多元化的资金投入机制。第三，要加大 BOT、TOT、PFI 等项目融资力度，更多地吸引民间资本和外资进入城市建设项目，打破石油、铁路、电信、资源开发和公用事业行业的垄断地位，发展与城镇化产业投资相关联的混合所有制经济。第四，引导鼓励证券公司、信托公司、保险机构参与基础设施项目的各个发展阶段提供业务服务。引入养老基金、货币市场基金及社保基金等追求长期稳定收益的资本、股权参与 PPP 基金项目。

最后，构建有效的监管体系。目前，英国有综合行政部门下相对独立的纵向一体化监管体制；美国有纵向一体化和横向一体化独立监管机构相互分权体制；新加坡有行业纵向一体化为主的监管和管理混合体制。英国、欧盟、澳大利亚和美国等都已建立专门管理机构为私人投资于基础设施部门，提供各种便利。强化契约机制，运用合同管理来厘定政府与社会资本的风险分担及收益分配，通过市场化竞争机制控制系统性风险。我国应该在财政部设立 PPP 项目管理部门，其职能主要包括：制定相关政策、实施指南、项目决策、评估、发布项目信息、监督管理等。

第七章 其他基础设施融资模式创新

本章主要介绍其他基础设施融资模式的运用。首先，介绍产业投资基金融资模式的含义、特点及运作方式；其次，介绍政策性金融信贷融资的特点、职能及风险防控；再次，介绍信托融资计划的发展现状及特点；最后，简要介绍融资租赁方式在公共基础设施领域的运用。

第一节 产业投资基金融资方式

一 产业投资基金的含义、特点及运作结构

基础设施产业投资基金融资模式，即地方政府以基础设施项目公司为载体，邀请对口的产业投资基金入股，吸纳投资基金进行城市基础设施建设。按投资领域的不同，我国产业投资基金分为创业投资基金、企业重组投资基金、基础设施投资基金等。基础设施投资基金主要投资于能源、原材料、交通运输、邮电通信等基础设施领域。产业投资基金的运作流程如图 7-1 所示。

产业投资基金具有以下一些特点。第一，属于股权融资，经营管理效率高，投资规模大、期限较长，适合基础设施融资需求。同时股权投资性质决定了其将致力于通过参与企业经营管理获得股权增值收益，基金管理人较少在意企业的短期效益，而更关注企业的长期经营管理。为融资企业提供多方面的管理型服务，包括项目的日常运营、企业经营战略组织结构调整等重大问题、参与项目风险评估和控制，降低投资风险。第二，对投资者有较强的吸引力，基础设施资产具有

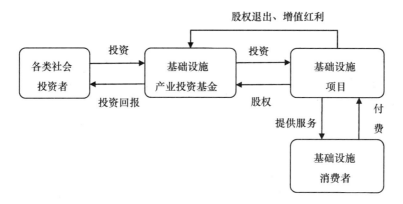

图 7 - 1 产业投资基金的运作流程

收益稳定、周期长、风险低的特点，能够为投资者带来长期稳定的收益，对于社会保障基金、商业保险等保守型的长期投资者有吸引力。此外，上市退出的保障性大，企业资产规模大、收益稳定，易满足主板市场的上市条件，易成为蓝筹股，股票的流动性较好。第三，有助于降低地方政府财务负担。由于股权性质，没有硬性的利息负担，地方政府不存在每期还本付息的压力。

2006 年以前，我国的产业投资基金均为境外或中外合资基金。2007 年 1 月，经国务院批准，我国的渤海产业投资基金正式成立，由 6 家大型国有企事业单位出资发起，首期募集资金 60.8 亿元，存续期 15 年，基金主要用于为环渤海地区的交通、能源等基础设施项目及创新型企业的发展。渤海基金治理结构如图 7 - 2 所示。2007 年 8 月，第二批试点产业投资基金，其中有两只为基础设施基金，即广东核电新能源基金和山西能源基金。随后 2008 年 7 月，第三批试点又有两只基础设施基金进行组建，分别为华禹水务产业投资基金和重庆基础设施产业投资基金。此后，我国产业投资基金设立由审批制变为核准制。2012 年，全国共有 369 只私募股权投资基金，投资基金得到快速发展。

自 2006 年以来，我国基础设施产业基金进行了有益尝试和实践，但从我国地方政府融资中发挥的作用看，并未广泛采用。我国还存在

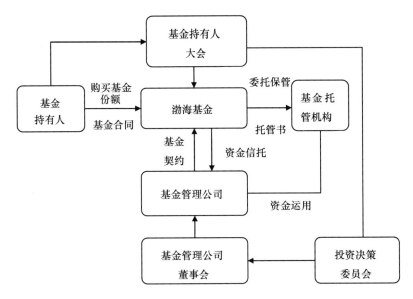

图 7-2　渤海基金治理结构

私募股权基金市场发展不成熟、相关法律不健全、缺乏产权投资基金二级交易市场以及退出机制不完善等问题。

二　扩展城市开发基金

城市开发基金融资模式是地方政府与专业投资公司通过成立合资公司或合资基金加强合作，筹集民间资本参与城镇化基础设施建设。开发基金融资模式有利于滚动开发吸引新的投资者。地方政府可以发起种子基金，与专业股权投资基金合作建立各种类型的城市基础设施投资基金。引导民间私人资本、保险基金、养老基金参与基金募集，从而形成多元化的资金来源。2009 年，光大控股与澳大利亚麦格理银行共同组建光大—麦格理基础设施产业基金就是很好的范例。2012年 3 月，由全国工商业联合会发起的城市基础设施产业投资基金，基金总规模为 100 亿元人民币，首期认缴 25 亿元，主要以股权形式投资于中国城市基础设施，并关注环保、新能源和信息技术应用等基础设施新兴领域。

三　鼓励保险资金参与各类基金投资计划

2015 年 9 月，保监会出台了《关于保险业支持重大工程建设有关事项》的意见，首先，提出发展重大工程建设投资基金，积极发挥中国保险投资基金作用。允许专业保险资产管理机构发起设立股权基金、并购基金、夹层基金等私募基金，支持基础设施、棚户区改造、城镇化建设等民生工程和重大工程。同时，鼓励保险资金参股政府出资发起设立的各类投资基金，动员保险资金积极参与国家三大战略和重大工程实施。其次，鼓励保险资金利用股权和债权投资方式投资基础设施项目。拓展保险资金投资于基础设施项目的行业范围。最后，鼓励保险机构发起企业应收账款证券化，推动铁路、公路、机场等项目企业证券化产品的发行，以盘活存量资产，优化金融配置。探索保险资金参与重大工程银团贷款，降低融资成本。充分发挥保险资金长期投资和保险业风险保障的独特优势，支持重点工程建设，进一步加强保险业对经济增长和结构调整的支撑作用，助推实体经济发展。

第二节　政策性、开发性银行贷款

政策性、开发性金融普遍存在于当今世界各国，由于市场存在着不完全竞争及金融机构本身的缺陷，导致金融市场也会出现市场失灵，金融市场失灵可以通过政府创立政策性金融机构来解决，以达到经济的有效性和社会的公平性。1994 年，我国成立了国家开发银行作为我国大型基础设施领域的主要开发性、政策性金融机构。国家开发银行主要为关系国家经济发展命脉的基础设施、支柱产业的重大项目提供信贷支持。2008 年以后，国家开发银行整体改制为我国的专业性商业银行，继续为大型基础设施建设进行先导性的融资支持。国家开发银行根据不同类型的基础设施建设，制定了不同的融资方案和信用结构。比如，为交通等有经营性收益的项目，国家开发银行发行中长期的金融债券融资。而对于电网公司和收费公路分别采用的是信用贷款模式和收费权质押模式。国家开发银行通过发挥开发性金融作用，引导社会资金投向，有效缓解了我国大型基础设施建设的融资瓶颈约束。

一 政策性金融的主要特点

政策性金融一方面可以直接为基础设施项目筹资和投资；另一方面也可以通过制度的安排带动民间资本投资，从而成为推进我国城镇化的重要融资渠道。政策性金融机构与商业性金融机构的特征对比分析见表7-1，政策性金融是以政府信用为基础，主要目标是执行国家的宏观经济政策和积极引导社会资金投入基础设施建设等项目。通过开展专业性信贷、担保、保险以及增信业务，实现最大化的社会效应。城市基础设施项目通过商业银行和直接在资本市场融资相对困难，更适合由政府资金来引导投资项目的完成。政策性金融介于一般商业银行与财政投资之间，更适应城市基础设施建设融资要求。

表7-1　　　　　　　政策性金融与商业银行对比分析

项　目	政策性金融机构	商业性银行
担保信用	政府信用	以法人资产作担保
资金来源	政府注资或发债筹资	股东资本或吸收公众存款
目标	执行政府政策，引导社会资金	追求利润最大化
性质业务	政策性金融业务，担保、保险、增信服务等	商业性金融业务、中短期信贷业务，以零售为主

资料来源：魏加宁，2014年10月《新金融评论》整理所得。

二 政策性金融的职能定位

首先，支持外部性很强的准公共产品的生产和流通，包括城乡基础设施建设、城市开发、区域开发、老工业基地改造等。解决基础设施投资长期资金不足的问题。对于商业银行来说，由于以营利性与流动性为目标，而且资金来源多为短期性存款，难以承受开发建设的长期集中大额投资和风险；对于资本市场，目前我国资本市场发育还不成熟，市场容量有限，市场层次和机制都有欠缺，因此承担长期风险功能有限，只能解决成熟行业企业的直接融资问题。

其次，经济的逆周期调控。商业性金融机构对经济信号具有正反馈机制。当经济越不景气就越惜贷，经济越是趋热，就越扩大信贷规模。而体现政府意图的政策性金融机构完全可以进行逆周期调节。经济不景气时扩大信贷规模，经济过热时配合政府调控适度减少信贷投放规模。政策性银行贷款可以克服商业银行贷款与项目建设周期期限错配的缺陷，为地方基础设施建设提供长期可持续的低成本资金，实现国家的宏观经济发展目标。

最后，开发性、政策性金融，引导商业性金融和民营部门资金投入。对于一些大型基础设施项目，一些商业银行为回避长期投资和收益率不高的风险，往往不愿意发放贷款。政策性金融可以利用政策性优惠提供基础设施项目的前期开发资金，降低项目投资的风险，便于随后推出银团贷款方式或吸引其他社会资金进行投资建设。为促进城市化发展的地区均衡，地方政府债券按市场原则发行，在地区发展不平衡的现实条件下难免会因"马太效应"而加剧欠发达地区融资困难。因此需要政策性金融配合政府引导基金和贴息等政策为落后地区提供信贷支持，促进地区经济均衡发展，防止过度出现"马太效应"。

三　政策性金融的风险防控

为保证政策性金融机构的可持续发展，必须加强对政策性银行的监管，防范其金融风险的发生。第一，可以采取负债规模控制机制。政策性金融机构对可持续发展可能重视不够，有反复申请政策优惠的倾向，容易有过度扩张的冲动。因此可按照《巴塞尔协议》和通用银行的监管规则控制总体负债的规模。例如，原日本开发银行和韩国开发银行对政策性金融机构发行金融债有不得超过其缴纳资金和准备金总和的10倍的限制。第二，实行资本约束和保持资本充足率。必须严格贷款审批制度和对贷款对象的严格信用评级，按贷款的未来损失概率来进行贷款分类，按风险的加权进行资本约束。保持与商业银行类似的资本充足率要求。第三，完善公司治理，加强内部风险控制。政策性金融应参照商业性金融机构构建内部风险评价及控制机制、建立经营业绩、贷款质量以及费用支出等方面的一整套考核指标体系。提高其风险防范与控制能力，建立董事会制度，推动公司治理结构的完善。

未来我国应加大开发性和政策性金融的引导作用，加大对城市基础设施建设的支持力度。要积极参与地方融资平台的规范运行，通过创新引导商业性金融和社会资本的投入；通过注入资源、股权，赋予特许经营权等方式，充实投融资主体的实力；利用银团贷款、专项贷款服务基础设施建设。

第三节　信托融资计划

一　信托融资计划的含义

信托融资计划具有灵活、多样、适用性广、风险小而收益稳定等特点。信托公司发行信托计划采用股权投资合作开发及信托贷款等方式筹集社会资金，投资于道路交通、水务、能源、通信等公共基础设施项目。信托计划有利于充分吸收社会资金，通过打包一些收益稳定而发展前景好的基础设施项目向市场出售，筹集分散的社会资金用于大型基础设施建设。

由于只有那些盈利能力较强的项目才能吸引信托投资，所以地方政府通过信托计划融资筹集到的资金主要用于港口、码头、城镇供热、供水、供电等有稳定收费收入的项目，如果项目未来盈利能力较差，政府通常要给予一定程度的补贴。信托公司将募集到的社会资金贷给地方政府发起的项目投资公司，同时引入地方政府作为第三方为信托提供担保。担保的形式包括地方政府以地方财政收入或者国有土地使用权出让收入、房产、其他优质公司的股权等设立担保。

二　我国信托投资的发展现状

1998 年金融领域监管以来，信托产品逐渐成为地方政府的常规融资工具。2002 年上海外环隧道项目信托计划发行成功之后，各地纷纷采用信托业筹集资金，弥补公共事业和基础设施建设资金的不足。2015 年我国信托资产规模超过 16 万亿元，2015 年第三季度末，信托资金投向两大领域：一是工商企业约 3.25 万亿元，占比 22.61%；二是投向基础产业的资金信托配置规模为 2.7 万亿元，占比为 18.79%。超过投资于资本市场的资金总额 2.67 万亿元和金融机构资金规模 2.37 万亿元，说明信托行业在金融业双向开放的大背景下，越加重视服务实体经济和加大基础产业领域的资金配置。信托公司在保持资产证券化、投资、融资、PE 等传统业务优势的同时，正加强与地方政府合作，拓展以城市发展基金、产业投资基金为工具的政信合作模式，通过 PPP 等方式参与解决地方政府的债务问题。

三 我国的铁路专项信托

根据中国证券报数据，预计"十三五"期间我国铁路固定资产投资总额将达到 3.5 万亿～3.8 万亿元，其中基本建设资金需求约 3 万亿元。2016 年政府工作报告中提出继续发挥有效投资稳增长的关键作用，铁路投资约 8000 亿元。铁路投资建设如果仅仅依靠传统的信贷资金以及国家拨付资金难以满足现有投资需求。铁路专项信托就是专门为铁路建设提供投融资服务的信托业务，发挥信托制度优势，参与国家基础设施建设。

从中外经验看，信托制度能够有效参与到国家基础设施建设当中去，例如，美国就曾经成立了很多铁路信托基金、高速公路信托基金等，支持基础设施建设；日本引进信托制度的初衷就是为本国基础设施建设提供长期资金支持。这些国家的成功经验表明，信托制度在促进国家基础设施建设方面能够发挥较大作用。信托业作为服务实体经济的重要金融中介机构，可以充分利用其杠杆效应，更广泛地吸收社会闲散资金，聚少成多，参与当前铁路基础设施建设，促进其资金来源多元化。

2015 年 9 月，银监会出台《关于信托公司开展铁路发展基金专项业务有关事项的通知》（以下简称"铁路专项信托"），对铁路专项信托实行核准制，同时降低铁路专项信托业务门槛，最低委托资金仅为 1 万元，并且不限制参与人数。通过铁路专项信托与铁路发展基金对接，按市场化原则运作，鼓励公众参与信托计划，可有效拓展铁路建设的资金来源。

第四节　融资租赁模式

融资租赁是以租赁物所有权和使用权相分离为特征的融资方式。其融资方式灵活，承租人可以结合自身状况选择直接融资租赁、售后回租、杠杆租赁等方式。融资租赁作为一个新兴行业，在我国城市基础设施建设中已经有了初步应用。我国目前融资租赁企业只有 560 家，渗透率不足 5%，发展空间巨大。融资租赁作为一种将融资与融物相结合的新兴融资模式，与银行贷款等传统融资方式相比，对融资主体信用度要求较低、担保审批程序简单，操作灵活方便、融资规模大，其独特的优势非常适合高速公路建设、城市轨道交通、供排水、公交车辆更新、热力和城市燃气等领域。

一　融资租赁的优势

第一，优化融资结构，降低负债风险。当前地方融资平台负债率较高的状况下，地方政府使用售后回租方式，可将基础设施固化资产转化为现金资产，增强流动性资金，改善资产负债结构。第二，操作便捷，降低成本。融资租赁相对银行贷款和发行债券，具有手续便捷、融资成本低的优势。融资租赁公司主要关心项目自身的效益，对企业信用状况的审查也仅限于项目自身，对企业资信和担保的要求相对不高。融资租赁可使企业在较短时间内获得设备的使用权，缩短项目建设周期。第三，租金支付方式灵活，减轻资金压力。与银行信贷资金还款付息方式比较固定、到期需要一次性还本不同的是，融资租赁的租金可以按承租人的现金流来配备。租金的支付可以"前期少还，后期多还"或是"前期少还，中间多还，后期少还"等多种方式。企业新投资一个项目，前期现金流小，租金可少收，只收利息。第四，投资方所承担的风险较小。融资租赁出租方拥有租赁物的所有权，与抵押权相比，所有权的风险相对小一些。

从与其他的融资方式进行对比分析表 7 - 2 的情况看，融资租赁的筹资速度较快，融通资金的使用时间较长，适合为以设备投资为主体的基础设施项目进行融资。

表 7 - 2　　　　　　　　　地方政府不同融资方式的比较

融资方式	筹资速度	融资期限	融资成本	适用领域
银行贷款	较快，1~2个月	短，5年以内	5%~8%	所有市政设施
发行债券	慢，6个月左右	较长，5~10年	低，4%~7%	所有市政基础设施
信托计划	快	短，通常5年以内	最高，通常10%以上	政府主导基础产业
资产证券化	较慢，3~6个月	较长	较低	有稳定现金流、经营性项目
产业投资基金	慢	长	股权融资，无须还本付息	基础设施建设
融资租赁	较快	长，通常5年以上	较高，9%左右	以设备投资为主体的基础设施项目

资料来源：根据 2014 年鹏元资信评估有限公司相关研究报告整理所得。

二　融资租赁的主要类型

从租赁模式看，基础设施融资租赁通常采用的模式有直接融资租赁、售后回租和杠杆租赁三种。

第一，直接融资租赁。是指金融租赁公司根据政府的意愿和要求，委托项目建设机构进行基础设施项目开发，建成后租赁公司将基础设施出租给政府，政府定期向租赁公司支付租金。租赁到期后，政府再以少量资金购买此基础设施资产的模式。租赁额以租金方式逐年分摊机制使得其表现出较好的投资乘数效应，即投资主体在初始阶段只要支付少量租金即可开始运营此资产。在城市基础设施建设中，特别是在轨道交通、城市供水和污水处理、电网、公共交通等建设中，设备投资会占相当大的比例，充分运用设备直接融资租赁，可以大幅度缓解公共项目的投资压力。如武汉地铁就成功运用直接融资租赁方式，大大缓解了地方政府资金紧张的局面。

第二，售后回租。即政府把已经建成的基础设施出售给租赁公司取得出售收入，之后再作为承租人向租赁公司租回出售的基础设施进行使用，并定期缴纳租金，到期后再回购基础设施的方式。售后租回的主要目的是盘活存量资产，将其转变为流动性强的现金资产。在城市基础设施建设项目中，可以将已建成的存量资产先出售后租回，既可缓解公共基础设施公司新建项目的资金压力，也不影响企业正常的生产经营，从而形成滚动开发的格局。目前，售后回租在基础设施建设中已经有较多尝试，如武汉城投与工银租赁签署高达 200 亿元的售后回租协议，涉及污水处理、热力、发电、垃圾处理等众多项目；山东高速公路以售后回租方式融资 19 亿元等。

第三，杠杆租赁。涉及承租人、出租人和贷款人三者间的三边协定，它是由出租人（租赁公司）拿出部分资金，然后加上贷款人（银行或银团贷款）提供的资金，用于购买承租人所需要的设备资产，并交由承租人使用。而承租人使用租赁资产后，应定期支付租赁费用。出租人可按租赁资产价值的 100% 享受折旧及其他减免税待遇，只须将设备抵押给贷款人就可获得贷款人大额的融资，多应用于总金额较大的设备租赁。

第八章　结论及展望

本书第二章从理论上分析了基础设施投资对我国经济增长的促进作用显著，实证表明我国基础设施投资存量并未达到最优规模，正处于倒"U"形曲线的上升阶段，未来我国应继续发挥基础设施促增长的积极作用。第三章，明确我国新型城镇化基础设施融资的现状和主要问题，发现传统的地方融资平台和信贷融资已无法满足我国未来新型城镇化的资金需求，必须寻求新的融资渠道。从国际的视角，分析总结发达国家和发展中国家基础设施融资的典型模式和成功经验。最后，提出我国未来基础设施融资模式改革的原则和创新的路径。第四到七章，分析从发行地方政府债券、资产证券化、PPP 模式、信托、融资租赁、产业投资基金、政策性金融等方面进行基础设施融资的改革和创新，并提出具体的对策建议。本章将给出本书研究的基本结论和主要的观点。

第一节　基本结论

本书在我国新型城镇化加速发展的背景下探讨基础设施建设的融资问题。

首先，分析了基础设施融资模式的决策机制，根据消费者、政府、企业三部门模型的一般均衡数理分析以及基础设施投资时机选择理论，结合我国近年来的省际面板数据，运用系统 GMM 估计方法实证分析我国基础设施投资对经济增长的经济效应。结果表明近年来我国基础设施投资对于经济增长的拉动作用十分显著，两者之间存在倒

"U"形关系，并且我国基础设施投资正处于倒"U"形的上升阶段。以前我国基础设施投资长期滞后于生产性资本的投资，未来我国要继续加大基础设施的投资力度，以发挥基础设施投资稳增长的关键作用。

其次，回顾了我国的基础设施投融资体制发展历程，主要经过三个发展阶段。目前，我国城镇化基础设施融资资金来源主要有：一是政府财政资金包括土地使用权转让收入。二是地方融资平台公司发行的城投债券、中期票据和各类机构的信贷借款。三是国内外贷款，主要包括国内开发性、政策性、商业性金融机构贷款和利用国际金融组织等外资的贷款。四是其他自筹资金和各类社会资本。长期以来我国城镇基础设施实行的是高度集中的政府投资体制，目前融资平台公司和银行贷款的城镇化融资方式存在诸多问题亟待解决。

最后，通过梳理国外城市基础设施融资的发展历程，发现发达国家基础设施融资模式由原来单一的政府主导模式转变为政府与私人共同参与的民营化主导的混合模式。基础设施融资市场也从政府垄断的封闭型市场转变为向全社会资金开放的竞争型市场。西方国家在基础设施及自然垄断行业经历过由民营化到国有化再到民营化的历史变迁过程。

西方发达国家原有的政府单一融资主体格局的打破，新的市场化投融资渠道逐步建立，同时政府财政融资渠道也得到拓展。一是建立专业信贷、专业基金的信贷融资渠道（如发达国家设立的开发银行和城市基础设施开发基金或市政建设基金），执行政策性金融目的，通过信贷支持和优惠利率等手段支持城市基础设施的建设。二是广泛地利用资本市场为基础设施融资是发达国家的普遍做法。建立以债券、股票为基础的直接融资渠道，美国、日本、西欧国家鼓励地方政府发行市政债券进行基础设施融资。三是允许大量公共基础设施项目公司发行股票和公司债券进行融资化解基础设施和公共服务的融资困难。国外基础设施建设融资总的发展趋势是以市场化融资为主导，充分利用私人资本进行基础设施建设，开辟市政债券、特许经营、融资租赁、资产证券化等多元化融资渠道。

未来我国基础设施融资模式改革应以多元化、市场化、可持续为原则，强化市场化融资为主导，加快融资模式的改革与创新。政府应发挥引导作用，根据基础设施的经营收益性质分类推进，拓宽直接融资渠道，放宽准入限制，鼓励社会资本通过 PPP、项目融资、资产证券化、产业投资基金、信托、融资租赁等形式参与基础设施的融资。

第一，对于非经营性基础设施项目可通过发行地方政府一般责任债券融资。借鉴美国、日本、西欧发达国家市政债券的发行和风险控制经验，结合我国前期地方政府自主发债试点出现的问题，提出我国发展地方政府债券应加强信息披露、建立偿债准备金制度、信用评级制度。为防范地方政府债务违约风险，运用层次分析法从宏观经济环境、财政支付能力、偿债压力三个方面构建我国地方政府的债务风险预警指标体系，并结合我国 2013 年地方政府债务审计数据，实证分析我国各省地方政府的债务风险状况。

第二，对于经营性基础设施项目可加大资产证券化融资创新。通过基础设施收益证券化、银行信贷资产证券化、离岸资产证券化三种模式盘活存量基础设施资产。利用跨国面板数据使用加入证券化因素的 CC－LM 模型实证分析资产证券化的宏观经济效应，结果表明资产证券化对信贷市场的扩张效应显著。未来我国应加快基础设施资产证券化，扩大证券化基础资产范围，完善定价机制，扩大投资主体，提高证券化市场的流动性。

第三，对于准经营性和部分经营性基础设施应大力推广 PPP 融资模式。总结国内外基础设施使用 PPP 融资模式的经验和成功的必要条件。为研究基础设施融资采用 PPP 模式的决策影响因素，使用世界银行 PPI 数据运用计数模型的零膨胀负二项估计方法进行实证分析，结果表明一国在基础设施融资中是否采用 PPP 模式，主要由该国面临的政府财政约束、市场需求规模、政策环境、宏观经济稳定性、组织机构的质量、规制化水平等因素决定。未来我国基础设施项目 PPP 模式推广应首先以轨道交通、污水垃圾处理、供水供电等投资需求大、定价机制相对透明、有稳定现金流、适合市场化经营的项目为主。同时应加快 PPP 的立法进程和政府职能的转变，为 PPP 的推广创造良好的制度环境。

最后，提出加大政策性、开发性金融机构对基础设施的信贷支持，利用各类产业投资基金、信托投资计划、融资租赁等金融工具，满足我国新型城镇化过程中基础设施建设的多样化融资需求。逐步构建形成我国政府引导、市场为主的多元化、多层次、可持续的基础设施新型融资体系。

第二节　对策建议

一　推动地方政府债券的发行改革

我国地方政府债券发行的改革，经历了中央政府代理发行地方政府债券，地方政府试点发行中央代为偿还，以及地方政府自发自还的试点。随着《预算法》修正案 2014 年 8 月的通过，法律上已允许地方政府自行举债。地方政府自行发债权限目前限于省级政府，发行地方政府债券举借债务进行规模控制，必须在国务院确立的限额内。美国、日本、德国、英国、法国等国家已有成熟的发行市政债券的经验。通过借鉴国外市政债券的发行制度及经验，未来我国地方政府债券发行改革应从下面几个方面展开。

第一，从发行品种安排看，按照公益性项目有无收益分为一般责任债券和专项债券。没有收益的公益性项目可以发行一般责任债券融资，以地方政府财政收入偿还，适时扩大财产税的征收范围，使地方政府获得更多的税收收入保障公共基础设施的供应。对于有现金流收入的公共项目地方政府可以发行专项债券融资建设，主要以专项收入或政府性基金收入偿还。此外，可借鉴德国、日本的经验，探索跨区域的发行地方政府联合债券，甚至到国外资本市场发行国际债券筹集资金。利用资产组合集合的规模效应，降低融资成本、提高流动性。

第二，从市政债券的交易安排来看。市政债券的投资主体初期应仅限于国内投资者，并以金融机构、保险公司、社会保险基金、企业年金、住房公积金等机构为主，随着市场规范成熟后，再逐步放开投资主体的范围。探索市政债券做市商制度，目前，银行间债券做市商制度在活跃债券市场，提高流动性方面发挥重要作用。对于市政债券，建议可借鉴银行间市场做市商制度，提高市政债券的二级市场流动性。建议适当降低做市商准入标准，鼓励更多交易活跃、定价能力强的金融机构成为银行间债券市场做市商；增加做市商的类型，包括商业银行、证券公司、保险公司、基金和合格境外机构投资者（QFII、RQFII）等；为做市商提供优先购买债券、进行债券借贷以及在银行间债券市场进行产品创新的政策支持。最后，鼓励个人投资者通过商业银行和证券公司柜台进行购买和交易地方债。

第三，建立偿债准备金制度和债券保险制度。美国以发行价值的10%作为偿债准备金；英国以债务本金的4%作为偿债备用金；日本以债务余额的1/3作为偿债准备金。结合我国2015—2018年地方政府债务余额各年偿还金额占比的均值可初步确定，我国地方政府偿债准备金提取标准为地方政府债务余额的15%左右。借鉴美国、德国、日本的经验对于地方政府债券余额进行保险安排，利用强制性保险来防范意外事件的发生，防止地方政府无法及时偿还到期债券的本金和利息支出。同时要完善地方政府债券的增信机制，支持扩大地方债作为抵押品的使用范围，通过构建实物担保、反担保、分级担保等多元化的担保机制，对一些中西部省份的地方政府发债提供必要的增信支持，避免越是贫困地区越难以发债的"马太效应"①。

第四，适度扩大地方政府发行债券的规模。目前，地方政府债务统一由省级政府在国务院批准的限额内采用地方政府债券的形式举借，应加快扩大地方政府发行债券的规模，逐步用地方政府债券规范的融资方式置换现有的大量地方融资平台的债务，将地方政府隐性债务显性化，降低地方政府债务融资的成本。2015年我国发行地方政府债券置换存量债务3.2万亿元，债务成本由10%左右下降到3.5%，降低利息负担约2000亿元。未来三年，我国还需置换通过银行贷款等非政府债券方式举借的部分债务约11万亿元。因此，省级

---

① 魏加宁：《地方政府债务风险化解与新型城市化融资》，机械工业出版社2014年版，第219—226页。

财政部门应实施地方政府债券的限额管理，地方政府在限额内可以举借新债或借新还旧[①]。构建地方政府债务风险多维综合预警指标体系，可有效预防地方政府债务违约的发生，同时把地方政府债券纳入地方年度预算管理，并严格按计划执行。

第五，完善信息披露和信用评级制度。我国证券市场已经初步建立了信息披露制度，但对地方政府债券的信息披露要求还不完善，未来可考虑从地方政府财务数据、募集资金用途、项目情况、偿债机制等方面加以约束。信用评级机制也是解决市政债券信息不对称问题的重要手段。通过对地方政府执政区域和范围内的经济、财政、政府性债务、政府信用、政府治理等多方面状况进行全面的分析和评价，通过其信用级别的高低影响其融资渠道、规模和融资成本，是形成市政债券的发行利率的主要依据。

第六，构建地方政府债务风险预警指标体系。参考标准普尔和穆迪对地方政府债务评级的指标，采用层次分析方法（AHP）来选择预警指标并确定权重。从宏观经济环境、财政支付能力、债务偿还压力三个方面，选择八个指标来构建我国省级地方政府债务风险预警指标体系。

二 加快基础设施资产证券化创新

由于地方政府基础设施项目中很大部分具有稳定的现金流，符合资产证券化融资的条件。比如高速公路收费收入、桥梁隧道通行收入、水电燃气费收入以及污水处理收入等。未来具有稳定现金流的基础设施项目，应优先考虑进行资产证券化融资模式以盘活存量资产。通过对基础资产选择的条件，以及未来基础设施资产证券化的可行性路径分析。未来基础证券证券化主要存在三种模式：基础设施项目收益证券化、银行信贷资产证券化模式、离岸资产证券化模式。未来可以从以下几个方面推进我国资产证券化健康有序发展。

[①] 董仕军：《中国地方政府投融资平台公司改革与债务风险防控》，经济管理出版社2015年版，第105—109页。

首先，丰富参与主体，逐步增加基础资产池类型。在实践中，由银行发起证券化，在银行间市场发售，由其他金融机构购买，使风险仍然滞留于银行业内部。因此必须扩大参与主体、提高市场的流动性。第一，扩大发行主体。不仅仅商业银行、券商可开展信贷证券化、企业资产证券化、资产支持票据业务，应允许其他金融机构参与。比如证券投资基金公司、期货公司、汽车金融公司、资产管理公司以及金融租赁公司等，引入业务竞争机制，提高金融服务效率。第二，扩大资产证券化的基础资产。在大力发展优质资产（如个人住房抵押贷款、基础设施中长期贷款、基础设施收费、BT项目贷款）证券化的基础上，积极推进企业应收账款、资产支持票据和租赁资产的证券化，进一步拓展非信贷资产证券化，诸如石油、天然气、电力等能源收入证券化，航空、铁路、轮船等客货运收入的证券化。第三，扩大投资群体。允许支持国内养老基金、证券基金、保险公司和企业年金等非银行金融机构参与资产证券化的交易，增加合格境外机构投资者（QFII）的投资额度。

其次，尽快完善定价机制。资产证券化产品定价思路与一般固定收益产品相似：获得每期的现金流；选择合适的利率曲线；计算利差（名义利差、零波动率利差、期权调整利差）；根据计算得到的利差判断该产品价值如何。尽管资产证券化产品也被归类为固定收益类，但是不管是抵押贷款证券化（MBS）、资产支持证券（ABS）还是担保债券凭证（CDO），其现金流收入变化不稳定。并且对于中间层和权益层的定价还要涉及违约相关性和回收率的难题。

在我国定价的困难主要存在于两方面：一是定价模型存在一定的局限性和缺陷。证券化产品的定价过程中大量使用数学模型，这些模型只适用于某些特定的情况。比如 Creditmetrics 和其他评级机构使用高斯 Copula 来获得资产池的违约相关性，其获得的相关性是静态的，但现实中资产间的相关性却是动态的。二是数据匮乏，并且有的数据不可靠。模型参数需要使用市场数据来确定，很多利率是不连续的，比如贷款利率，在市场化之前，贷款利率每次调整都会间隔一段时间，难以预测；在市场化之后，数据则尤为匮乏。

再次，构建多层级市场、提高证券化市场流动性。信贷资产证券化产品目前主要在银行间市场发行和交易，而机构投资者普遍以持有到期为主，交易十分冷清，流动性不足是制约投资者对信贷资产证券产品需求的重要因素。因此，加快信贷市场和资产市场的联结与融合的同时，要努力促进证券交易所债券市场与银行间债券市场的互联互通，通过将信贷资产支持证券在交易所上市，从而增强其流动性，也有利于将风险分散至银行体系外。考虑适时推出竞争性做市商制度，增加银行间的做市商报价制，目前央行已规定受托机构、发起机构可与主承销商或其他机构按协议约定对信贷证券化产品进行做市安排。通过做市商制度可有效提升流动性。适时探索建立和完善托管结算平台、健全信贷资产证券产品的流动转让机制。探索融资融券、质押回购、期权等多种交易方式，构建多层次的资产证券化市场[①]。

最后，加强监管力度、重点防范银行风险。在现行的多头监管体制下，容易造成银行间市场和证券交易所市场各自为政的割裂式发展，也容易引起交易市场的流动性不足。因此我国未来应逐步建立统一的功能性监管体制，以解决分类监管、各自为政的弊端。考虑到银行在资产证券化中的重要作用，除了信用评级外扮演角色包括发起人、投资者、服务商、流动性提供者、担保人等。所以，《巴塞尔协议Ⅲ》针对银行资产证券化业务提出更为严格的限制性规定。包括大幅度提高证券化产品的风险拨备；对银行使用外部信用评级设置额外限制条件；提高银行作为流动性提供者的风险暴露等。我国在规范影子银行的同时，要重点加强商业银行流动性要求，限制杠杆率和资产集中度，要求发起人保留部分风险头寸，改进信息披露等以防范银行的金融风险发生。

三　基础设施领域大力推广公私合营模式

在地方政府融资平台债务风险加剧，信贷受限，地方财政收支缺

---

① 胡海峰、陈世金：《以资产证券化为突破口盘活存量资产》，《河北经贸大学学报》（综合版）2015 年第 12 期。

口加大，土地财政不可持续的背景下。大量准经营性和经营性公共基础设施融资，必须依靠社会资本，进行融资模式创新，转变政府的职能，利用多元化市场融资渠道，提高公共基础设施的供给效率。PPP模式充分发挥公私双方优势，共担风险、共享收益提高了基础设施的供给效率。PPP模式有望成为未来我国基础设施建设领域的主流融资方式。

首先，政府部门角色的转变。在PPP模式中，政府部门的职能表现在，制定相关法律法规，形成PPP应用于基础设施领域的制度环境；依据法律法规以实现规定的设施或服务标准，对参与PPP项目的各私营部门进行监控和管理；选择合适的合作私营机构，共同投资、分担风险、共享收益。政府角色需要从基础设施的投资者和建造者，转变为公私合营项目政策的制定者、采购者、监督者，严格执行契约，有效保护私人产权。首要的是在法律层面上，对政府部门与企业部门在项目中各自需要承担的责任、义务和风险进行明确界定，保护双方利益。此外要发挥政府引导作用，政府出面设立PPP引导基金，2015年10月初，财政部联合10家银行、保险等机构，出资1800亿元设立中国的公私合作PPP融资支持基金，支持基础设施领域PPP项目的发展。部分地方政府也设立了地方性的PPP引导基金，如山东设立800亿元PPP发展基金，江苏、安徽等省分别成立百亿元PPP基金。

其次，未来大力推广PPP融资的原则：根据基础设施项目的公益性，不同程度地引入竞争机制，分类选择合作模式，适当实施负面清单管理。对具有明确收费基础，并且经营收益能完全覆盖投资成本的，可通过授予特许经营权，采用BOT、TOT等模式推进。对经营性收益不足，无法覆盖投资成本的准经营性项目，可通过授予特许经营权、附加补贴或直接投资参股等方式运作。对于缺乏"使用者付费"的公益性项目，主要靠政府付费收回投资成本，可由政府购买服务、委托经营等模式推进。具体措施包括：第一，优先选择一些具备稳定现金流、投资规模大、合同期限长的可经营性基础设施项目进行试点。如高速公路、水务、燃气、地铁、保障房建设、园区建设等，以提高民间资本的积极性。第二，充分利用税收、价格、投资补助、政策性保险等方式规范引资行为，建立基础设施投资补偿机制，以吸引社会资本，拓宽城镇化融资渠道，形成多元化的资金投入机制。第三，要加大 BOT、TOT、PFI 等项目融资力度，更多地吸引民间资本和外资进入城市建设项目，打破石油、铁路、电信、资源开发和公用事业行业的垄断地位，发展与城镇化产业投资相关联的混合所有制经济。第四，引导鼓励证券公司、信托公司、保险机构参与基础设施项目的各个发展阶段提供业务服务。引入养老基金、货币市场基金及社保基金等追求长期稳定收益的资本，股权参与 PPP 基金项目。

最后，构建有效的监管体系。目前，英国有综合行政部门下相对独立的纵向一体化监管体制；美国有纵向一体化和横向一体化独立监管机构相互分权体制；新加坡有行业纵向一体化为主的监管和管理混合体制。英国、欧盟、澳大利亚和美国等都已建立专门管理机构为私人投资于基础设施部门，提供各种便利。强化契约机制，运用合同管理来厘定政府与社会资本的风险分担及收益分配，通过市场化竞争机制控制系统性风险。我国应该在财政部设立 PPP 项目管理部门，其职能主要包括：制定相关政策、实施指南、项目决策、评估、发布项目信息、监督管理等。

四 其他基础设施融资模式创新

第一，通过扩大设立产业投资基金和城市开发基金，地方政府可以与专业股权投资基金管理机构进行合作，成立各种类型的城市基础设施投资基金。由政府投资发起种子基金，引导社会资本参与基金募集利用企业投资、民间私人资本、保险基金、养老基金形成多元化的资金来源。通过股权投资方式投向城市基础设施建设，为医疗、卫生、供水、供电等经营性的基础设施提供资金。

第二，发挥政策性金融融资功能，城市公共基础设施项目通过商业银行和直接在资本市场融资相对困难，更适合由政府资金来引导投资项目的完成。政策性金融介于一般商业银行与财政投资之间，更适应城市基础设施建设融资要求。

第三，利用信托融资计划在促进国家基础设施建设方面发挥较大作用。信托业作为服务实体经济的重要金融中介机构，可以充分利用其杠杆效应，更广泛地吸收社会闲散资金，聚少成多，参与当前铁路基础设施建设，促进其资金来源多元化。

第四，融资租赁作为一种将融资与融物相结合的新兴融资模式，与银行贷款等传统融资方式相比，对融资主体信用度要求较低、担保审批程序简单，操作灵活方便、融资规模大，其独特的优势非常适合高速公路建设、城市轨道交通、公交车辆更新、城市燃气、城市污水、热力、供排水以及环境污染治理等领域。

第三节　研究不足之处及未来研究展望

第一，研究对象方面：基础设施内涵丰富，主要包括经济基础设施和社会基础设施，本书主要针对经济基础设施开展分析和论证，对于社会基础设施未给予涉及。由于社会基础设施具有更强的纯公共物品属性，因此更需要加以深入研究其融资模式及供给问题。并且未针对我国城乡二元经济的特征，忽略了对农村基础设施的融资安排。未来需要针对农村基础设施进行深入研究，为城乡统筹发展提供政策建议及理论指导。

第二，研究广度有待拓展：经济基础设施的分类众多，比如主要的交通运输、仓储及邮电通信业基础设施，水电燃气业基础设施，能源基础设施都具有很强的行业特征，本书只是针对加总后的经济基础设施融资进行概述和整体性分析，没有具体细分行业进行针对性的研究和进行分类设计融资制度安排。

参考文献

[1] 巴曙松、杨现领：《新型城镇化融资与金融改革》，中国工人出版社 2014 年版。

[2] 曹凤岐：《新型城镇化与金融创新》，《金融论坛》2013 年第 7 期。

[3] 陈炳泉、彭瞳：《公私合营模式在交通基础设施项目中关键性成功因素分析》，《都市快轨交通》2010 年第 6 期。

[4] 陈辉：《PPP 模式手册——政府与社会资本合作理论方法与实践操作》，知识产权出版社 2015 年版。

[5] 陈强：《高级计量经济学及 Stata 应用》，高等教育出版社 2010 年版。

[6] 陈世金、刘浩：《PPP 模式决策的影响因素分析——基于发展中国家的经验》，《统计与信息论坛》2016 年第 5 期。

[7] 陈怡西：《地方政府债券的风险及其防范机制构建》，《南方金融》2014 年第 9 期。

[8] 陈雨露：《中国新型城镇化建设中的金融支持》，《经济研究》2013 年第 2 期。

[9] 陈峥嵘：《美日发行市政债券为城市化建设融资的经验及启示》，《全球化》2013 年第 10 期。

[10] 崔国清：《当前我国发行市政债券融资的策略选择及实施路径》，《财贸经济》2009 年第 6 期。

[11] 崔国清：《中国城市基础设施建设融资模式研究》，《博士论文天津财经大学学报》2009 年第 4 期。

［12］丁建勋：《基础设施投资与经济增长——我国基础设施投资最优规模估计》，《山西财经大学学报》2007 年第 2 期。

［13］丁芸：《城市基础设施资金来源研究》，中国人民大学出版社 2007 年第 5 期。

［14］董仕军：《中国地方政府投融资平台公司改革与债务风险防控》，经济管理出版社 2015 年版。

［15］董晓辉：《引入证券化影响的我国货币需求稳定性检验》，《经济经纬》2010 年第 6 期。

［16］范九利、白暴力、潘泉：《我国基础设施资本对经济增长的影响》，《人文杂志》2004 年第 4 期。

［17］封北麟：《我国城镇化进程中的基础设施融资》，《经济研究参考》2013 年第 13 期。

［18］冯蕾：《国家发改委：十大举措打出投资"组合拳"》，《光明日报》2015 年 9 月 15 日。

［19］高坚、汪雄剑：《中国基础设施政策对经济增长的影响》，北京大学出版社 2009 年版。

［20］辜胜阻、曹誉波、李洪斌：《深化城镇化投融资体制改革》，《中国金融》2013 年第 16 期。

［21］郭庆旺、贾俊雪：《基础设施投资的经济增长效应》，《经济理论与经济管理》2006 年第 3 期。

［22］何小锋、黄嵩：《从资产证券化的理论体系看中国突破模式的选择》，《学习与探索》2002 年第 1 期。

［23］何小锋、黄嵩：《资本资产证券化》，中国发展出版社 2013 年版。

［24］何小锋：《资产证券化：中国的模式》，北京大学出版社 2002 年版。

［25］胡海峰、陈世金：《创新融资模式化解新型城镇化融资困境》，《经济学动态》2014 年第 7 期。

［26］胡海峰、陈世金：《以资产证券化为突破口盘活存量资产》，《河北经贸大学学报》（综合版）2015 年第 12 期。

[27] 胡海峰、陈世金：《中国新一轮资产证券化的缘起、进展及前景分析》，《人文杂志》2014 年第 1 期。

[28] 胡丽、张卫国、叶晓甦：《基于 PPP 模式的城市基础设施融资风险识别研究》，《甘肃社会科学》2011 年第 1 期。

[29] 黄国平：《促进城镇化发展的金融支持体系改革和完善》，《经济社会体制比较》2013 年第 7 期。

[30] 黄嵩、魏恩遒、刘勇：《资产证券化理论与案例》，中国发展出版社 2007 年版。

[31] 黄腾、柯永建、李湛湛、王守清：《中外 PPP 模式的政府管理比较分析》，《项目管理技术》2009 年第 1 期。

[32] 纪志宏：《完善城镇化融资机制的改革视角》，《中国金融》2013 年第 4 期。

[33] 贾康、李炜光、刘军民：《关于发展中国地方政府公债融资的研究》，《经济社会体制比较》2002 年第 5 期。

[34] 贾康、孙洁：《公私合作伙伴机制：新型城镇化投融资的模式创新》，《中共中央党校学报》2014 年第 2 期。

[35] 绛金玉、蒋三庚：《中国城镇化建设与投融资研究》，中国经济出版社 2014 年版。

[36] 金戈：《中国基础设施资本存量估算》，《经济研究》2012 年第 4 期。

[37] 简新华、何志扬、黄锟：《中国城镇化与特色城镇化道路》，山东人民出版社 2010 年版。

[38] 考燕鸣、王淑梅、马静婷：《地方政府债务绩效考核指标体系构建及评价模型研究》，《当代财经》2009 年第 7 期。

[39] 柯永建、王守清、陈炳泉：《私营资本参与基础设施 PPP 项目的政府激励措施》，《清华大学学报》（自然科学版）2009 年第 9 期。

[40] 李琳：《基础设施资产证券化融资模式分析与选择》，《华东经济管理》2005 年第 1 期。

[41] 李慧杰、高慧珂：《印度："两基金＋一公司"为 PPP 提供金

融支持》，《中国经济导报》，http：//www.ceh.com.cn/cjpd/
2015/08/868114.shtml。

[42] 李万峰：《新型城镇化的投融资体制机制创新》，《经济研究参
考》2014 年第 8 期。

[43] 李晓琳：《推广 PPP 要回归理性和逻辑化》，《宏观经济管理》
2015 年第 11 期。

[44] 李妍、赵蕾、薛俭：《城市基础设施与区域经济增长的关系研
究》，《经济问题探索》2015 年第 2 期。

[45] 李玉保：《日本地方债券体系、市场及对我国的启示》，《金融
经济》2015 年第 2 期。

[46] 刘立峰：《地方政府的土地财政及其可持续性研究》，《宏观经
济研究》2014 年第 1 期。

[47] 刘尚希、赵福军：《提高公共服务共建能力和共享水平》，《前
线》2015 年第 12 期。

[48] 刘尚希课题组：《地方政府融资平台：风险控制机制研究》，
《经济研究参考》2011 年第 10 期。

[49] 刘晓凯、张明：《全球视角下的 PPP：内涵、模式、实践与问
题》，《国际经济评论》2015 年第 4 期。

[50] 刘玄：《资产证券化条件下的货币政策有效性研究：基于次贷
危机背景的分析》，《南方金融》2011 年第 11 期。

[51] 刘勇、肖翕、许叶林：《基础设施：PPP 项目评价与立项决策
的再思考》，《科技管理研究》2015 年第 8 期。

[52] 芦亮：《新型城镇化背景下地方政府融资平台的债务风险问题
研究》，《中央财经大学学报》2013 年第 9 期。

[53] 鹿小楠、廖慧、戴琪：《发展中国家基础设施融资国际经验介
绍》，《上海证券交易所研究报告》2015 年第 1 期。

[54] 吕秋红、王晓东：《论 PPP 模式在菲律宾基础设施建设中的应
用与启示》，《东南亚研究》2011 年第 4 期。

[55] 马强、刘登：《非经营性 PPP 项目收益分配机制设计》，《商业
时代》2011 年第 9 期。

[56] 毛腾飞：《中国城市基础设施建设投融模式创新研究》，北京：中国社会科学出版社 2006 年版。

[57] 毛晓威：《1994 年世界银行发展报告——为发展提供基础设施》，中国财政经济出版社 1994 年版。

[58] 潘功胜：《建立可持续的城市基础设施融资机制》，《中国金融》2013 年第 21 期。

[59] 鹏元资信评估有限公司：《我国城镇化过程中地方政府融资研究》，中国经济出版社 2014 年版。

[60] 乔桂明、郝雨时：《我国发行市政债券的条件与环境研究》，《苏州大学学报》2012 年第 6 期。

[61] 任艳：《制度创新与中国基础设施建设》，中国社会科学出版社 2013 年版。

[62] 沈炳熙：《资产证券化中国的实践》，北京大学出版社 2008 年版。

[63] 宋伟健、霍志辉：《美国市政债券市场发展情况及对我国地方债的借鉴意义》，《中国财政》2015 年第 11 期。

[64] 宋煜凯、马倩：《城镇化进程中基础设施证券化融资风险研究》，《辽宁经济》2013 年第 8 期。

[65] 孙海凤：《我国地方政府债务研究述评与展望》，《经济研究参考》2015 年第 18 期。

[66] 孙慧、申宽宽、范志清：《基于 SEM 方法的 PPP 项目绩效影响因素分析》，《天津大学学报》（社会科学版）2012 年第 11 期。

[67] 孙玉栋、常春：《政府债务风险预警机制构建》，《中国特色社会主义研究》2014 年第 6 期。

[68] 孙早、杨光、李康：《基础设施投资促进了经济增长吗》，《经济学家》2015 年第 8 期。

[69] 汤薇、吴海龙：《基于政府角度的 PPP 项目融资效益研究——以 BOT 与 BOO 模式为例》，《科研管理》2014 年第 1 期。

[70] 唐建新、杨军：《基础设施与经济发展——理论与政策》，武汉大学出版社 2003 年版。

［71］汪来喜：《深化金融支持城市基础设施建设问题研究》，《金融理论与实践》2014 年第 1 期。

［72］王保乾、史安娜：《公共投资的新战略选择——交替投资理论》，《上海经济研究》2005 年第 10 期。

［73］王俊：《地方政府债务的风险成因、结构与预警实证》，《中国经济问题》2015 年第 3 期。

［74］王丽英、王静：《天津市城市基础设施需求弹性测度研究》，《现代财经》2007 年第 6 期。

［75］王守清、柯永建：《特许经营项目：风险分担管理》，清华大学出版社 2013 年版。

［76］王晓光：《地方政府债务的风险评价与控制》，《统计与决策》2005 年第 9 期。

［77］王永刚、吕卓：《关于城市建设贷款证券化的可行性研究》，《技术经济与管理研究》2008 年第 6 期。

［78］王元京、张潇文：《城镇基础设施和公共服务设施投融资模式研究》，《财经问题研究》2013 年第 4 期。

［79］王振宇、连家明、郭艳娇、陆成林：《我国地方政府债务风险识别和预警体系研究》，《财贸经济》2013 年第 7 期。

［80］威廉·格林：《计量经济分析》，中国人民大学出版社 2012 年版。

［81］魏加宁、唐滔：《国外地方政府债务融资制度综述》，《国家行政学院学报》2010 年第 6 期。

［82］魏加宁：《地方政府债务风险化解与新型城市化融资》，机械工业出版社 2014 年版。

［83］魏加宁：《地方政府投融资平台的风险何在》，《中国金融》2010 年第 16 期。

［84］吴淑莲、陈炳泉、许叶林、刘勇：《公私合营（PPP）项目市场需求风险分担研究》，《建筑经济》2014 年第 10 期。

［85］谢多、冯光华、匡小红：《市政债券融资实用手册》，中国金融出版社 2015 年版。

［86］谢群：《国外地方政府债券发行模式借鉴及启示》，《地方财政研究》2013 年第 6 期。

［87］熊涛、郭蕾：《我国地方政府债务风险预警体系研究》，《金融监管研究》2014 年第 7 期。

［88］徐东：《基础设施建设资产证券化》，中国社会科学出版社2010 年版。

［89］徐东：《我国基础设施资产证券化合约经济分析》，中国社会科学出版社 2006 年版。

［90］徐丽梅：《基础设施融资的金融中介模式研究》，《经济体制改革》2010 年第 2 期。

［91］徐亚平、张瑞：《证券化、流动性与货币政策：基于美国金融危机的反思》，《财经科学》2009 年第 7 期。

［92］徐智鹏：《中国基础设施投资的经济增长效应研究》，《统计与决策》2013 年第 21 期。

［93］许余洁：《以资产证券化为城镇化融资》，《中国经济报告》2013 年第 8 期。

［94］杨慧：《新型城镇化与金融支持》，广东经济出版社2014 年版。

［95］尹恒：《政府债务问题研究》，北京师范大学出版社2007 年版。

［96］袁竞峰、季闯、李启明：《国际基础设施建设 PPP 项目关键绩效指标研究》，《工业技术经济》2012 年第 6 期。

［97］张超英：《货币、证券与资产证券化》，经济科学出版社2012 年版。

［98］张超英：《资产证券化对货币市场的影响》，《中国软科学》2005 年第 2 期。

［99］张欢：《基础设施建设 PPP 模式的风险分担机制与国际经验借鉴》，《甘肃金融》2015 年第 1 期。

［100］张军、高远、傅勇、张弘：《中国为什么拥有了良好的基础设施?》，《经济研究》2007 年第 3 期。

［101］张光南、周华仙、陈广汉：《中国基础设施投资的最优规模与最优次序》，《经济评论》2011 年第 4 期。

［102］张明、邹晓梅、高蓓：《中国的资产证券化实践：发展现状与前景展望》，《上海金融》2013 年第 11 期。

［103］张前荣：《资产证券化：可化解地方政府债务风险》，《宏观经济管理》2015 年第 8 期。

［104］张水波、张晨、高颖：《公私合营（PPP）项目的规制研究》，《天津大学学报》（社会科学版）2014 年第 1 期。

［105］张占斌、刘瑞、黄锟：《中国新型城镇化健康发展报告》，社会科学文献出版社 2014 年版。

［106］中国财政学会公私合作（PPP）研究专业委员会课题组，贾康、孙洁：《公私合作伙伴机制：城镇化投融资的模式创新》，《经济研究参考》2014 年第 13 期。

［107］中国金融四十人论坛课题组：《城镇化转型融资创新与改革》，中信出版集团 2015 年版。

［108］周丹、王恩裕：《资产证券化对我国货币政策的影响初探》，《金融理论与实践》2007 年第 4 期。

［109］周和平、陈炳泉、许叶林：《公私合营（PPP）基础设施项目风险再分担研究》，《工程管理学报》2014 年第 6 期。

［110］周景彤、徐奕晗：《论金融在工业化与城镇化进程中的支持作用》，《经济学动态》2013 年第 5 期。

［111］朱华培：《资产证券化对美国货币政策信用传导渠道的影响研究》，《亚太经济》2008 年第 1 期。

［112］朱文蔚、陈勇：《我国地方政府性债务风险评估及预警研究》，《亚太经济》2015 年第 1 期。

［113］朱小川：《地方政府债券制度比较：类型和模式》，《债券》2013 年第 6 期。

［114］Ali Mostafavi, Dulcy Abraham, Antonio Vives, "Exploratory analysis of public perceptions of innovative financing for infrastructure systems in the U. S. " ［J］, *Transportation Research Part A*, 2014, (70).

［115］Alicia H. Munnell, "Why Has Productive Growth Declined? Productivity and Public Investment"[J], *New England Economic Review*, *Feb.* 1990.

[116] Alm, James, "Financing urban infrastructure: knowns, unknowns, and a way forward" [J], *Journal of Economic Surveys*, 2015, 29 (2).

[117] Andreas A. Jobst, "Sovereign Securitization in Emerging Markets" [J], *Journal of Structured*, Fri. 2014, (15).

[118] Alberto Alesina, Guido Tabellini, "A Positive Theory of Fisical Deficits and Government Debt"[J], Review of Economic Studies, Vol. 57, No. 3, 1990.

[119] Albert Ando, Franco Modigliani, "The 'Life Cycle' Hypothesis of Saving: Aggregate Implications and Tests"[J], The American Economic Review, Vol. 53, No. 1, 1963.

[120] Antonio Estache, Tomas Serebrisky, Liam Wren-Lewis, "Financing Infrastructure in Developing Countries"[R], *The ECARES working paper*, 2015, (3).

[121] Antonios Kaniadakis, Panos Constantinides, "Innovating Financial Information Infrastructures: The Transition of Legacy Assets to the Securitization Market" [J], *Journal of the Association for Information Systems*, May 2014, (15).

[122] Barro, Robert J., "Are Government Bonds Net Wealth?" The Journal of Political Economy, Vol. 82, No. 6, 1974.

[123] Berg A., C. Pattillo, "Predicting Currency Crises: The Indicators Approach and an Alternative" [J], *Journal of International Money and Finance*, 1999, 4 (18).

[124] Bernanke, Ben S., Blinder, Alan Smoney, "Is it money or credit, or both, or neither? Credit, money, and aggregate demand" [J], *American Economics Review*, May 1988, (78).

[125] Bon-Gang Hwang, Xianbo Zhao, Mindy Jiang Shu Gay, "Public private partnership projects in Singapore: Factors, critical risks

and preferred risk allocation from the perspective of contractors"
[J], *International Journal of Project Management*, 2013, (31).

[126] Carlos Oliveira Cruz, Rui Cunha Marques, "Flexible contracts to cope with uncertainty in public-private partnerships"[J], *International Journal of Project Management*, 2013, (31).

[127] César Calderón, Enrique Moral-Benito, Luis Servén, "Is infrastructure capital productive? a dynamic heterogeneous approach"
[M], *Banco De Espana Publications*, 2011.

[128] Charles R. Hulten, Robert M. Schwab, "A fiscal federalism approach to infrastructure policy" [J], *Regional Science and Urban Economics*, 1997, (27).

[129] Charles R. Hulten, Robert M. Schwab, "Endogenous growth, public capital, and the Convergence of regional manufacturing industries" [R], *NBER Working Paper*, Nov. 1993.

[130] Currie E., D. Jean-Jacques, Togo E., "Institutional Arrangements for Public Debt Management"[R], *World Bank Policy Research Working Paper* 3021, 2003.

[131] Daniel Platz, "Infrastructure finance in developing countries-the potential of sub-sovereign bonds" [R], *DESA Working Paper*, 2009, (76).

[132] David Alan Aschauer, "Is public expenditure productive?" [J], *Journal of Monetary Economics*, Mar. 1989, (23).

[133] David S. Kidwell, Charles A. Trzcinka, "Municipal Bond Pricing and the New York City Fiscal Crisis"[J], *The Journal of Finance*, Dec. 1982, (37).

[134] De Wang, Li Zhang, Zhao Zhang, Simon Xiaobin Zhao, "Urban Infrastructure Financing in Reform-era China" [J], *Urban Studies Journal*, Nov. 2011, (48).

[135] Demi Chung, David A. Hensher, John M. Rose, "Toward the betterment of risk allocation: Investigating risk perceptions of Aus-

tralian stakeholder groups to public private-partnership tollroad projects" [J], *Research in Transportation Economics*, 2010, (30).

[136] Diamond, Peter A. "National Debt in a Neoclassical Growth Model", The American Economic Review, Vol. 55, No. 5, 1965.

[137] Ding Ding W., Raphael Lam, Shanaka J. Peiris, "Future of Asia's Finance: How can it Meet Challenges of Demographic Change and Infrastructure Needs?" [R], *The IMF Working Paper*, 2014, (7).

[138] Douglas Holtz-Eakin, Mary E. Lovely, "Scale economies, returns to variety, and the productivity of public infrastructure" [J], *Regional Science and Urban Economics*, 1996, (26).

[139] Edward M. Iacobucd, Ralph A. Winter, "Asset Securitization and Asymmetric Information" [J], *Journal of Legal Studies*, Jan. 2005, (34).

[140] Elliott Sclar, "The political economics of investment Utopia: public-private partnerships for urbaninfrastructure finance" [J], *Journal of Economic Policy Reform*, Dec. 2014, (12).

[141] Emily Poole, Carl Toohey, Peter Harris, "Public infrastructure: A framework for decision-making" [R], *Reserve bank of Australia Working Paper*, Mar. 2014, (3).

[142] Eric M. Leeper, ToddB. Walker, Shu-Chun S. Yang, "Government investment and fiscal stimulus" [J], *Journal of Monetary Economics*, 2010, (57).

[143] Frank Jonas, Martinez-Vazquez J., "Decentralization and infrastructure: from gaps to solutions" [R], *International Center for Public Policy Working Paper*, Jan. 2014, (05).

[144] Georg Inderst, Fiona Stewart, "Institutional Investment in Infrastructure in Developing Countries" [R], *The World Bank of Policy Research Working Paper*, Feb. 2014, (6780).

[145] Gordon Rausser, Reid Stevens, "Public-Private Partnerships:

Goods and the Structure of Contracts"[J], *The Annual Review of Resource Economics*, May 2009, (1).

[146] Gutman, J., Sy, A., Chattopadhyay, S., "Financing African infrastructure: Can the world deliver?"[M], *Global Economy and Development program at the Brookings Institution*, 2015, (3).

[147] Hadi Salehi Esfahani, María Teresa Ramírez, "Institutions, infrastructure, and economic growth"[J], *Journal of Development Economics*, 2003, (70).

[148] Hart, O., "Incomplete Contracts and Public Ownership: remarks, and an application to public-private partnerships"[J], *The Economic Journal*, 2003, 113 (486).

[149] Helder Ferreira Mendonca, Vívian Íris Barcelos, "Securitization and credit risk: Empirical evidence from an emerging economy"[J], *North American Journal of Economics and Finance*, 2015, (32).

[150] Hugh Thomas, "A preliminary look at gains from asset securitization"[J], *Journal of International Financial Markets, Institutions and Money*, 1999, (9).

[151] James Leigland, "Accelerating Municipal Bond Market Development in Emerging Economies: An Assessment of Strategies and Progress"[J], *Public Budgeting & Finance*, 1997, (17).

[152] John Kwaku, Mensah Mawutor, "Role of Project Finance in Emerging Economies"[J], *Journal of Economics and Sustainable Development*, 2014, 4 (5).

[153] John L. O'Donnell, "Some Postwar Trends in Municipal Bond Financing"[J], *The Journal of Finance*, May 1962, (17).

[154] Josephine Gemson, K. V. Gautami, A. Thillai Rajan, "Impact of private equity investments in infrastructure projects"[J], *Utilities Policy*, 2012, (21).

[155] Judith Clifton, Daniel Díaz-Fuentes, Julio Revuelta, "Explaining Infrastructure Investment Decisions at the European Investment

Bank 1958 – 2004" [R], *Working Paper of Milan European Economic Workshop*, 2013, (6).

[156] Jui-Sheng Chou, H. Ping Tserng, Chieh Lin, Wen-Haw Huang, "Strategic governance for modeling institutional framework of public-private partnerships" [J], *Cities*. 2015, (42).

[157] Jun Zhou, Yaoqi Wang, "The Framework of Asset-Backed Securitization for Public Project" [M], The IEEE's Publication, 2007, (7).

[158] Junbo Wang, Chunchi Wu and Frank Zhang, "Liquidity, Default, Taxes and Yields on Municipal Bonds" [R], *working papers in the Finance and Economics Discussion Series* (FEDS), 2005.

[159] Junxiao Liu, Peter E. D. Love, Jim Smith, Michael Regan, "Public-Private Partnerships: a review of theory and practice of performance measurement" [J], *International Journal of Productivity and Performance Management*, 2014, (63).

[160] Kaminsky G. , S. Lizondo, C. M. Reinhart, "Leading Indicators of Currency Crises" [J], *IMF Economic Review*, 1998, 1 (45).

[161] Kenneth J. Arrow, Mordecai Kurz, "Optimal Growth with Irreversible Investment in a Ramsey Model" [J], *Econometrica*, Mar. 1970, (38).

[162] Kyung-Hwan Kim, "Housing Finance and Urban Infrastructure Finance" [J], *Urban Studies*, 1997, (34).

[163] Leibenstein, Harvey, "Allocative Efficiency vs. X-efficiency" [J], *The American Economic Review*, 1966, (6).

[164] Luciano Greco, "Imperfect Bundling in public-private partnerships" [J], *Journal of Public Economic Theory*, 2015, 17 (1).

[165] Luis Andres, Dan Biller, Jordan Schwartz, "The Infrastructure Gap and Decentralization" [R], *International Center for Public Policy Working Paper*, Jan. 2014.

[166] M. Ishaq Nadiri, Theofanis P. Mamuneas, "Infrastructure and

public R & D investments, and the growth of factor productivity in US manufacturing industries"[R], *NBER Working Paper*, Aug. 1994.

[167] Mansoor Dailami, Michael Klein, "Government support to private infrastructure projects in emerging markets", Presented at Conference on "Managing Government Exposure to Private Infrastructure Projects: Averting a New-style Debt Crisis"[J], *Cartagena, Colombia*, 1997, (6).

[168] Marcus Ahadzi, Graeme Bowles, "Public-private partnerships and contract negotiations: an empirical study"[J], *Construction Management and Economics*, Nov. 2004, (22).

[169] Marian Moszoro, Pawel Gasiorowski, "Optimal Capital Structure of Public-Private Joint Ventures" [R], *International Monetary Fund working papers*, 2008, (1).

[170] Michael Regan, "Project finance: Transactional evidence from Australia"[J], *Public Infrastructure Bulletin*, 2013, (9).

[171] Michel Bellier, Yue Maggie Zhou, "Private Participation inInfrastructure in China, Issues and Recommendations for the Road, Water, and Power Sectors" [R], *World Bank Working Papers are published*, Dec. 2002, (2).

[172] Minoo Farhadi, "Transport infrastructure and long-run economic growth in OECD countries" [J], *Transportation Research Part A*, 2015, (74).

[173] Mona Hammami, Jean-Francois Ruhashyankiko, Etienne B. Yehoue, "Determinants of Public-Private Partnerships in Infrastructure"[R], *International Monetary Fund, Working Papers*, Apr. 2006, (6).

[174] Panicos O. Demetriades, Theofanis P. Mamuneas, "Intertemporal Output and Employment Effects of Public Infrastructure Capital: Evidence from 12 OECD Economies" [J], *The Economic Journal*,

Jul. 2000, (110).

[175] Philippe Burger, Justin Tyson, Izabela Karpowicz, Maria Delgado Coelho, "The Effects of the Financial Crisis on Public-Private Partnerships" [R], *International Monetary Fund working Paper*, 2009, (7).

[176] Pranab Bardhan, Dilip Mookherjee, "Decentralisation and Account-ability in Infrastructure Delivery in Developing Countries"[J], *The Economic Journal*, Jan. 2006, (116).

[177] Quamrul Alam, Md Humayun Kabir, Vivek Chaudhri, "Manag-ing Infrastructure Projects in Australia A Shift From a Contractual to a Collaborative Public Management Strategy" [J], *Administra-tion & Society*, 2014, 46 (4).

[178] Ramsey, Frank. Plumpton. "A Mathematical theory of Saving ". The Economic Journal", Vol. 38, No. 152, 1928.

[179] Rehan, R. , Knight, M. A. , Unger, A. J. A. , Haas, C. T, " Financially sustainable management strategies for urban wastewater collection infrastructure-development of a system dy-namics model"[J], *Tunnelling and Underground Space Technolo-gy*, 2014, (39).

[180] Rémy Prud' homme, "Infrastructure and Development" [M], *The World Bank and Oxford University Press*, Apr. 2004, (4).

[181] Robert J. Barro, "Government Spending in a Simple Model of En-dogeneous Growth" [J], *Journal of Political Economy*, Oct. 1990, (98).

[182] Robert J. Barro, Xavier Sala-I-Martin, "Public finance in model of economic growth" [J], *The Review of Economic Studies*, 1992, (59).

[183] Rudra P. Pradhan, Mak B. Arvin, Neville R. Norman, Samadhan K. Bele, "Economic growth and the development of telecommuni-cations infrastructure in the G-20countries" [J], *Telecommunica-

tions Policy, 2014, (38).

[184] Seong-Hoon Cho, JunJieWu, William G. Boggess, "Measuring interactions among urbanization, land use regulations, and public finance" [J], *American Agricultural Economics Association*, Nov. 2003, (85).

[185] Shaun K. Roache, "Public Investment and Growth in the Eastern Caribbean" [R], *The IMF Working Paper*, May. 2007, (07).

[186] Shenggen Fan, Xiaobo Zhang, "Infrastructure and regional economic development in rural China" [J], *China Economic Review*, 2004, (15).

[187] Shuibo Zhang, Ying Gao, Zhuo Feng, Weizhuo Sun, " PPP application in infrastructure development in China: Institutional analysis and implications" [J], *International Journal of Project Management*, 2015, (33).

[188] Spiros Bougheas, Panicos O. Demetriades, Theofanis P. Mamuneas, "Infrastructure, Specialization, and Economic Growth", *The Canadian Journal of Economics* [J], May 2000, (33).

[189] Stijn Goeminne, Carine Smolders, "Politics and Public Infrastructure Investments in Local Governments: Empirical Evidence from Flemish Municipalities (1996 – 2009)" [J], *Local Government Studies*, 2014, 2 (40).

[190] Sunyoung Park, "The design of Subprime Mortgage backed Securities and Information Insensitivity" [J], *International Economic Journal*, 2013, (8).

[191] Susan Kendall, Alexander Heil, Duane Callender, Brian Wheeler, Tom Green, " The Great Infrastructure Crisis: How Will We Mind the Gap?" [J], *Municipal finance journal*, May 2014.

[192] Sylvie D'emurger, "Infrastructure Development and Economic Growth: An Explanation for Regional Disparities in China?" [J], *Journal of Comparative Economics*, Mar. 2001, (29).

[193] Teresa Garcia-Milà, Therese J. McGuire, Robert H. Porter, "The Effect of Public Capital in State-Level Production Functions Reconsidered"[J], *The Review of Economics and Statistics*, 1996, (78).

[194] Tingting Liu, Suzanne Wilkinson, "Large-scale public venue development and the application of Public-Private Partnerships"[J], *International Journal of Project Management*, 2014, (32).

[195] Torsten Ehlers, "Understanding the challenges for infrastructure finance"[R], The BIS Working Papers, 2014, (8).

[196] Torsten Persson, Lars E. o. Svensson. "Why a Stubborn Conservative would Run a Deficit: Policy with Time-Inconsistent Preferences"[J], The Quartely Journal of Economics, Vol. 104, No. 2, 1989.

[197] Wei Liu, J. H. Wang, Jun Xie, Chang Song, "Electricity securitization in China" [J], *Energy*, 2007, (32).

[198] Wu Qun, Li Yongle, Yan Siqi, "The incentives of China's urban land finance" [J], *Land Use Policy*, 2015, (42).

[199] Xinye Zheng, Fanghua Li, Shunfeng Song, Yihua Yu, "Central government's infrastructure investment across Chinese regions: A dynamic spatial panel data approach"[J], *China Economic Review*, 2013, (27).